Ullstein Sachbuch

ÜBER DAS BUCH:

Der Autor geht davon aus, daß die von einem Schwarzen Loch verschlungene Materie an einem anderen Ort des Universums durch ein Weißes Loch wieder zum Vorschein kommt. Auch das Raumschiff der Zukunft, mit dem interstellare Reisen über die »Einstein-Rosen-Brücke« durch Schwarze und Weiße Löcher zu außerirdischen Zivilisationen durchgeführt werden könnten, ist theoretisch bereits entworfen. Neuesten Erkenntnissen zufolge sollen allein in der Milchstraße etwa 260 000 hochentwickelte Zivilisationen existieren. Stehen wir vor einem neuen, revolutionären Zeitalter der Weltraumfahrt?

DER AUTOR:

Dr. Johannes Freiherr von Buttlar-Brandenfels, Jahrgang 1940, wurde in Berlin geboren und ist in Australien aufgewachsen. Er studierte Psychologie und Philosophie, Astronomie, Physik und Mathematik. In seinen Werken befaßt er sich unter anderem mit der Möglichkeit der Existenz außerirdischer Zivilisationen und der Verlängerung des menschlichen Lebens, mit der Lichtgeschwindigkeit, der Quantentheorie, mit Psi-Phänomenen und den Beziehungen der Menschen zueinander. Er ist Fellow der Royal Astronomical Society. Mit einer Gesamtauflage von über 25 Millionen Exemplaren gehört er zu den fünf erfolgreichsten Sachbuchautoren der Welt.

Weitere Veröffentlichungen:
*Der Supermensch* (1981); *Sie kommen von fremden Sternen* (1986); *Unsichtbare Kräfte* (1987); *Leben auf dem Mars* (1987); *Supernova* (1988); *Zeitriß* (1989); *Zeitsprung* (1989); *Das UFO-Phänomen* (1990); *Drachenwege* (1990); *Schneller als das Licht* (1991); *Der Menschheitstraum* (1991); *Die biologische Chance* (1991); *Adams Planet* (1991).

# Johannes von Buttlar

# Die Einstein-Rosen-Brücke

Unterwegs zu außerirdischer Intelligenz

Ullstein Sachbuch

Ullstein Sachbuch
Ullstein Buch Nr. 34899
im Verlag Ullstein GmbH,
Frankfurt/M – Berlin

Ungekürzte Ausgabe
(Neuauflage von UB 34264)

Umschlagentwurf:
Volker Noth Grafik-Design
Alle Rechte vorbehalten
© 1982 by C. Bertelsmann
Verlag GmbH, München
Printed in Germany 1992
Druck und Verarbeitung:
Ebner Ulm
ISBN 3 548 34899 8

Juli 1992
Gedruckt auf Papier mit
chlorfrei gebleichtem Zellstoff

Vom selben Autor
in der Reihe
der Ullstein Bücher:

Zeitsprung (34603)
Das UFO-Phänomen (34619)
Zeitriß (34716)

Die Deutsche Bibliothek –
CIP-Einheitsaufnahme

**Buttlar, Johannes von:**
Die Einstein-Rosen-Brücke: unterwegs zu
außerirdischer Intelligenz / Johannes von
Buttlar. – Ungekürzte Ausg., Neuaufl. von
UB 34264. – Frankfurt/M; Berlin:
Ullstein, 1992
  (Ullstein-Buch; Nr. 34899:
  Ullstein-Sachbuch)
  ISBN 3-548-34899-8
NE: GT

# Inhalt

Einschlag 9

»Und sie bewegt sich doch...« 18

Widersprüche 33

Der Außenseiter 41

Der kosmische Fahrstuhl 57

Nebel lichten sich 69

Archäologen des Himmels 81

Kontra-Re ums »Wellikel« 94

Das verlorene Licht 101

Weiße Löcher 119

Nachklang der Schöpfung 128

Raumsturm 143

Die Einstein-Rosen-Brücke 161

Dunkle Begleiter 176

Intergalaktische Reisen 199

Unterwegs zu außerirdischer Intelligenz 223

Anhang 234

Literaturverzeichnis und Quellennachweis 247

Personenregister 254

*Für meinen Vetter –
Horst Freiherr Treusch v. Buttlar Brandenfels
(1943-1979)*

Die Zukunftsentwicklung der Menschheit auf geistiger und materieller Ebene ist an die Eroberung des Weltraums auf's engste gebunden.

Die Zukunft, von der ich sprach, wird heute von Männern gestaltet, die in ruhigen Büroräumen ihrer Arbeit nachgehen, und von Männern, die inmitten des ohrenbetäubenden Gebrülls gebändigter Raketentriebwerke ihre Meßinstrumente kontrollieren. Manche sind Ingenieure, manche sind Träumer – aber viele von ihnen sind beides. Die Zeit wird kommen, wo sie mit T. E. Lawrence sagen können:

»Alle Menschen träumen, wenn auch unterschiedlich. Jene, die nachts in den verschwommenen Tiefen ihres Geistes träumen, erwachen in den Tag hinein und erkennen, daß es eitel war. Gefährlich sind dagegen die Tagträumer, denn eines Tages könnten sie ihre Träume offenen Auges verwirklichen.

So war es stets in der Vergangenheit, denn unsere Zivilisation ist nichts anderes als die Summe aller Träume, die von vergangenen Generationen verwirklicht wurden. Und so muß es immer bleiben. Denn wenn der Mensch aufhört zu träumen, wenn er sich vom Universum abwendet, ihm den Rücken kehrt, wird die Geschichte der Menschheit enden.«

                aus »The Challenge of the Spaceship«
                von Arthur C. Clarke

# Einschlag

Auf der Veranda seines Hauses stopfte sich der Mann eine Pfeife und genoß die frühmorgendliche Stille des 30. Juni 1908. Das kleine Bauernhaus gehörte zu Vanavara, einer winzigen Siedlung in der entlegenen zentralsibirischen Wildnis.

Vanavara bestand nur aus wenigen Holzhäusern, Kramläden und morastigen Straßen. Es lag am steinigen Tunguska-Fluß und war die letzte Handelsstation vor der Taiga – vor den endlosen Wäldern Zentralsibiriens.

Als der Kleinbauer Semonow seine Pfeife schließlich entzündete, wäre ihm nicht einmal im Traum der Gedanke gekommen, daß ein unerwartetes Ereignis diesen Morgen zu einem denkwürdigen Datum machen sollte – nicht nur in der Geschichte Sibiriens, sondern der irdischen überhaupt.

Für Semonow war dieser Morgen wie jeder andere um diese Zeit, kurz nach sieben Uhr. Und warum sollte es auch anders sein, hier, wo »Väterchen Rußland« weit entfernt war, hier, wo es keine politischen Spannungen und sozialen Unruhen gab.

Anders in St. Petersburg. Dort konnte der residierende Zar Nikolaus II. sein Regime über eine von Sozialdemokraten, Revolutionären und Zaristen gespaltene Nation nur noch mit Mühe aufrechterhalten. Doch in jenem Teil des russischen Reiches, im sogenannten

»schlafenden Land«, war politischer Umsturz noch ebenso fern wie St. Petersburg oder Moskau.

Kosolapow, Semonows Nachbar, hackte an jenem Morgen Holz vor dem Fenster seiner Behausung. Gut gelaunt scherzte er zu Semonow hinüber. Als Semonow den Nachbarn unvermittelt in der Bewegung erstarren sah, hob er lauschend den Kopf. Doch da war nichts als seltsam drohendes Schweigen. Urplötzlich aber riß eine gigantische Säule blauweißen Lichts den Himmel im Nordwesten auf. Schützend warf Semonow die Arme vor die geblendeten Augen. Dann fühlte er sich wie in Feuer getaucht und hatte nur den einzigen Gedanken, dieser grauenhaften Hitze, die ihm das Hemd auf dem Leibe versengte, zu entkommen. Ein gigantischer Feuerball breitete sich langsam über den größten Teil des Himmels aus. Dann wurde es Nacht. Eine unsichtbare Faust schien Semonow zu packen und schleuderte ihn meterweit von der Veranda. Für einen Augenblick verlor er die Besinnung. Furchtbares Donnergrollen, mit schußartigem Geknall vermischt, brachte ihn wieder zu sich. Verständnislos sah er sein Haus fast vom Fundament gerüttelt und Fensterscheiben samt Rahmen zersplittern. Nahebei riß die Erde auf.

Kosolapow war vor der unerträglichen Hitze kopflos ins Haus geflüchtet. Zwischen berstenden Scheiben, herunterfallenden Ofentüren und der schließlich einstürzenden, verrußten Decke suchte er vergeblich nach Halt.

So erlebten Semonow und Kosolapow die Tunguska-Katastrophe morgens um 17 Minuten nach sieben Uhr am 30. Juni 1908. Eine »Explosion« von unvorstellbaren Ausmaßen hatte diesen Landstrich erschüttert, mit Auswirkungen, die noch über eine geographische Fläche, größer als Deutschland und Frankreich zusammen, festgestellt wurden.

In Kansk, der gerade fertiggestellten, rund 700 Kilometer entfernten Bahnstation der transsibirischen Strecke, schüttelten orkanartige Sturmböen Fenster, Türen und Lampen. Und der Lokführer des Transsibirien-Expresses mußte kurz vor Kansk auf der Strecke anhalten, weil der Zug zu entgleisen drohte. Die Explosion war so gewaltig, daß noch südlich der Ortschaft Pferde umgerissen wurden und auf dem Fluß arbeitende Flößer mit ihren Flößen umkippten.

Die gewaltigen, erdbebenähnlichen Erschütterungen waren nicht nur im etwa 900 Kilometer entfernten seismographischen Zentrum von Irkutsk registriert worden, sondern auch in anderen russischen Stationen, die 5000 Kilometer entfernt lagen. Selbst im deutschen Jena hatten die Seismographen ausgeschlagen. Die nachfolgenden atmosphärischen Schockwellen pflanzten sich zweimal um die Erde fort und wurden in Amerika und Java registriert.

Am eigentlichen Ort des Geschehens wurden mit einem Schlag über 2000 Quadratkilometer Wald vernichtet. Aber das konnte Semonow nicht wissen. Er beobachtete fassungslos, wie sich drohende, schwarze Wolken höher und höher am Himmel auftürmten – bis der Regen kam. Schwarzer Regen.

Im Vakuumstrudel der »Explosion« war Erde viele Kilometer hochgerissen worden und färbte den durch die plötzliche Luftkondensation fallenden Regen schwarz.

In den ersten fünf Stunden nach der Katastrophe entstanden ungeheure Druckwellen, die sich über die Nordsee hinweg nach Westen fortpflanzten. So wurden im Zeitraum von zwanzig Minuten in sechs englischen Wetterstationen zwischen Cambridge und Petersfield Schwankungen des atmosphärischen Drucks durch die gerade erst entdeckten Barographen – selbstaufzeichnende Luftdruckmesser – registriert. Die verwunderten englischen Meteorologen nahmen an, daß ein ausgedehntes atmosphärisches Störungsfeld irgendwo auf der Welt dafür verantwortlich sei. Die wahre Ursache sollte erst zwanzig Jahre später bekannt werden, als die ersten Meldungen über die Katastrophe im Tunguska-Gebiet endlich an die Weltöffentlichkeit drangen. Nun erst entdeckten englische Wissenschaftler einen zeitlichen Zusammenhang zwischen den barographischen Aufzeichnungen aus dem Jahr 1908, der sonderbaren Explosion in Sibirien und den registrierten Druckwellen, die zweimal um die Erde gelaufen waren.

Sind schon die unerklärlichen Auswirkungen der rätselhaften Explosion auf das Magnetfeld der Erde, mit den nachfolgenden gewaltigen Druckwellen, erstaunlich genug, so ist die anschließende Bildung einer massigen Schicht »silbriger Wolken« noch unbegreiflicher. Denn von Sibirien bis Nordeuropa war der Himmel in großer Höhe von unheimlichen, gelbgrün schimmernden Wolkengebirgen überzogen, die immer wieder rosig aufglühten. Sie tauchten die der Katastrophe folgenden Nächte in strahlende Helligkeit, so daß es mancherorts in Europa möglich war, nachts normal zu photographieren. Aber niemand interessierte sich für dieses seltsame Phänomen. Es geriet in Vergessenheit. Besonders in Rußland, wo politische Probleme, Kriege, die Oktober-Revolution und Seuchen das Tagesgeschehen beherrschten.

Es ist überhaupt nur einem Zufall zu verdanken, daß das Verhängnis, von dem die zentralsibirische Hochebene im Jahr 1908 heimgesucht wurde, an die Weltöffentlichkeit drang:

Der 1883 in Tartu, Estland, geborene Mineraloge Leonid A. Kulik war 1920 am mineralogischen Museum in Petrograd – dem einstigen St. Petersburg – tätig. 1921 kam ihm durch einen Kollegen eine alte St. Petersburger

Kalenderseite in die Hände, auf deren Rückseite er den Abdruck einer sibirischen Pressemeldung über den Vorfall aus dem Jahr 1908 fand. Kulik erfuhr auf diese Weise zum ersten Mal davon. Da er sich auf Meteoriten spezialisiert hatte, schloß er automatisch, daß die in Zentralsibirien erfolgte Explosion von einem Meteoriteneinschlag herrühren müsse. Von nun an machte er sich die Erforschung dieses Ereignisses zur Lebensaufgabe.

Kulik sammelte erst einmal alle aus jener Zeit stammenden sibirischen Zeitungsberichte und ermittelte das unvorstellbare Ausmaß der Katastrophe im Tunguska-Gebiet. In manchen Augenzeugenberichten hieß es, vor der Explosion habe sich ein blauweißes, röhrenförmiges Objekt horizontal aus südlicher Richtung genähert. Diese Beschreibung sprach zwar nicht für einen Meteoriten. Kulik schrieb sie daher einer übersteigerten Phantasie abergläubischer Landbewohner zu.

1921 startete Kulik dann seine erste Expedition, um den Ort des Geschehens zu erkunden. Leider erfolglos. Es sollten weitere sechs Jahre ins Land ziehen, bis endlich genügend Anhaltspunkte auf das steinige Tunguska-Gebiet hinwiesen. Unter anderem war er darauf gestoßen, daß durch die Katastrophe nicht nur eine Anzahl tungusischer Nomadendörfer, sondern auch eine 1500köpfige Rentierherde vernichtet worden waren.

Im Februar 1927 konnte Kulik endlich seine zweite Expedition in Angriff nehmen. In Leningrad, wie Petrograd seit 1924 genannt wurde, bestieg er den Transsibirien-Expreß nach Kansk. Mit entsprechender Ausrüstung versorgt, setzte er seinen Weg mit zwei tungusischen Begleitern auf Pferdeschlitten nach Vanavara fort. Ins steinige Tunguska-Gebiet ging die überaus beschwerliche Reise erst am 2. April mit Packpferden weiter. Nach einer unbeschreiblich mühseligen letzten Etappe, die nur noch mit Rentieren bewältigt werden konnte, stießen Kulik und seine Begleiter schließlich am 13. April auf die ersten Vorboten der beinahe 20 Jahre zurückliegenden Katastrophe. Und damit begannen für Kulik weitere, völlig unerwartete Schwierigkeiten: Seine tungusischen Helfer weigerten sich plötzlich, auch nur einen einzigen Schritt weiter in das von »Ogdy, dem Feuergott, verfluchte Land« vorzudringen. Keine Versprechungen, kein Überreden half. Kurz vor dem Ziel mußte Kulik nach Vanavara umkehren, um dort weniger abergläubische Gehilfen aufzutreiben, die sich vor dem »verfluchten Land« nicht fürchteten.

Am 30. April machte er sich erneut auf den Weg zum Katastrophengebiet und kam dort am 20. Mai zum zweiten Mal an. Aber »seinen« Meteoritenkrater suchte er vergebens und das eigentliche Zentrum der Verwüstung fand er erst Anfang Juni.

»Der chaotische Eindruck dieses Gebietes läßt mich nicht los«, schrieb Kulik in seinem Bericht. »Gegen den nördlichen Horizont erstreckt sich ein hügeliger, fast bergiger Landstrich. Weit entfernt im Norden liegen die Berggipfel entlang des Khushmo-Flusses unter einer Schneedecke.

Von unserem Beobachtungspunkt aus ist kein Wald zu sehen, denn die Zerstörung hat praktisch nichts übrig gelassen. Innerhalb und außerhalb des Talkessels ist die Taiga durch den Einschlag flachgelegt und verwüstet worden. Tausende geschälter, angesengter Baumstämme liegen parallel *aufgereiht* am Boden. Mit den abgebrochenen Spitzen weisen sie, wie ein gigantischer Fächer, strahlenförmig nach Süden, während die ausgerissenen Wurzeln in Richtung der Explosion nach Norden deuten. Der Anblick abgeknickter Baumriesen von einem halben bis dreiviertel Meter Durchmesser, mit den meterweit fortgeschleuderten Kronen, ist geradezu unheimlich. Sonderbarerweise gibt es ganz in der Nähe eine kleine Waldfläche mit rinden- und astlosen Baumstümpfen. Wie ein Wald von Telegraphenmasten ragen die verkohlten Stämme in den Himmel.

Am Rand des Katastrophengebiets ist in den letzten 20 Jahren wieder junger Wald nachgewachsen. Er hat sich vehement von der toten Zone fortbewegt – der Sonne und dem Leben entgegen. Im Süden, Südosten und Südwesten hat sich ein Grüngürtel um das verfluchte Land geformt, der an seiner Peripherie allmählich wieder in die normale Taiga übergeht.«

Nach Kuliks Entdeckung folgten immer wieder neue Forschungsreisen, die fast zum Ritual wurden. Das Explosionszentrum und das sich von dort ausbreitende, sonderbare Strahlenmuster wurden vom Boden und aus der Luft mehrfach photographisch und kartographisch erfaßt. Umfangreiche Grabungen und Bohrungen sollten die von Kulik tief im Tunguska-Torf vermuteten Bruchstücke des Meteoriten zutage fördern. Aber nicht die geringsten Spuren wurden entdeckt.

Nach Expertenschätzungen mußte ein Meteorit von solchen Ausmaßen vor dem Eintauchen in die irdische Atmosphäre wenigstens einige Millionen Tonnen gewogen haben – erfahrungsgemäß mit einer Zusammensetzung aus Nickeleisen. Es war also nicht weiter verwunderlich, daß der »Tunguska-Meteorit« in rasch umlaufenden Spekulationen auf 200 Millionen Dollar geschätzt wurde. Und das im Jahr 1928!

Ausnahmsweise waren sich die Fachleute in diesem Fall darüber einig, daß ein Meteorit, der derartige Verwüstungen angerichtet hatte, unvorstellbar groß gewesen sein mußte. Mit ihren daraus abgeleiteten »Visionen« versetzte die »New York Times« ihre Leser 1928 in Angst und Schrecken, indem sie schrieb: »Wäre dieser Meteorit z.B. mitten in Belgien explodiert, hätte niemand im ganzen Land überlebt. Wenn er London getroffen hätte, wäre bis in die südlichen Stadtteile von Manchester oder die östlichen von Bristol alles Leben ausgelöscht worden. Oder wenn er gar auf New York gefallen wäre? Welch unausdenkbare Konsequenzen...!«

Aber als weder ein Meteoritenkrater noch Bruchstücke auftauchten, wurde herumgerätselt, durch was die fürchterliche Zerstörung nun tatsächlich verursacht worden sein könnte.

Zwei Astronomen – der Engländer F. J. W. Whipple und der Russe J. S. Astapovich – kamen Anfang 1930 schließlich zur Überzeugung, daß die Explosion auf gar keinen Fall auf einen Meteoriten zurückgeführt werden konnte. Sie kamen vielmehr zur Schlußfolgerung, daß der Übeltäter ein gashaltiger Komet gewesen sein mußte. Denn nur so ließ sich erklären, daß weder ein Krater noch Bruchstücke des kosmischen Eindringlings auffindbar gewesen waren. Dieser Hypothese zufolge mußte der Komet mit einer derartig hohen Geschwindigkeit in die irdische Atmosphäre eingetaucht sein, daß er durch die dabei erzeugte Hitze in der Luft, über der Taiga, explodierte. Mit hoher Wahrscheinlichkeit sind Kometenköpfe riesige, »schmutzige, kosmische Schneebälle«, die aus gefrorenen Gasen bestehen – aus Ammoniak und Wasser sowie einer Staubmischung, die auch Meteoriten-Nickeleisen enthält.

Bezeichnend für die immer noch bestehende Faszination über den mysteriösen Vorfall in Sibirien dürfte die Tatsache sein, daß die in diesem Zusammenhang aufgetretenen atmosphärischen Auswirkungen 72 Jahre später – 1980 – von Experten mit Hilfe von Computertechniken erneut untersucht wurden. Der kalifornische Wissenschaftler Robert P. Turco und seine Mitarbeiter entwickelten zur Untersuchung der photochemischen Auswirkungen eines solchen Kometen auf die Erdatmosphäre eigens ein Computermodell.

Nach ihren Kalkulationen mußte sich die Luft im Sog des möglichen »Tunguska-Kometen« auf mehrere 1000 Grad Celsius erhitzt und damit die ungeheure Menge von etwa 30 Millionen Tonnen Stickstoffdioxyd erzeugt haben, was eine 45prozentige Verringerung der schützenden Ozonschicht der Stratosphäre nach sich zog, die wahrscheinlich bis 1911 anhielt. Für den Strahlungshaushalt der Erde ist die Ozonschicht aber von außerordentlicher Bedeutung. Denn sie absorbiert die ultravioletten Strahlen der Sonne und setzt sie in Wärme um. Nur so werden wir vor der gefährlichen Ultraviolettstrahlung geschützt.

Sowjetrussische Wissenschaftler stellten allerdings bereits in den sechziger Jahren fest, daß die durch die Explosion freigegebene Energie $10^{23}$ ergs betrug. Das entspricht etwa der Sprengstoffmenge von 30 Millionen Tonnen TNT! Der sowjetrussische Wissenschaftler Dr. Felix Zigel berechnete die Energiefreigabe bei der Explosion sogar mit 0,6 Kalorien pro $cm^2$ – und das setzt eine Temperatur von einigen 10 Millionen (!) Grad voraus.

Damit wird nicht nur die Meteoriten-, sondern auch die Kometenhypothese mehr als fragwürdig. Ganz davon abgesehen halten skeptische Wissenschaftler der Kometentheorie entgegen, daß ein Komet nicht einschlagen kann, ohne Restsubstanzen der eigenen Materie zu hinterlassen. Und zudem könne er sich der Erde auch kaum genähert haben, ohne vorher bemerkt worden zu sein.

Irgend etwas aber war an jenem Junimorgen des Jahres 1908 in die Erdatmosphäre eingedrungen und hatte das »schlafende Land« verwüstet. Etwas, das so mysteriös war, daß viele Dekaden vergehen mußten, bevor sich eine Lösung des Rätsels abzeichnen sollte.

## »Und sie bewegt sich doch...«

Für Astronomen war das Universum 1908 wesentlich kleiner als heute. Die in ihren Ausmaßen noch nicht einmal ganz erfaßte Milchstraße bildete damals die Grenze. Zudem glaubten Wissenschaftler, der Kosmos sei grundsätzlich beständig, unveränderlich und in seinen Gesetzmäßigkeiten wie ein verläßliches Uhrwerk. Ausgerüstet mit den letzten technischen Errungenschaften des 19. Jahrhunderts hatten die Astronomen aber noch keine Aussichten, einen Vorfall des gerade zum Leben erwachten 20. Jahrhunderts – wie das beispiellose Geschehen in der steinigen Tunguska – aufzuklären.

Die klassische Physik befand sich allerdings schon längst in einer Krise. Es brodelte unter der Oberfläche. Verantwortlich dafür war die ungewöhnliche Konstellation einer Reihe von »Fixsternen« der theoretischen Physik, einer Reihe von genialen Wissenschaftlern, brillanten Denkern, die sich verbissen für eine Neuordnung, einen Umsturz unseres bisherigen Weltbildes einsetzten. Insbesondere sollte eine Abeit dazu beitragen, die schon drei Jahre vorher – 1905 – in der Fachzeitschrift »Annalen der Physik« veröffentlicht worden war. Der Verfasser war ein damals noch völlig unbekannter, 26jähriger Patentsachbearbeiter in Bern. Mit nur 9000 Wörtern sollte es ihm gelingen, unser bisheriges Zeit- und Raumverständnis und die klassische Konzeption der Physik drastisch zu verändern. Der Unbekannte hieß Albert Einstein. Ausgerechnet 1908 hatte man ihm eine Professur an der Universität Zürich verweigert. Verantwortlich dafür war Prof. Kleiner von der Universität Zürich. Obwohl er Einstein zuvor zu einer Privatdozentur in Bern verholfen hatte, entschied er sich nun plötzlich gegen ihn. Seine Sinneswandlung hing mit einer Einsteinschen Vorlesung zusammen, die er als nicht geeignet für das Begriffsvermögen der Studenten ansah.

Nun – Wissenschaftler sind auch nur Menschen, und die Wissenschaft wird von Menschen gemacht...

Wissenschaftliche Erkenntnisse haben sich im Lauf der Jahrtausende keineswegs progressiv angesammelt, sondern sind vielmehr durch sprunghaftes Auf und Ab gekennzeichnet. So gehörte beispielsweise für Leonardo da Vinci (1452–1519) das heftig diskutierte Thema der Erdbewegung bereits zum Allgemeinwissen, während sich aufgeschlossene Gelehrte mit ptolemäischen Dogmatikern seiner Zeit darüber stritten.

Damit die Entwicklung unseres Weltbildes vor Einstein verständlicher wird, sollten wir einige wesentliche Wendepunkte in der Astronomie kurz streifen.

Da war z. B. der um 100 v. Chr. geborene griechische Naturforscher und Astronom Claudius Ptolemäus. Im zweiten Drittel des 2. Jahrhunderts in Alexandria tätig, hinterließ er der Nachwelt wissenschaftliche Erkenntnisse und Werke, die sich noch bis ins 17. Jahrhundert (!) auswirkten. Am nachhaltigsten waren seine astronomischen Arbeiten, in denen er das Wissen seiner Zeit zusammengefaßt, neu geordnet und in vieler Hinsicht ergänzt hat. Schließlich verschmolz er die verschiedenen Vorstellungen vom Universum zu einem konzentrischen Weltbild, mit der absoluten Kugelform und mathematischen Berechnungen als Ausgangspunkt. In diesem ptolemäischen Weltbild war die Erde von Feuer, Luft und

Wasser umgeben. Unterhalb der Sonnen- und Planetensphären drehte sich die Kristallsphäre des Mondes über der Erde und ihren Elementen. Diese sonderbare »Zwiebel« wurde wiederum von der Sphäre der Fixsterne und das Ganze schließlich von der »primum-mobile«-Sphäre eingehüllt.

Nach ptolemäischem Gesetz ist die *Erde* der Mittelpunkt des Universums. Denn eines weiß sogar der Dümmste: daß die Sonne im Osten aufgeht, im Westen sinkt und die Sterne sich in festgelegten Bahnen bewegen – natürlich um die Erde. Wer konnte daran nur zweifeln ...

Ptolemäus konnte seine Vorstellungen durchsetzen, weil er dialektisch überzeugender operierte als seine Konkurrenten! Welches Ergebnis die Folge war, zeigt sich darin, daß das ptolemäische System 1000 Jahre lang die Welt beherrschte. Aber trotz dieses etablierten ptolemäischen Weltbildes entbrannten schon zu Zeiten von Leonardo da Vinci ketzerische Streitgespräche über die Rotation der Erde und ihre Bewegung um die Sonne. Nicht zuletzt war dafür Nikolaus Kopernikus (1473–1543) mitverantwortlich.

In Thorn an der Weichsel geboren, verließ Kopernikus im Alter von 23 Jahren die Universität Krakau, um seine humanistischen, mathematischen und astronomischen Studien südlich der Alpen zu vervollständigen. Zudem wollte er Griechisch erlernen. Ende 1496 schrieb er sich in die Studentenliste der Universität Bologna ein und wurde schon bald darauf Schüler, Assistent und Freund des aus Ferrara stammenden Astronomen Domenico Maria Novara. Zweifellos wurden bereits zu dieser Zeit die Kopernikanischen Ideen vom heliozentrischen System geboren. Denn Novara, der zwar zum »Broterwerb« in Richtung Ptolemäus orientiert war, leitete seine intellektuellen Erkenntnisse allem Anschein nach von Platon und Aristarchos (300 v. Chr.) ab. Dieser griechische Astronom hatte schon in der Antike ein heliozentrisches Weltbild vertreten, in dem die Erde um die Sonne kreist. Seine Zeitgenossen hatten dies allerdings abgelehnt.

Als Kopernikus Italien 1505 verließ, um in seine Heimat zurückzukehren, brachte er die unumstößliche Überzeugung von der Realität des heliozentrischen Systems mit nach Hause. Schon zu diesem Zeitpunkt ging er von der Voraussetzung aus, daß die Sonne der Mittelpunkt der kreisförmigen Planetenbahnen ist – daß die Erde um die Sonne kreist und sich dabei täglich einmal um die eigene Achse dreht, während sie ihrerseits vom Mond umkreist wird.

Auf Betreiben seines Onkels, des Bischofs Lukas Watzelrode, war Kopernikus schon 1497 in das ermländische Domkapitel zu Frauenburg aufgenommen worden. Nach seiner Rückkehr aus Italien lebte er nun als Sekretär seines Onkels in Heilsburg, bis dieser 1512 starb. Danach erhielt er u. a. auch das Amt eines Kanzlers des Frauenburger Domkapitels. Und in diesen 18 Jahren seiner Amtstätigkeit im Bereich des Bistums Ermland – von 1512 bis 1530 – arbeitete er daran, sein Weltbild mit den Himmelsphänomenen in Einklang zu bringen. Zur Veröffentlichung gab er allerdings nur eine Skizze seiner Resultate frei. Erst die eindringlichen Bitten des Bischofs von Kulm veranlaßten Kopernikus schließlich, diesem das Manuskript seines Werkes »De Revolutionibus Orbium Coelestium« zu übergeben. Aber für Kopernikus kam die Veröffentlichung zu spät, denn der Tod war schneller. So konnte man ihm die erste gedruckte Kopie seines Lebenswerkes nur noch auf dem Totenbett, am 24. Mai 1543, in die Hände legen.

Das neue Weltbild löste kein unmittelbares Echo aus. Weil es sich mit dem Wahrnehmungsvermögen der

Sinne nicht vereinbaren ließ, wurde es nicht verstanden. Unglücklicherweise hatte Kopernikus auch nicht völlig mit der Tradition gebrochen. Denn auch er hielt noch an der irrigen Auffassung fest, daß sich die Planeten in absolut perfekten Kreisbahnen bewegen. Und damit beeinträchtigte er die Klarheit seines Himmelsschemas ganz erheblich.

In Unkenntnis der Bewegungsgesetze kam es zudem zu ernsthaften Einwänden: Wenn sich die Erde wie ein Kreisel drehte, mußte doch alles, was nicht fest an ihre Oberfläche gebunden war – also auch die Menschen – heruntergeschleudert werden. Die Voraussetzung für die Stabilität der Erde war doch schließlich der Ruhezustand... Die scheinbare Bewegungslosigkeit der Sterne unterstellte obendrein derart unvorstellbare Entfernungen, daß diese mit den vorherrschenden Ansichten einfach nicht in Einklang zu bringen waren. Sogar noch der bedeutende Astronom Johannes Kepler (1571–1630) hielt sie für »einen schwer verdaulichen Brocken«.

Kopernikus selbst zweifelte nicht daran, daß sich mit der Umlaufbahn der Erde stellare perspektivische Verschiebungen ergeben mußten. Aber er rechnete fest damit, daß sich seine Theorie durch zukünftige Entfernungsmessungen beweisen lassen würde. Darüber sollten jedoch noch vier Jahrhunderte vergehen.

Der prominenteste unter den Astronomen des Mittelalters war wohl der Däne Tycho Brahe (1546–1601). Zunächst studierte er Jura. Seinem geheimen Steckenpferd, der Astronomie, konnte er sich aber erst nach einer bedeutenden Erbschaft widmen, die ihm auch verschiedene Studienreisen nach Deutschland erlaubte. Hier wurde er u. a. auch mit dem astronomisch interessierten Landgrafen von Hessen-Kassel, Wilhelm IV., bekannt, der ihn seinerseits dem dänischen König Friedrich II. empfahl.

Genau wie sein namhafter Vorgänger in der Antike, Hipparchus (134 v. Chr.), machte sich auch Brahe durch die Beobachtung eines aufflammenden »neuen Sterns« – durch die außergewöhnliche Nova Cassiopeiae von 1572 – einen Namen.

Brahe war nicht nur extravagant, sondern auch ausgesprochen streitsüchtig. Kein Wunder also, daß er bereits als 19jähriger einen Kontrahenten wegen eines mathematischen Streitgesprächs wütend zum Duell forderte, bei dem er um Mitternacht seine Nase einbüßte. Doch dieses Mißgeschick war nicht im geringsten dazu angetan, sein Selbstbewußtsein zu erschüttern. Bis zum Ende seines Lebens trug er mit vollendeter Grandezza eine silberne Ersatznase, die seinen pompösen Lebensstil eher noch unterstrich.

Als er 1576 von König Friedrich II. zusätzlich noch mit der Insel Ven in der Nähe von Kopenhagen belehnt wurde, gab es kein Halten mehr. Nun errichtete Brahe dort einen weitläufigen, prunkvollen Palast – Tychos Palast –, der seinem Lebensstil endlich entsprach: die Sternwarte Uranienborg. Sie war mit dem besten astronomischen Instrumentarium seiner Zeit ausgestattet, das er nicht nur mit vollendetem Können, sondern auch unter entsprechendem Aufwand benutzte: Er stellte sich dem »Sternenvolk« selbstverständlich nur in den prächtigsten Roben.

Nach dem Ableben des dänischen Königs geriet er durch sein heftiges Temperament mit dessen Nachfolger in Schwierigkeiten und verließ Dänemark. Als Kaiserlicher Astronom Rudolfs II. von Österreich starb er 1601 schließlich in Prag. Während seiner letzten Lebensjahre stand ihm hier u. a. Johannes Kepler (1571–1630) als Assistent zur Seite.

Vor der Erfindung des Fernrohrs war Brahe der bedeutendste beobachtende Astronom. Er hat bei Beobachtungen mit dem bloßen Auge die bestmögliche Genauigkeit überhaupt erreicht. Allein aufgrund seiner Beobachtungen der Standorte der Planeten – insbesondere dem des Mars – wurden die Voraussetzungen für Keplers Arbeiten über die elliptischen Bahnen der Planeten geschaffen. Aber gerade durch die absolute Genauigkeit seiner Beobachtungen entfernte sich Brahe paradoxerweise von der Wirklichkeit. Dem Kopernikanischen System setzte er sein eigenes, extravagantes entgegen, das ihn allerdings nicht überlebte: Denn Brahe sah in der Erde den ruhenden Mittelpunkt einer Welt, die von Sonne und Mond umkreist wurde, während sich die übrigen Planeten um die Sonne bewegten.

Mit der Einführung des Fernrohrs eröffneten sich für die Astronomie im wahrsten Sinne des Wortes völlig neue Perspektiven. Als der holländische Brillenmacher Hans Lipershey 1608 rein zufällig auf eine bestimmte Anordnung von Linsen stieß, die eine buchstäbliche »Überwindung« von Entfernungen ermöglichte, konnte niemand das ganze Ausmaß dieses Zufalls auch nur ahnen.

Galileo Galilei (1564–1642), der 1609 in Venedig davon munkeln hörte, baute auf dieses Gerücht hin ohne weitere Kenntnisse eine »mit Gläsern versehene optische Röhre«, mit der er bereits Ende 1610 die Mondgebirge, die Jupiter-Satelliten und die Natur der Milchstraße entdeckte. 1611 identifizierte er die Venus-Phasen, die Sonnenflecken und das »seltsame Anhängsel« des Saturn – gemeint sind die Saturn-Ringe. Die teleskopische Enthüllung des Himmels hatte begonnen.

Das Kopernikanische System wurde damit brillant illustriert, wenn auch nicht demonstriert. Aber Galilei, der von ihm völlig überzeugt war, stellte dieses neue Weltbild in seinen berühmten »Dialogen« literarisch so geschickt dar, daß es allgemeine Zustimmung fand. Er unterstützte die neuen Ansichten wesentlich durch seine Anerkennung der Bewegungsgesetze und einer Kraft als Bewegungsursache. Das Himmelsproblem, nunmehr metaphysischer Undurchsichtigkeit beraubt, wurde der Vernunft als rein mechanisches Phänomen präsentiert; die Planeten konnten von nun an als gewöhnliche Projektile behandelt werden und ermöglichten so klare Überlegungen über die Natur ihrer Bahnen.

Aber seinen Einsatz für die Kopernikanische Lehre sollte Galilei bitter büßen. In jahrelangen Kämpfen mit der katholischen Kirche hatte er immer wieder um Anerkennung dieses Weltbildes beim jeweiligen Papst nachgesucht. Am Ende wurde er jedoch dem Inquisitionsgericht wegen Ketzerei überstellt.

Wie dem italienischen Philosophen und einstigem Dominikanermönch Giordano Bruno (1547–1600) wurde auch Galilei die Kopernikanische Lehre zum Verhängnis. Bruno zahlte dafür mit dem Leben. Angeregt durch kopernikanische Schriften hatte er die Überzeugung verbreitet, daß neben der irdischen auch noch andere Welten existieren müßten. Dafür wurde er wegen Ketzerei ohne Urteil sieben Jahre lang eingekerkert und durch Spruch des Richterkollegiums der Inquisition in Rom am 17. 2. 1600 auf dem Scheiterhaufen verbrannt.

Galilei unterwarf sich dem kirchlichen Zwang und schwor der »Irrlehre« ab:

»Ich, Galileo, Sohn des verstorbenen Vincenzo Galilei aus Florenz, 70 Jahre alt, persönlich vor diesen Gerichtshof geladen und hier vor Euch auf den Knien – Hochwürdiger und Erhabener Großinquisitor der Herren Kardinäle gegen ketzerische Verderbtheit in der gesamten Christlichen Welt – schwöre, vor meinen Augen die Heilige Schrift, die meine Hände berühren, daß ich stets geglaubt habe, glaube und mit Gottes Hilfe auch in Zukunft alles glauben werde, woran die Heilige Katholische und Apostolische Kirche festgehalten, was sie gepredigt und gelehrt hat.

Aber seit der Zeit – nachdem das Heilige Amt eine rechtliche Verfügung gegen mich erlassen hat, des Inhalts, daß ich von der unwahren Behauptung, daß die Sonne der Mittelpunkt der Welt ist und sich nicht bewegt und die Erde nicht der Mittelpunkt der Welt ist und sich bewegt, gänzlich ablassen muß; daß ich an dieser falschen Lehre nicht festhalten darf, sie nicht verteidigen und in keiner Weise, wie auch immer, lehren darf, weder mündlich noch schriftlich; und nachdem ich darüber unterrichtet wurde, daß diese Lehre der Heiligen Schrift widerspricht – habe ich ein Buch geschrieben und gedruckt, in dem ich diese bereits verworfene Lehre verkündet und zwingende Argumente zu ihren Gunsten angeführt habe, ohne dafür eine Erklärung abzugeben. Ich wurde vom Heiligen Amt schwerer Ketzerei beschuldigt, gewissermaßen daran festgehalten und geglaubt zu haben, daß die Sonne der Mittelpunkt der Welt ist und sich nicht bewegt und die Erde nicht der Mittelpunkt der Welt ist und sich bewegt ...

... ich schwöre, daß ich zukünftig nie mehr auch nur das geringste sagen oder behaupten werde, mündlich oder schriftlich, daß Anlaß dazu geben könnte, einen ähnlichen Verdacht gegen mich zu nähren; sollte ich jedoch von irgendeinem Ketzer oder einer der Ketzerei verdächtigten Person wissen, werde ich sie dem Heiligen Amt melden oder dem Inquisitor oder jedem Ordentlichen Richter des Ortes, an dem ich mich gerade aufhalten sollte. Weiterhin schwöre und verspreche ich, alle Bußen, die mir durch dieses Heilige Amt auferlegt wurden oder werden sollten, uneingeschränkt zu erfüllen und zu beachten. Und wenn ich irgendeinem Versprechen oder Schwur zuwiderhandeln sollte (was Gott verhüten möge!), unterwerfe ich mich allen Schmerzen und Strafen, die im Kanonischen Recht und anderen allgemeinen und speziellen Anordnungen für solche Verbrecher vorgesehen sind. So helfe mir Gott und diese Heilige Schrift, die meine Hände berühren.«

Zu lebenslänglichem Hausarrest verurteilt, durfte Galilei sein Landhaus in der Nähe von Florenz nicht mehr verlassen. Besucher waren ihm allerdings erlaubt. In den acht Jahren seiner Gefangenschaft pilgerten seine Anhänger aus aller Herren Länder zu ihm. In den letzten Jahren seines Lebens ließ zwar sein Augenlicht nach, nicht aber sein wacher, bis zuletzt nach Zusammenhängen suchender Verstand. So legte er in diesen acht Jahren, die ihm durch seinen Widerruf der »Irrlehre« geschenkt wurden, noch den Grundstein der Dynamik. Auch das großartige Werk Issak Newtons sollte durch Galilei – der ein Jahr vor der Geburt von Newton starb – vorbereitet und definiert werden.

346 Jahre nach seiner Verurteilung, 1980 bewegte sich auch die katholische Kirche und hatte endlich ein Einsehen. Sie rehabilitierte Galilei, . . . denn: Sie bewegt sich doch!

Fast 100 Jahre nach Kopernikus wurde Johannes Kepler am 27. Dezember 1571 in Weil der Stadt, Württemberg, geboren. Mit 18 Jahren ging er nach Tübingen, um Theologie zu studieren. Vorlesungen von M. Maestlin über das Kopernikanische Weltsystem begeisterten ihn jedoch derartig, daß er sich entschied, sein Leben der Astronomie zu widmen. Bereits als 25jähriger veröffentlichte er 1596 eine Arbeit, in der er das Kopernikanische Weltbild sehr klar darstellt und seine Vorteile gegenüber dem Ptolemäischen Weltsystem aufzeigt. Keplers ungewöhnlich forschender Verstand enthüllt sich bereits in dieser Arbeit. Bis zu Kepler hatten sich Astronomen noch das verhältnismäßig bescheidene Ziel gesetzt, die Bewegungen der Planeten genau zu beschreiben. Ihnen genügte eine geometrische Darstellung der Planetenbahnen.

Erst durch Kepler erfuhr das Kopernikanische Weltbild die entscheidende Vervollkommnung. Als kaiserlicher Hofastronom Rudolfs II. und Nachfolger von Brahe wertete er dessen hinterlassene Aufzeichnungen aus und kam nach gründlicher Analyse der Mars-Ortsbestimmungen zum Schluß, daß die Mars-Bahn elliptisch verläuft. Er fegte die Überbleibsel »Ptolemäischen Plunders« im Kopernikanischen System weg und erstellte einen harmonischen Plan, nachdem unser Sonnensystem geordnet ist. Kepler kam zur Erkenntnis, daß die Planetenbewegungen bestimmten Gesetzmäßigkeiten unterworfen sind, daß sie sich nicht in Kreisbahnen, sondern in elliptischen Bahnen um die Sonne bewegen – genau wie der Mond um die Erde. Zudem versuchte Kepler, den Lauf der Planeten um die Sonne mechanisch zu erklären. Er vermutete als Ursache eine gegenseitige Anziehung schwerer Körper – den Einfluß einer zentralen Kraft magnetischer Natur. Keplers Bestreben galt einer rein physikalischen Astronomie. Aber die volle Bedeutung der Gesetze, die er nach einem mit Versuchen und Fehlschlägen angefüllten Leben schließlich entdeckt hatte, entging ihm leider.

Erst 80 Jahre später sollte der Sohn eines englischen Landwirts das Problem lösen, warum sich Planeten ausgerechnet in elliptischen Bahnen um die Sonne bewegen – Isaak Newton (1643–1727). Nach streng mathematischer Anwendung der Keplerschen Gesetze bewies er, daß die Bahn eines Planeten um die Sonne auch dann errechnet werden kann, wenn diese nur zu einem Teil beobachtet wird.

Da die Universität Cambridge in den Pestjahren 1665

und 66 geschlossen war, verbrachte Newton diese Zeit in seiner Heimat Lincolnshire. Schon dort begann er mit der grundlegenden Forschung für sein späteres Werk »Philosophiae naturalis principia mathematica« (Mathematische Grundlagen der Naturwissenschaft), das eine neue Aera wissenschaftlichen Denkens einleiten sollte.

Als Newton (der Überlieferung nach) einmal unter einem Apfelbaum arbeitete, fiel ihm ein Apfel auf den Kopf. Ob nun Dichtung oder Wahrheit, dieser Zwischenfall soll ihn auf die Idee gebracht haben, daß Schwerkraft eine Universalkraft sein muß.

Die unerklärlichen Eigenschaften der Schwerkraft hatten Gelehrte schon immer fasziniert. Sie warfen die Frage auf: Warum fallen Objekte zur Erde? Wie konnte die Erde einen Gegenstand »an sich heranziehen«, ohne sozusagen »danach zu greifen«? Offensichtlich war die Luft nicht dafür verantwortlich, wurden doch Objekte auch im Vakuum zur Erde »gezogen«. Die Kraft der Sonne, die Planeten in einer ständigen Umlaufbahn zu halten schien, war genauso mysteriös.

Mit unendlicher Geduld beobachtete Newton immer wieder Gegenstände im freien Fall und die Bewegung der Planeten um die Sonne, bis er daraus schließlich die für ihn den Tatsachen am meisten entsprechende Formel ableitete: Jedes Objekt im Universum zieht jedes andere mit *der Kraft* an, die von der Größe ihrer Massen und dem Quadrat des Abstandes zwischen ihren Schwerpunkten abhängig ist. Und damit kam er zur Schlußfolgerung, daß der Mond von der Erde und die Planeten von der Sonne durch eine gleichartige Kraft angezogen werden, durch die Gravitation.

Nun wandte Newton seine Bewegungsgesetze unter Berücksichtigung der Schwerkraftauswirkungen auf die

Umlaufbahnen der Planeten an und fand seine Schlußfolgerung bestätigt. Er erkannte, daß sich die Wirkung der Schwerkraft bei zunehmendem Abstand zwischen den Himmelskörpern – wie überhaupt bei allen materiellen Objekten – verringern mußte. Nach Auflösung seiner mathematischen Gleichungen vermochte er Form und Größe der Planetenbahnen und der Bahn des Mondes um die Erde zu bestimmen. Ohne jeden Zweifel bewegten sich die Planeten in elliptischen Bahnen.

Newton erklärte als erster, daß das Phänomen der physikalischen Welt durch genaue Berechnungen erfaßt werden kann. Sobald einmal bekannt war, wie ein System begonnen hatte, ließ sich sein zukünftiges Verhalten aufgrund der Dynamik ermitteln. Bis auf bestimmte Einschränkungen in der späteren Quantentheorie sollte sich diese Behauptung auch generell bestätigen.

Newtons Werk wurde 1687 veröffentlicht. Dank dafür gebührt nicht zuletzt dem englischen Astronomen Edmond Halley, einem jüngeren Freund Newtons, der für die Druckkosten aufkam.

Übrigens wurde Halley selbst durch die Voraussage der Wiederkehr eines Kometen berühmt, die er nach dem Newtonschen Gravitationsgesetz für das Jahr 1758 berechnet hatte. Der angekündigte Komet tauchte tatsächlich »pünktlich« auf. Leider konnte Halley seinen Triumph nicht mehr erleben, da er bereits 1742 verstorben war. Aber dieser Komet wurde nach ihm »Halleyscher Komet« benannt.

Schon am Anfang seines Werkes befaßte sich Newton mit zwei grundlegenden Begriffen: Zeit und Raum. Er baute darauf nicht nur sein gesamtes System auf, sondern legte damit auch den Grundstein für die wissenschaftlichen Erkenntnisse von mehr als 200 Jahren.

Zeit und Raum waren für Newton zwei separate Gefüge: absolute Zeit – die unabhängig von Materie stets gleichmäßig verläuft; und absoluter Raum – der unabhängig von Materie stets gleich bleibt.

Newtons »Principia« setzten ein Zeichen beispiellosen Fortschritts in der Wissenschaft, eines Fortschritts, der sich vor allem in Vereinheitlichung zeigte. Eine Wissenschaft der Himmelsphysik, mit scheinbar unbegrenzter Expansionsfähigkeit, begründete sich auf der Basis irdischer Erfahrungen. Das für Wissenschaftler bisher undurchdringliche Dunkel lichtete sich plötzlich und öffnete ihnen neue Wege.

Newton selbst sagte einmal über seine Arbeit:

»Mir kam es so vor, als hätte ich wie ein Knabe einfach nur am Strand gespielt und zum Zeitvertreib immer wieder nach glatteren Kieselsteinen und schöneren Muscheln gesucht. Dabei lag der große Ozean der Wahrheit noch völlig unentdeckt vor meinen Augen.«

Wahrscheinlich veranlaßte das Newtonsche Denken in Ursache und Wirkung auch den bedeutenden französischen Physiker, Astronomen und Mathematiker, Pierre Simon Marquis de Laplace (1749–1827), zu der folgenden euphorischen Äußerung:

»... Entdeckungen in der Mechanik und Geometrie, gepaart mit solchen in der universalen Gravitation, brachten den menschlichen Geist in Reichweite des Begreifens der gleichen, allumfassenden Formel für das vergangene und zukünftige Stadium des Weltsystems.«

Von ganz besonderer Bedeutung ist allerdings die Tatsache, daß Laplace die Existenz »Schwarzer Sterne« vermutete, Sterne von so enormer Größe, daß sie durch ihre ungeheure Schwerkraft kein Licht mehr entweichen lassen.

Damit hat Laplace wohl als erster ein physikalisches Phänomen angesprochen (wenn auch kaum in seiner ganzen Tragweite erfaßt), das heute nicht nur Physiker und Astronomen in Atem hält, sondern sogar in der breiten Öffentlichkeit auf Interesse stößt. Auf keinen Fall konnte Laplace aber voraussehen, daß seine »Schwarzen Sterne« unter Umständen eines Tages zur Enträtselung des Tunguska-Vorfalls von 1908 beitragen könnten.

## Widersprüche

Der Sieg der Newtonschen Gravitations- und Bewegungsgesetze blieb für mehr als 200 Jahre unangetastet. Zur Erläuterung der Planetenbewegungen, des Verhaltens von Gasen und alltäglicher physikalischer Phänomene reichten sie ja auch völlig aus.

Erst gegen Ende des 19. Jahrhunderts trat eine Wandlung ein. Als durch Experimente nachgewiesen wurde, daß Licht als wellenförmiger Vorgang erklärt werden kann – und kein Partikelstrom ist, der sich nach mechanischen Gesetzen bewegt, wie Newton vorausgesetzt hatte –, wurde das Newtonsche Gebäude erstmals in seinen Grundfesten erschüttert. Zudem demonstrierten die britischen Wissenschaftler Michael Faraday und James C. Maxwell, daß sich elektromagnetische Phänomene – also auch Licht – kaum in das Newtonsche System einreihen ließen.

Im Spektrum der aus unterschiedlichen Wellenlängen bestehenden elektromagnetischen Schwingungen ist Licht – physikalisch gesehen – nur ein winziger Abschnitt. Die in kürzeren Wellen als das Licht schwingenden Röntgen- und Ultraviolettstrahlen sind für das bloße Auge genauso unsichtbar wie die längeren Infrarot- und Radiowellen. Lichtstrahlen sind die einzige sichtbare Ausnahme im Wellenbereich.

Durch Experimente konnte zwar erhärtet werden, daß

sich Licht wellenförmig ausbreitet, trotzdem führte diese Vorstellung bei Physikern zu wachsendem Widerspruch, wenn es Ergebnisse zu deuten galt, wo Licht und Materie aufeinander einwirkten.

Unter Physikern herrschte kein Zweifel mehr darüber, daß der Weltraum praktisch keine herkömmliche Materie enthielt. Wie aber wurde dann Licht – vorausgesetzt, es bestand tatsächlich aus Wellen – übertragen? Es mußte eine unsichtbare, feine Substanz existieren, mit deren Hilfe Licht auch solche Entfernungen überbrücken konnte, wie die zwischen Sonne und Erde. Diese hypothetische Substanz erhielt den Namen Äther.

Schon in der Antike hatte Äther eine besondere Bedeutung. So nannten die alten Griechen »die obere Luft« Aither. Für sie war es die »Feuerluft«, in der die Sterne schweben und die Götter wohnen. 1887 stellten sich die amerikanischen Physiker Albert Michelson und Edward Morley die Aufgabe, die Existenz von Äther nachzuweisen und seine Auswirkungen auf die Geschwindigkeit des Lichts zu messen. Zu diesem Zweck konstruierten sie eine ausgeklügelte, rotierende Apparatur, die mit einer Lichtquelle und Spiegeln versehen war.

Vorausgesetzt, die Erde bewegte sich mit etwa 30 Kilometern in der Sekunde durch den Äther um die Sonne, müßte eine Art »Ätherfahrtwind« entstehen, genau wie bei einem Motorradfahrer, der an einem windstillen Tag dahinfährt und durch die Vorwärtsbewegung einen Fahrtwind erzeugt, der ihm ins Gesicht bläst. Auf das Licht übertragen konnten die Wissenschaftler damit rechnen, daß sich die Lichtgeschwindigkeit mit dem »Ätherfahrtwind« beschleunigen und gegen ihn verringern würde.

Michelson und Morley spalteten mit ihrem komplizierten Spiegelsystem einen Lichtstrahl in zwei Hälften. Dann leiteten sie beide Strahlen auf zwei gleichlange, im rechten Winkel zueinander angebrachte Bahnen und reflektierten die Strahlen wieder zu ihrem Ausgangspunkt. Damit hatten diese eine Strecke zurückgelegt, die quer zu der hypothetischen Ätherströmung verlief bzw. mit ihr und gegen sie.

Sollte sich der »Ätherfahrtwind« auf die Geschwindigkeit der Lichtstrahlen auswirken, mußten sich bei ihrer Rückkehr Phasenveränderungen zeigen. Nach dem Grad dieser Phasenverschiebungen sollte es dann möglich sein, den Ätherwind im Verhältnis zur Erdbewegung zu messen. Doch aus den Versuchsergebnissen ging eindeutig hervor, daß es keinen Zeitunterschied zwischen dem quer durch den Ätherwind ausgestrahlten und wieder reflektierten Licht oder dem mit und gegen diesen Wind ausgestrahlten Licht gab. Michelson und Morley erhielten für beide Strahlen identische Werte.

Damit sahen sich Naturwissenschaftler mit einer verworrenen Problematik konfrontiert, für die es anscheinend drei Alternativen gab: Konnte es möglich sein, daß sich die Erde doch nicht bewegte? Ein geradezu absurder Gedanke, der das gesamte kopernikanische Weltbild ins Wanken bringen würde. Oder beförderte die Erde den Äther etwa mit sich durch das All? Auch diese Lösung mußte ausgeschlossen werden, wie sich bereits durch frühere Experimente gezeigt hatte. Also blieb nur noch die Möglichkeit, daß es überhaupt keinen Äther gab. Aber das hätte für viele der damaligen Wissenschaftler eine Kampfansage an die gültigen Vorstellungen von elektromagnetischen Phänomenen bedeutet.

Hatten die Naturwissenschaftler etwa ein Charakteristikum der physikalischen Welt übersehen? Diese Frage beschäftigte in der Folge vor allem die beiden Physiker George Fitzgerald und Hendrik A. Lorentz (1853–1928). In einem Versuch, die Äthertheorie zu retten, stellte der Ire Fitzgerald eine neue These auf, nach der sich alle in

Bewegung befindlichen Objekte in Richtung ihrer Bewegung verkürzen. Unter dieser Voraussetzung würde die Kontraktion tatsächlich gerade ausreichen, um die durch den Ätherwind verursachte Veränderung der Geschwindigkeit des Lichts wieder aufzuheben. Danach würde z. B. ein Zollstock, der sich fortbewegt, kürzer sein als ein ruhender und sich mit zunehmender Geschwindigkeit immer weiter verkürzen.

Warum?

Weil der Druck des entgegenkommenden Äthers diese Kontraktion verursacht, meinte Fitzgerald. Genau wie ein Gummiball, der beim Aufprall auf eine Wand flacher, das heißt, kürzer wird. Diese Idee wurde noch durch eine Erklärung und mathematische Formel des Holländers Lorentz untermauert – dessen Leistung im Zusammenhang mit der Theorie des Elektron entscheidend war. Er ging von der Voraussetzung aus, daß ein elektrisch geladener Körper bei seiner Fortbewegung durch den Äther elektromagnetische Kräfte erzeugt, die direkt für die Kontraktion verantwortlich sind; und zwar aufgrund einer Umstrukturierung der Materie des Körpers.

Auf dem Internationalen Physikalischen Kongreß, der im Jahr 1900 in Paris stattfand, handelte der hochangesehene französische Mathematiker und Physiker Henri Poincaré dieses Thema aber eher durch Allgemeinbetrachtungen ab. Unter anderem sagte er:

»Existiert unser Äther denn wirklich? Ich glaube nicht, daß genaue Beobachtungen jemals etwas zu Tage fördern, das über eine relative Verschiebung hinausgehen würde.«

Lorentz hielt jedoch weiter an der Existenz von Äther fest und berief sich in diesem Zusammenhang auf ein wechselseitiges Verhältnis zwischen den Entfernungen und Zeiten, wie sie von Beobachtern, die sich relativ zueinander bewegen, festgestellt werden. Das heißt: Die Beziehung zwischen den Daten der Zeit- und Entfernungsmessung kann nur durch mathematische Gleichungen – durch die sogenannte Lorentz-Transformation – gemessen werden, wenn verschiedene Beobachter in relativ zueinander bewegten Bezugssystemen das gleiche Ereignis beschreiben.

Damit wurde den Wissenschaftlern erst recht deutlich, wie schwierig es war, korrekte Daten über einen Vorgang zu erhalten. Vor allem wurde ihnen klar, daß das Problem in der relativen Bewegung zu suchen war.

Eine Problematik, die bereits dem englischen Philosophen John Locke (1632–1704) fast 300 Jahre früher zu schaffen gemacht hatte.

»Lassen wir Schachfiguren unverändert auf ihrem ursprünglichen Platz stehen, sagen wir, sie sind an ihrem Ort geblieben oder sie sind unbewegt – selbst wenn das Schachbrett in einen anderen Raum gebracht wurde«, philosophierte er. »Auch ein Schachbrett, das seinen festen Platz in der Kabine eines sich fortbewegenden Schiffes hat, ist für uns unbewegt. Wenn sich der Abstand des Schiffes zu verschiedenen Objekten an Land nicht verändert, behaupten wir, daß es sich nicht bewegt, obwohl sich die Erde inzwischen gedreht hat. Und damit haben alle Objekte – Schachfiguren, Brett und Schiff – ihren Standort relativ zu anderen Körpern verändert.«

So demonstrierte bereits Locke anhand der unbewegten, aber sich dennoch bewegenden Schachfiguren, daß Bewegung relativ ist. In Wirklichkeit ist alles natürlich noch viel komplexer. Denn die Erde dreht sich nicht nur um die eigene Achse, sondern bewegt sich dabei gleichzeitig mit einer Geschwindigkeit von 30 Kilometern in der Sekunde um die Sonne. Nicht genug damit, wandert unser Sonnensystem zusätzlich noch innerhalb des Spiralarms der Milchstraße pro Sekunde 20 Kilometer weiter. Außerdem bewegt sich auch unser Sternensystem – die Milchstraße mit ihren über 100 000 Millionen Sternen – relativ zu anderen Galaxien mit 160 Kilometern in der Sekunde fort.

Auch im täglichen Leben brauchen wir einen »Referenzrahmen«, also einen Anhaltspunkt, um Bewegung überhaupt feststellen zu können. Wenn wir z. B. in einem Zug sitzen, auf die Abfahrt warten und dabei durchs Fenster einen anderen Zug auf dem Nebengleis beobachten, wissen wir nicht, ob sich nicht unser Zug unmerklich in Bewegung gesetzt hat, wenn der andere plötzlich an uns vorüberzugleiten scheint. Das sehen wir erst, wenn wir uns an einem festen Bezugspunkt auf dem Bahnsteig orientieren.

Solange wir uns nicht nach dem Stand der Sonne oder der Sterne richten, bemerken wir auch nicht, daß sich die Erde bewegt. Angenommen, wir befänden uns in einem Raumschiff. Dann müßten wir hinausschauen, um die Reisegeschwindigkeit feststellen zu können. Aber selbst unter der Voraussetzung einer gleichförmigen, »schnurgeraden« Reiseroute wüßten wir ohne astronomische Bezugspunkte nicht, ob wir uns fortbewegen oder bewegungslos im Raum verharren.

Einen besonders ausgeprägten Sinn für die Relativität der Bewegung – der Dinge überhaupt – hatte Ernst Mach (1838–1916). Im mährischen Turas geboren, wurde er vor allem durch seine Untersuchungen akustischer und optischer Probleme bekannt; insbesondere aber durch die Erforschung der Bewegung von Festkörpern mit Überschallgeschwindigkeit. Die Geschwindigkeit eines Flugzeugs relativ zu der des Schalls wird daher heute in Mach-Zahlen gemessen.

Relativ, wie Mach die Dinge nun einmal empfand, konnte er nicht von einer Brücke auf einen Fluß hinuntersehen, ohne schwindelig zu werden, weil er das Gefühl hatte, die Brücke »fließt davon«. Auch eine Dampferfahrt machte ihn schwindelig, weil er das Empfinden hatte, daß sich das Ufer bewegt und nicht das Schiff. Besonders bezeichnend für Machs außergewöhnliches Wahrnehmungsvermögen dürfte eine Eisenbahnfahrt gewesen sein. Dabei begegnete er im Zug einem schäbig gekleideten Mann, bis ihm endlich aufging, daß er sein eigenes Spiegelbild mißbilligt hatte. So lästig der junge Mach dieses unzensierte Wahrnehmungsvermögen auch empfunden haben mag, war es für seine späteren philosophischen und physikalischen Betrachtungen doch sicher recht dienlich.

»Wie nahe unsere physikalischen Konzepte den Fakten auch kommen mögen, dürfen sie doch nicht als vollständiger und endgültiger Ausdruck dieser Fakten betrachtet werden«, schrieb Mach einmal. »Der Euklidische Raum ebenso wie der Newtonsche *absolute* Raum sollten lediglich als nützliche Werkzeuge dienen – aber bedenkenlos wieder aufgegeben werden, wenn sich Werkzeuge finden, die den Daten besser entsprechen.«

Übrigens ist für die Euklidische Raumgeometrie mit ihren drei Dimensionen – Länge, Breite, Höhe – aufgrund ihrer Axiome charakteristisch, daß jede Gerade unendlich ist und Parallelen stets den gleichen Abstand zueinander beibehalten.

Der Newtonsche »absolute, ruhende, homogene und unendliche Raum« ist für alle Beobachter gleich und bereits vor den Dingen und Ereignissen (also Zeit) vorhanden. Er bleibt durch die Bewegung von Materie und Gravitation unbeeinflußt.

Machs Denkweise wurde allerdings stark durch den irischen Philosophen und Theologen George Berkeley (1685–1753) beeindruckt, der in seiner Abhandlung »Die Prinzipien der menschlichen Erkenntnis« erklärte, daß nur die Inhalte des Bewußtseins real seien. Unter anderem schrieb er:

»Nehmen wir einmal an, es gäbe im Universum nur einen einzigen Himmelskörper. Dann könnten wir nicht feststellen, ob sich dieses Gestirn bewegt, da kein Bezugspunkt vorhanden wäre, um eine Bewegung nachzuweisen.«

Mach, der das Berkeleysche Konzept logisch durchdachte, kam zur Schlußfolgerung, daß Bewegung bzw. Rotation nichts anderes bedeutet als relative Bewegung bzw. Rotation in Bezug auf die Gestirne. Machs scheinbar abstrakter Standpunkt ging von einem Universum aus, in dem sich die Himmelskörper gegenseitig nicht gewaltsam schieben oder ziehen, sondern auf irgendeine stille Art zusammenarbeiten, die wir Naturgesetze nennen.

Nach Ansicht der traditionellen Naturwissenschaften ist Trägheit eine grundlegende Eigenschaft der Materie. Nicht so für Mach. Er betrachtete Trägheit nicht als besondere Eigenschaft eines jeden Objekts, sondern als Spiegelbild ihrer Verbundenheit mit allen anderen Objekten im Universum.

»Natur und der Natur Gesetze verhüllten sich der Sicht.
  Gott sprach: ›Den Newton laßt gewähren.‹
  Und siehe, es ward Licht!
  Doch blieb es nicht von Dauer:
  Der Teufel schrie: ›Nicht so!
  Den Einstein laßt gewähren.‹
  Zurück zum Status quo!«

## Der Außenseiter

Bern 1903 – Das Amtszimmer war lang und schmal. Die kalkweißen Wände vertieften noch den nüchternen Anstrich. Hinter dem Schalter mit der Schwingtür standen zwei Reihen dichtgedrängter Schreibpulte, die kaum Platz für einen Gang ließen.

Vor dem Schalter saß ein grimmig dreinblickender, kleiner Mann auf einer Holzbank. Entrüstet schob sich sein Hals über den makellos gebügelten Hemdkragen. Ungeduldig warf er eine abgetragene Ledertasche neben sich.

Ein Beamter in lindgrün-kariertem Anzug schlenderte den Gang herunter zum Schalter. Er suchte ein Formular aus der hölzernen Ablage heraus und fragte dann in Richtung Bank:

»Signor Di Bolsano?«

Als sich der Mann erhob, hielt ihm der Beamte höflich die Schwingtür auf, führte ihn zu seinem Pult und bat ihn, Platz zu nehmen. Während sich der Sachbearbeiter in den Antrag seines Besuchers vertiefte, schob er geistesabwesend mit Brotkrümeln bedeckte Aktenbündel zur Seite. Zeit genug für den kleinen Mann im schwarzen Anzug, sein Gegenüber genauestens in Augenschein zu nehmen. Der verknitterte Hemdkragen rollte sich auf der einen Seite nach oben und der Krawattenknoten hing müde irgendwo darunter.

»Seinem molligen Gesicht fehlt entschieden die Energie«, entschied Di Bolsano. Und auf Energie legte er großen Wert. »Weich und zurückhaltend«, dachte Di Bolsano. »Der braune Teint und das lockige, dunkle Haar...«

»Was möchten Sie patentieren lassen?« schreckte ihn die Stimme des Sachbearbeiters aus seinen tiefsinnigen Betrachtungen. »Sie haben die Rubrik nicht ausgefüllt.«

Wortlos zuckte Di Bolsano die Achseln.

»Wenn Sie mir nicht sagen wollen, um was es sich handelt, kann ich Ihnen auch nicht dabei behilflich sein, Ihre Erfindung patentieren zu lassen«, gab der Beamte seinem Besucher zu bedenken.

Di Bolsano überlegte, ob er sich von diesem Angestellten überhaupt helfen lassen wollte. Er sah ihm zu unbedeutend aus. Und irgendeinem untergeordneten Angestellten seine Erfindung anzuvertrauen, war ihm nicht ganz geheuer. Wie konnte er sicher sein, nicht bestohlen zu werden. Daher sagte er zweifelnd:

»Ich weiß nicht, wer Sie sind.«

»Mein Name ist Einstein«, erhielt er zur Antwort.

Di Bolsano blieb stumm.

»Als technischer Sachbearbeiter muß ich einen ausführlichen Bericht über Ihre Erfindung anfertigen.«

»Und wer verhandelt nach Ihnen mit mir?«

»Niemand«, antwortete Einstein. »Wenn Herr Haller meinen Bericht gelesen hat, wird er seine Entscheidung treffen. Im Moment ist er nicht da. Aber es steht Ihnen frei, mit einem anderen technischen Sachbearbeiter zu sprechen.«

Zweifelnd sah sich Di Bolsano um. Dann gab er sich einen Ruck, lehnte sich vor und sagte hinter vorgehaltener Hand leise:

»Ich habe ein Perpetuum Mobile erfunden.«

Den Zeigefinger nachdenklich über dem Mund, sah

Einstein Di Bolsano an. Dann stützte er sich mit beiden Händen auf die Schreibtischkante und sagte bestimmt:

»Das wäre in der Tat ein bedeutender Fortschritt. Haben Sie ein Arbeitsmodell?«

Di Bolsano verneinte. Dann fügte er hinzu:

»Sobald die Patentierung erfolgt ist, werde ich mich um Geldgeber bemühen.«

»Ach so.« Einstein war sichtlich erstaunt. »Es tut mir zwar leid, aber nach den Vorschriften müssen Sie ein Arbeitsmodell hier vorführen.«

»Ich habe Zeichnungen«, erwiderte Di Bolsano kühl.

»Zeichnungen genügen leider nicht, um eine Erfindung patentieren zu lassen.«

»Ich habe eine weite Reise gemacht, bin fünf Stockwerke heraufgestiegen und mußte hier beinahe eine Stunde warten. Die Zeichnungen werden Ihnen also sicher genügen, um erst einmal mit Ihrem Bericht zu beginnen«, sagte Di Bolsano nachdrücklich.

Im stillen war er nämlich davon überzeugt, daß die meisten Erfindungen nur aufgrund nachdrücklichen Auftretens geschützt wurden und nicht anhand von Arbeitsmodellen.

Mit verstecktem Lächeln streckte Einstein die Hand nach den Zeichnungen aus. Geschäftig öffnete Di Bolsano die Riemen seiner Tasche, entnahm ihr ein sorgsam gefaltetes Bündel kostspieligen Zeichenpapiers, reichte es Einstein über den Schreibtisch und sagte:

»Die Erfindung arbeitet nach dem Prinzip der Elektrizität. Die Nadel ist negativ geladen und schwingt zwischen zwei positiv geladenen Polen hin und her.«

Einstein sah sich eine der Zeichnungen kurz an. Hoffnungslos! Noch hoffnungsloser, als er vermutet hatte. Eigentlich war es seine Absicht gewesen, den sonderbaren kleinen Mann mit der Auflage fortzuschicken, ein Arbeitsmodell zu bauen – wenn es auch nie funktionieren konnte. Aber was hätte es schon für einen Sinn gehabt.

»Es wird nicht funktionieren«, sagte er kopfschüttelnd und gab Di Bolsano die Zeichnungen zurück. »Es tut mir leid, Signor.«

»Aber Sie haben ja nicht einmal einen Blick darauf geworfen«, empörte sich Di Bolsano.

»Das brauche ich auch nicht«, erwiderte Einstein. »Ein Perpetuum Mobile ist eine Unmöglichkeit. Das ist ein universales Gesetz. Zur Arbeit wird Energie benötigt. Sie wollen ein System erfinden, das alle Energie in sein Originalstadium zurückleitet. Das geht nicht. Denn bei jedem Arbeitsvorgang geht Energie in Form von Wärme verloren. Auf diese Weise hat das System schließlich nicht mehr genug Energie und bleibt stehen.«

»Diese Gesetze werden von Menschen gemacht«, berichtigte Di Bolsano. »Nicht von Gott. Und Menschen können sich irren.«

»Natürlich können Menschen sich irren«, stimmte Einstein zu. »Wenn sie auch seltsamerweise manchmal recht haben.«

Dabei war etwas freundlich Unpersönliches in seinem absolut unbewegten Gesicht. Di Bolsano mochte ihn nicht.

»Offensichtlich haben Sie einen begrenzten Verstand«, urteilte er und empfahl sich wortlos.*

Im Januar 1903 heiratete Einstein mehr oder weniger ungewollt die Physikerin Mileva Maric, Tochter eines slawischen Bauern. Nicht zuletzt, weil er hoffte, damit den Haushaltsproblemen eines Junggesellen zu entgehen, die ihm für wichtigere Dinge die Zeit stahlen. Alltagstrivialitäten waren ihm ohnehin lästig. Wohl mit ein

---

* frei nach G. Ryman, in »Ad Astra«.

Grund, warum er in späteren Jahren oft keine Socken trug.

Mit Einsteins Heirat änderte sich sein bis dahin sorgloses Junggesellenleben schlagartig. Er mußte seine Erwartungen als (ungewohnten) Trugschluß verbuchen. Denn nach den Beschreibungen seines Biographen Carl Seelig »war Milewa Maric nicht gerade das Muster einer deutsch-schweizerischen Hausfee, deren Ehrgeiz im Kampf gegen den Staub, die Motten und den Schmutz gipfelt«. Dieses Bild unterstreicht noch ein Bericht des Züricher Privatdozenten David Reichenstein, der einen Besuch bei Einsteins folgendermaßen beschreibt:

»Die Wohnungstür stand offen, denn der vor kurzem gewaschene Boden im Korridor sowie die dort aufgehängte Wäsche mußten trocknen. Ich betrete Einsteins Zimmer. Mit einer Hand schaukelt er den Kinderwagen, in dem das Kind philosophisch ruhig liegt..., im Mund hatte Einstein eine schlechte, eine sehr schlechte Zigarre, und in der rechten Hand ein offenes Buch. Der Ofen rauchte fürchterlich. Wie konnte Einstein das nur aushalten?«

Im Februar 1979 schrieb die amerikanische »Time« zum 100jährigen Geburtstag von Einstein, der 1879 in Ulm zur Welt kam:

»Wie ein moderner Merlin beschwor er erstaunlich neue Ideen über Zeit und Raum herauf, und veränderte damit nicht nur die Vorstellung des Menschen über sein Universum – sondern auch über sich selbst. Einstein zeugte die Relativität und kündigte mit seiner berühmten Formel $E = mc^2$ das Atomzeitalter an. Und doch wurde seine schlichte Menschlichkeit niemals durch seinen überragenden Ruf untergraben.«

Einstein war sozusagen mit einem sechsten Sinn für die Schwachstellen in der herkömmlichen Physik begabt. Anstatt – wie damals oft üblich – Hilfstheorien zu konstruieren, um die neuesten Forschungsergebnisse mit traditionellen, aber widersprüchlichen Thesen in Einklang zu bringen oder sie einfach zu ignorieren, benutzte Einstein »hemmungslos« seinen (ihm als Schüler abgesprochenen) Verstand. Dabei ließ er auch die respektierlichsten physikalischen Gesetze nicht ungeschoren. Durch geniale Überlegungen verwob er Zeit, Raum und Materie zu einem Modell, das völlig neue Ansatzpunkte in der Physik aufzeigte.

Als Einzelgänger war Einstein stets in der eigenen Gedankenwelt verfangen. Von 1902 bis 1905 arbeitete er ganz allein und wissenschaftlich völlig isoliert.

»Diese Isolation erklärt seinen großen Überblick über ganz spezielle wissenschaftliche Probleme«, schreibt der Biograph Ronald W. Clark. »Erklärt aber auch, warum er die detaillierten Argumente anderer ignorierte: ganz einfach, weil er nichts von ihnen wußte.«

Einstein experimentierte selbst nie. Das überließ er anderen Forschern. Manchmal gab er ihnen allerdings Hinweise, wie sie seine Theorien durch Versuche überprüfen konnten. »Mein Gehirn ist mein Laboratorium«, sagte er einmal. Und das bezeichnet haargenau seine Arbeitsweise. Sein Instrumentarium bestand aus einem Stift, Zettelchen, einem unansehnlichen Notizbuch, das er stets in der Tasche hatte, und den Rückseiten gebrauchter Briefumschläge.

Bereits in seinen ersten Arbeiten 1905 wartete der 26jährige Patentsachbearbeiter – ein Außenseiter am Rande der physikalischen Szene – mit einer Reihe revolutionärer Ideen auf. So bewies er unter anderem überzeugend, daß die Existenz von Atomen angenommen werden müsse. Diese Behauptung stieß natürlich auf heftigen Widerspruch bei den wissenschaftlichen Koryphäen jener Zeit. Einstein hatte hier ein Problem aufgegriffen, das der schottische Botaniker Robert Brown

1827 erstmals beschrieben hatte: Warum lösen mikroskopisch kleine, feste Materieteilchen – wie z.B. Blütenpollen in einem Wassertropfen – zittrige Bewegungen aus, wenn sie in einer Flüssigkeit schwimmen? Viele Jahrzehnte lang hatten Forscher vergeblich darüber gegrübelt, was die Ursache für diese sogenannte »Brownsche Bewegung« sein könnte. Für Einstein war des Rätsels Lösung einfach: Die Atome oder Moleküle der Flüssigkeit setzten die im Vergleich zu ihnen riesigen festen Materieteilchen in Bewegung.

Der Gedanke war ihm beim Teetrinken gekommen. Er hatte durch die dicke gläserne Tasse beobachtet, wie sich Würfelzucker langsam auflöste. Als er zusah, wie sich die starken Zuckerwirbel durch den Tee fortbewegten, hatte er plötzlich das Empfinden, als verdrängten sie den Tee. Grenzen schienen sich zu verändern. Damit wurde Einstein bewußt, daß es möglich sein mußte, die Größe der Zuckermoleküle nach den Bewegungsveränderungen und der Viskosität der Flüssigkeit zu berechnen. Man mußte nur wissen, wie. Einstein ging kindlich einfach vor. Er behandelte die Zuckermoleküle wie große Sphären. Dann wandte er Gleichungen der Dynamik an und beschrieb mathematisch, wie diese Sphären die Flüssigkeit durch ihre Bewegung beeinflußten.

Seine Arbeit »Zur Elektrodynamik bewegter Körper« wurde zwar anfangs nicht gleich in ihrer vollen Bedeutung erkannt, aber als die revolutionierende »Spezielle Relativitätstheorie« ist sie wohl jedem von uns inzwischen schon einmal »begegnet«.

Einstein ignorierte den Begriff Äther bewußt. Er ging vielmehr von der Voraussetzung aus, daß einerseits durch ein Experiment nur relative Bewegung nachgewiesen werden kann – nämlich die Bewegung eines Beobachters in Bezug auf einen anderen – und daß sich andererseits Licht ohne Rücksicht auf seinen Ursprung, seine Quelle, stets mit gleichbleibender, konstanter, Geschwindigkeit durch den leeren Raum fortbewegt.

Das war eine Feststellung, die dem gesunden Menschenverstand völlig zu widersprechen schien. Denn danach mußte doch vorausgesetzt werden, daß sich z. B. das von einem beweglichen Raumschiff in Flugrichtung ausgestrahlte Licht mit der eigenen Geschwindigkeit plus der des Raumschiffes fortbewegt – wie bei einer Rolltreppe, die wir hinauflaufen, um schneller oben zu sein – also Rolltreppen- plus Eigengeschwindigkeit.

Auf Licht trifft dieses Prinzip paradoxerweise *nicht* zu. Denn gleichgültig, ob z. B. ein Stern auf uns zukommt oder sich von uns entfernt, bleibt die Geschwindigkeit des von ihm emittierten Lichts immer gleich, immer konstant. Sie wird von der Bewegungsgeschwindigkeit ihrer Quelle – also des Sterns selbst – nicht beeinflußt. Wenn sich also die Rolltreppe hypothetisch mit Lichtgeschwindigkeit bewegen würde und wir zusätzlich noch hinaufliefen, kämen wir trotzdem oben nicht schneller an.

Nach Einstein ist die Lichtgeschwindigkeit nicht nur eine Naturkonstante, die stets den gleichen Wert hat, sondern zudem ein Maximum, eine obere Grenzgeschwindigkeit in der mechanischen und elektromagnetischen Welt. Die Lichtgeschwindigkeit beträgt rund 300000 Kilometer pro Sekunde im luftleeren Raum. So ließ sich auch erklären, warum die Bewegung der Erde durch den Äther nicht zu ermitteln ist.

Durch Gedankenexperimente, die auf einfachen mathematischen Gleichungen beruhten, kam Einstein zu Schlußfolgerungen, die das Newtonsche System ernstlich in Frage stellten. So widerlegte er die Newtonsche Auffassung, daß Zeit absolut ist, universal unveränderlich und von der Vergangenheit in die Zukunft stetig verläuft, durch folgendes Beispiel:

Während eines Gewitters hat sich ein Mann in der Nähe eines Bahndamms untergestellt. Er beobachtet, wie zwei Blitze gleichzeitig in die Geleise einschlagen. Daraus schließt er, daß sie genau zur gleichen Zeit niedergingen – der eine weit entfernt von ihm in östlicher Richtung und der andere in der gleichen Entfernung im Westen. Im Moment der Blitzeinschläge rast ein Zug an ihm vorbei, der ostwestwärts fährt. Ein Mitreisender hat die Blitze am Fenster seines Abteils ebenfalls gesehen. Aber seiner Beobachtung nach schlugen sie nicht gleichzeitig ein. Da sich der Zug rasch in westlicher Richtung entfernt, braucht das Licht des Blitzes im Osten länger, bevor es den Zugreisenden erreicht. Den im Westen einschlagenden Blitz sieht er früher, weil er sich selbst in dieser Richtung fortbewegt, ihn das Licht also schneller erreicht. Im Gegensatz zum stationären Beobachter am Bahndamm, der zwei gleichzeitig einschlagende Blitze sieht, beobachtet der Zugreisende zwei aufeinanderfolgende – zuerst einen im Westen und darauf den zweiten im Osten.

Bei einer anderen Zeitfolge der Blitzeinschläge wäre es aber durchaus möglich, daß der Zugreisende sieht, wie zwei Blitze gleichzeitig einschlagen, während der Mann am Bahndamm zwei aufeinanderfolgende beobachtet.

Welche Beobachtung stimmt nun? Einstein zufolge die eine wie die andere, da die Zeitberechnungen von der Wahl des Bezugsrahmens bestimmt werden. In unserem Beispiel also entweder vom Beobachter im Zug oder von dem am Bahndamm. Damit hat Einstein den uns vertrauten Gleichzeitigkeitsbegriff relativiert: Jeder Bezugskörper oder jedes Koordinatensystem hat seine eigene, besondere Zeit.

Mit ähnlichen Erwägungen warf Einstein auch das Newtonsche Konzept der »absoluten Länge« über den

Haufen. Es paßte nicht in seine neue relativistische Welt, in der Zeit und Entfernung bzw. Länge gleich unbeständig sind und allein von der relativen Bewegung eines Beobachters abhängen.

Es blieb natürlich nicht aus, daß diese Theorien zu einigen bizarren Schlußfolgerungen über die Auswirkungen sogenannter relativistischer Geschwindigkeiten (d. h. bei Annäherung an die Lichtgeschwindigkeit) führten.

1905 schockierte Einstein die physikalische Welt mit dem bis dahin wohl ungewöhnlichsten Begriff, mit der sogenannten Zeitdilatation. Hier forderte er den gesunden Menschenverstand geradezu extrem heraus. Aber er betrachtete diesen »gesunden Menschenverstand« ohnehin als eine »Hinterlassenschaft vorgefaßter Meinung, die sich bereits im Alter von unter 18 Jahren festgesetzt hat«. In vier wagemutigen Gleichungen entkräftete er die Newtonsche Behauptung, daß Zeit überall mit einer konstanten Geschwindigkeit von 60 Minuten in der Stunde abläuft.

Das verblüffendste Ergebnis der Relativitätstheorie dürfte wohl sein, daß Zeit durch Bewegung beeinflußt wird. Denn für zwei Beobachter, die sich relativ zueinander bewegen, vergeht die Zeit unterschiedlich. Und damit eröffnen sich außerordentlich interessante Perspektiven.

Nehmen wir z. B. einmal an, daß irgendwann in der Zukunft alle Probleme mit der Konstruktion eines interstellaren Raumschiffes gelöst wären und wir mit einer Geschwindigkeit reisen könnten, die 90 Prozent der Lichtgeschwindigkeit erreicht. Dann verginge die Zeit im Raumschiff siebenmal langsamer als die Erdzeit. Die Astronauten würden davon allerdings nichts merken. Auch nicht, daß sie siebenmal langsamer altern als ihre auf der Erde zurückgebliebenen Verwandten und

Freunde. In den letzten Jahren konnte diese besondere Eigenschaft der Zeit bereits in Experimenten nachgewiesen werden.

Wenn z. B. Protonen aus dem Weltraum mit Luftmolekülen der obersten Schicht der Erdatmosphäre zusammenprallen, entstehen sogenannte Mü-Mesonen. Das sind sehr leichte Elementarteilchen, die sich der Erde mit derartiger Geschwindigkeit nähern, daß ihre Lebenszeit siebenmal langsamer abläuft als die eines Beobachters auf der Erde. Protonen und Neutronen sind übrigens die beiden Bausteine der Atomkerne.

Mit seiner speziellen Relativitätstheorie wies Einstein auf eine Tatsache in der Natur hin, die wohl bis dahin unbeachtet geblieben war. In Bezug auf die Zeit kam sie dadurch zum Ausdruck, daß die mit einem relativ bewegten Körper fest verbundenen Uhren langsamer liefen als Uhren im Ruhestand. Diese Eigenart wurde bei atomar angetriebenen Uhren genauso festgestellt wie bei Uhren mit anderen Antriebswerken.

Sobald wir die Tatsache anerkennen, daß bei Systemen, die sich in Bewegung befinden, Raum und Zeit relativ anders verlaufen als bei »ruhenden Systemen« – und beide durch die Lorentz-Transformation mathematisch »unter einen Hut« gebracht werden können –, zeigt sich, welche Stellung die Lichtgeschwindigkeit als universale Grenzgeschwindigkeit einnimmt. Denn »unser Zollstock«, der mit zunehmender Geschwindigkeit immer kürzer wird, ist bei $^9/_{10}$ der Lichtgeschwindigkeit auf die Hälfte seiner ursprünglichen Länge »geschrumpft« und verkürzt sich bei absoluter Lichtgeschwindigkeit zum Nichts. Bei den Zeigern einer Uhr ist es ähnlich, sie würden bei Lichtgeschwindigkeit stehenbleiben.

1972 umflogen zwei amerikanische Wissenschaftler die Erde mit vier haargenau gehenden Atomuhren. Sie wollten beweisen, daß die Zeit bereits durch die Geschwindigkeit eines Düsenflugzeugs gedehnt wird. Schon nach dem ersten Rundflug hatten sich die mitgeführten Atomuhren gegenüber unbewegten auf der Erde um 50 Nanosekunden verlangsamt. Das ist zwar nicht der Rede wert, wenn man bedenkt, daß eine Nanosekunde der milliardste Teil einer Sekunde ist, aber schließlich fliegt ein Jumbo-Jet, verglichen mit der Lichtgeschwindigkeit, nicht einmal im »Schneckentempo«.

Setzen wir einmal voraus, daß ein Raumschiff bis auf Lichtgeschwindigkeit beschleunigen könnte, wenn dies auch nach der Relativitätstheorie nicht möglich ist, wie wir bereits wissen. Wäre es aber möglich, würde die Zeit der Astronauten stillstehen und der Ablauf ihrer Reise vollzöge sich im Nu – sofort. Könnten sie über die Lichtgeschwindigkeit hinaus beschleunigen, würde ihre Zeit sogar rückwärts ablaufen, d. h. sie wären auf dem Weg in die eigene Vergangenheit. Dieser absurde Vorgang wird durch einen angelsächsischen Fünfzeiler ganz treffend charakterisiert:

Es gab mal eine Dame – Hell genannt,
die schneller als das Licht verschwand.
Sie machte sich auf eine Reise,
enteilt auf relativistische Weise.
Doch bei ihrer Wiederkehr war es die Nacht vorher.

Die hypothetische Dame Hell muß in der Nacht vor ihrer Abreise absurderweise ihr eigenes Ebenbild getroffen haben. Denn die Existenz von zwei Damen Hell ist nicht möglich, da die ursprüngliche keine Kenntnis davon hatte, ihrem Duplikat vor der Abreise begegnet zu sein. In einem weiteren Limerick wird veranschaulicht, wie sich bei einer Fortsetzung dieser Schneller-als-das-

Licht-Reisen die Anzahl der Damen Hell unendlich (fatal) vervielfältigen würde:

Hell hieß die Dame, sie war aber nicht klug.
Am nächsten Tag nahm sie teil an dem Flug;
So erschienen zwei in der gleichen Nacht,
und dann vier und dann acht...
aber ihr Mann, zu Tode erschrocken, machte sich
schnell auf die Socken.

Aber da die Lichtgeschwindigkeit die absolute Grenzgeschwindigkeit ist, können wir dieses hypothetische Abenteuer ruhig wieder vergessen.

Die gesamte, phantastische mathematische Struktur der Speziellen Relativitätstheorie stützt sich auf das sonderbare Verhalten des Lichts. Und diese Strahlungsenergie gab den Physikern vor Einstein immer wieder Rätsel auf. So blieben Ende des 19. Jahrhunderts all ihre Versuche erfolglos, die von einem erhitzten Körper abgegebene Strahlungsenergie-Menge in einen gesetzmäßigen Zusammenhang mit der Temperatur dieses Körpers und seiner Strahlungsfrequenz zu bringen. Erst zu Beginn unseres Jahrhunderts gelang es dem deutschen Physiker Max Planck (1858–1947), ein mathematisches Gesetz für die Energieverteilung der Wärmeausstrahlung aufzustellen, das alle Prüfungen bestand. Allerdings ließ sich der mathematische Ausgangspunkt von Planck nicht mehr durch die herkömmliche Physik darstellen. Es blieb also nur die Erklärung, daß sich die während des Strahlungsvorgangs abgegebene Energiemenge nicht gleichmäßig ausdehnt – also kontinuierlich und stetig –, sondern sozusagen in »stoßweisen Energieportionen«. Planck taufte diese energetischen »Pakete« Quanten.

Außerdem mußte angenommen werden, daß die Energiemengenpakete dieser Strahlungsquanten unterschiedlich sind: Je höher die Strahlenfrequenz ist, um so mehr Energie haben die Quanten.

Auch Einstein, der sich auf die Planckschen Quanten stützte, ging von der Voraussetzung aus, daß Licht aus winzigen Partikeln besteht – aus Lichtquanten, die später den Namen Photonen erhielten. Damit war es ihm jetzt nicht nur möglich, schwierige Probleme leichter zu lösen, sondern vor allem »schwer verdauliche« Ergebnisse im Zusammenhang mit dem sogenannten photoelektrischen Effekt zu erklären. Dieser wird erzeugt, wenn ein Lichtstrahl auf eine Metallscheibe aufprallt und dabei Elektronen herausschlägt. Einstein gelang es, die Gesetzmäßigkeiten dieses Effekts nachzuweisen. Viele Dekaden später wurde dieser dann zur Grundlage für Sonnenenergiewandler, Fernsehen, Photozellen und dergleichen mehr.

Gegenüber anderen Wissenschaftlern dachte Einstein völlig unkonventionell. Obwohl sich Physiker vergangener Jahrhunderte heiße Debatten darüber geliefert hatten, ob Lichtstrahlen aus Wellen oder Partikeln bestehen, und die Wellentheorie schließlich den Sieg davongetragen hatte, schlug Einstein vor, doch einmal Wellen *und* Partikel in Erwägung zu ziehen.

Über eine Dekade lang wurde sein Vorschlag zwar ignoriert, aber schließlich setzte er sich doch durch. Ausgerechnet für seine Arbeit über den photoelektrischen Effekt erhielt Einstein 1921 den Nobelpreis. Für ihn war dieser allerdings keine Überraschung, da er diese Auszeichnung als selbstverständlich erwartet hatte. Ja, er hatte seiner Frau Mileva die damit verbundene Geldprämie bereits zwei Jahre vorher für die Scheidung angeboten, um dann seine Cousine Elsa heiraten zu können.

1905 war für Einstein ein besonders schöpferisches Jahr. Nachdem er die beiden bis dahin absoluten Größen – Zeit und Raum – ihres festen Podests beraubt hatte, befaßte er sich nun auch noch mit dem dritten Grundbegriff der klassischen Physik – der Masse. Er ließ die undurchschaubaren Resultate einzelner Versuche unbeachtet und erklärte, Masse sei nichts anderes als verfestigte Energie; und durch jede Energie werde Stoff freigesetzt. Somit waren auch Photonen bzw. Lichtquanten nichts anderes als Teilchen, die sich ihrer Masse entledigt hatten und sich nun in Form von Energie mit Lichtgeschwindigkeit fortbewegten. Unterhalb der Lichtgeschwindigkeit verdichtete sich Energie dagegen durch die Verlangsamung zu Stoff.

Mit diesem Gedanken muß sich auch Newton schon befaßt haben, denn in seiner Arbeit »Optik« warf er die Frage auf, ob sich dichte Körper und Licht nicht wechselseitig verwandeln lassen. Unter anderem schrieb er: »Die Umwandlung von Körpermaterie in Licht und umgekehrt ist der Vernunft und Natur ganz angemessen, die sich an Verwandlungen dieser Art gleichsam zu erheitern scheint.« Trotz Newtons Mutmaßung galt aber auch Masse weiterhin als unveränderlich. Erst Einstein befand, daß Masse mit zunehmender Geschwindigkeit wächst, aber dies erst bei Annäherung an die Lichtgeschwindigkeit bemerkbar wird.

Aus der Tatsache, daß zur Beschleunigung eines Körpers Energie benötigt wird, schloß Einstein auf eine Verbindung zwischen Energie und Masse. Doch die traditionelle Physik zog immer noch einen scharfen Trennungsstrich zwischen beiden. So standen Wissenschaftler damals vor einem Rätsel, als radioaktive Substanzen entdeckt wurden, deren Energieausstrahlung mit einem Verlust an Masse verbunden war.

In seiner berühmten Formel $E = mc^2$ legte Einstein fest, wieviel Energie (E) aus Masse (m) entsteht. Das bedeutet: Masse muß mit dem Quadrat der Lichtgeschwindigkeit ($c/c^2$) multipliziert werden. Damit wird klar, daß schon die Multiplikation einer sehr geringen Masse mit dem Quadrat der immensen Lichtgeschwindigkeit zu einer gewaltigen Energie-Umwandlungsmenge führt. Welche destruktiven Möglichkeiten diese Formel in sich birgt, wurde inzwischen durch die Nuklearwaffen demonstriert, wenn sie auf der anderen Seite natürlich auch der friedlichen Nutzung von Kernenergie dient.

Zusammenfassend sollen am Beispiel eines interstellaren Raumschiffs noch einmal die Konsequenzen der Speziellen Relativitätstheorie rekapituliert werden:

- Licht, das von einem Raumschiff bei Annäherung an die Lichtgeschwindigkeit in Flugrichtung ausgestrahlt wird, überschreitet niemals die maximale Grenze von rund 300 000 Kilometern in der Sekunde.
- Ein Astronaut, der sich in seinem Raumschiff mit hoher Geschwindigkeit fortbewegt und dabei eine Uhr und ein Eisengewicht am Körper trägt, nimmt keine Veränderungen wahr.
- Aber sein Zwillingsbruder auf der Erde würde dagegen bemerkenswerte relativistische Auswirkungen beobachten: Das Raumschiff und sein Inhalt haben an Masse zugenommen, sich dabei aber in Flugrichtung verkürzt. Die Zeit an Bord des Schiffes verläuft relativ zur Erdzeit langsamer und der Astronaut wird im Gegensatz zu seinem Zwilling auf der Erde auch langsamer alt.

Ein wichtiger, fundamentaler Begriff blieb 1905 noch »relativ« verschont von Einstein – die Schwerkraft. Aber gerade sie ist im Zusammenhang mit dem Tunguska-Ereignis, mit unserem Thema überhaupt, von ausschlaggebender Bedeutung.

## Der kosmische Fahrstuhl

In den letzten Jahren des 19. Jahrhunderts war der geniale Mathematiker Hermann Minkowski (1864–1909) noch einfacher Lehrer an der »Eidgenössischen polytechnischen Hochschule« in Zürich – später ETH genannt. Ursprünglich war auch Einstein sein Schüler (»Ein richtiger Faulpelz, der sich keinen Deut um Mathematik kümmerte«). Während Minkowski 1902 als Professor der Mathematik nach Göttingen gegangen war, hatte Einstein gerade seinen Dienst in Bern als »Experte III. Klasse« im »Eidgenössischen Amt für geistiges Eigentum« angetreten.

Seinen Beitrag zur Entwicklung der Speziellen Relativitätstheorie veröffentlichte Minkowski 1907 in einer einzigen Abhandlung in den Göttinger Nachrichten unter dem Titel: »Grundlegende Gleichungen für die elektromagnetischen Erscheinungen in' sich bewegenden Körpern«. Wenn schon diese Arbeit aufsehenerregend genug war, erzielte Minkowski mit seinem Vortrag über »Raum und Zeit«, den er im September 1908 in Köln vor der Gesellschaft Deutscher Naturforscher und Ärzte hielt, eine geradezu ungeheure Wirkung.

». . . Ich möchte Ihnen Vorstellungen von Raum und Zeit entwickeln«, begann Minkowski, »die auf experimentell physikalischem Boden erwachsen sind. Darin liegt ihre Stärke. Ihre Tendenz ist radikal. Und von

Stund an sollen Raum für sich und Zeit für sich ein völliges Schattendasein führen und nur eine Vereinigung beider soll Selbständigkeit bewahren.«

Es war Minkowski, der die Spezielle Relativitätstheorie mathematisch untermauerte und Einstein in die Lage versetzte, die Allgemeine Relativitätstheorie auf die Probleme der Gravitation anzuwenden. So schrieb z. B. E. Cunningham im Februar 1921 in »Nature«:

»... Wir wissen nicht, ob er es jemals ohne Minkowskis genialen Geist geschafft hätte ...«

Minkowski bezeichnete die Zeit als vierte Dimension und wies ihr darin dieselbe Rolle zu wie den drei Raumkoordinaten. Damit war in der Wissenschaft das vierdimensionale Zeit-Raum-Kontinuum geboren.

Der von Minkowski eingeführte neue Begriff führte offenbar zu Verständnisschwierigkeiten in der nichtmathematischen Welt. Deswegen sagte Einstein wohl auch einmal ironisch:

»Seit die Relativitätstheorie von den Mathematikern aufgegriffen wurde, verstehe ich sie selbst nicht mehr.«

Übrigens machte er nie einen Hehl daraus, daß Minkowski die Spezielle Relativitätstheorie nicht nur umgestaltet, sondern auch über den verhältnismäßig kleinen Kreis der physikalischen Welt hinaus bekannt gemacht hatte. Leider erlag Minkowski bereits ein Jahr nach seinem Vortrag in Köln im Alter von nur 45 Jahren einer Bauchfellentzündung.

1909 – sieben Jahre später – hatte Einstein seine Zeit im Berner Patentamt endlich hinter sich. Ihr folgten zwei akademische Berufungen, die ihn nach Prag und Zürich führten. Ende des Ersten Weltkrieges nahm er dann, trotz seiner tiefverwurzelten Abneigung gegen Deutschland, eine Professur an der Berliner Universität an und wurde gleichzeitig Direktor der Abteilung für theoretische Physik am Kaiser Wilhelm Institut.

Nach der Speziellen Relativitätstheorie hatte sich Einstein in einer genialen Fortsetzungsarbeit der Gravitation zugewandt. Die Gravitation ist gegenüber den anderen Kräften geradezu unbeschreiblich schwach. Aber gerade die schwache Gravitation beherrscht das Universum – nicht die x-milliardenmal stärkeren, genauer gesagt, die $10^{-37}$ mal so starken elektromagnetischen Kräfte.

Wenn es um einzelne Teilchen geht, ist die Schwerkraft viel schwächer als elektromagnetische Kräfte. Aber auf die Erde als Ganzes bezogen ist sie viel stärker als diese. Da das starke Gravitationsfeld der Erde mit dem viel schwächeren des Mondes in ständiger Wechselwirkung steht, scheinen beide Himmelskörper eng miteinander verbunden zu sein.

Aber nicht nur Erde und Mond, sondern jeder einzelne der Aber-Milliarden Himmelskörper hat ein Gravitationsfeld, das von seiner Masse abhängt. Natürlich besitzt die Erde unter den Planeten des Sonnensystems nicht das größte Gravitationsfeld – oder die größte Masse. Denn vier Planeten – Jupiter, Saturn, Uranus und Neptun – haben mehr Masse als die Erde. Jupiter ist der größte unter den Planeten des Sonnensystems. Er ist ein Riese und zweieinhalbmal so schwer wie alle acht anderen Planeten zusammen. Die Stärke des Gravitationsfeldes jedes einzelnen Himmelskörpers nimmt mit dem Quadrat der Entfernung ab.

Allein die Schwerkraft hält das Universum zusammen und nur durch sie werden die Bewegungen aller Himmelskörper bestimmt. Alle anderen Kräfte unterliegen räumlichen Grenzen.

Damit bestimmt die schwächste aller Kräfte – die Gravitation – das Geschick des Universums durch eine Verknüpfung von außerordentlicher Reichweite mit uneingeschränkter Anziehungskraft. Die anderen beiden

Fundamentalkräfte der Natur sind die Starke und die Schwache Wechselwirkung. Die Starke Wechselwirkung – der sogenannte Kitt – hält die Bausteine der Atomkerne zusammen und beschränkt sich praktisch auf die Abmessungen dieser Atomkerne. Dagegen spielt die Schwache Wechselwirkung bei vielen Teilchenreaktionen und beim radioaktiven Beta-Zerfall der Atomkerne die Hauptrolle.

In der heutigen Physik wird jede einzelne der vier Fundamentalkräfte mit der Existenz von Elementarteilchen in Verbindung gebracht. Sie spielen sozusagen die Träger- oder Übermittlerrolle. So weiß man inzwischen z. B., daß das Photon bzw. Lichtquant als Träger elektromagnetischer Wechselwirkung gilt. Dagegen ist die Physik dem Graviton als Träger der Gravitation bisher noch nicht auf die Spur gekommen.

Während sich Gravitation stets nur als Anziehungskraft – soweit wir wissen – auswirkt, verfügen elektromagnetische Kräfte über anziehende und abstoßende Eigenschaften. Das heißt: Die Anziehungskraft zwischen zwei entgegengesetzt geladenen Teilchen eines Körpers wird meistens durch die abstoßende Kraft zweier anderer Teilchen in ihrer Umgebung aufgehoben; aber gleichzeitig summieren sich alle Anziehungskräfte der einzelnen Teilchen.

Jeder Körper hat Masse, eine Eigenschaft, mit der er sich einer Veränderung seines Bewegungszustandes widersetzt. Ein kleiner Kieselstein hat nur wenig Masse – Widerstandskraft, Trägheit – und kann daher auch mühelos mit großer Geschwindigkeit fortgeschleudert werden. Es dürfte dagegen ziemlich schwierig sein, einen auf offener Landstraße liegengebliebenen Bus anzuschieben, da seine erhebliche Masse der Geschwindigkeitsveränderung starken Widerstand bietet.

Im Gegensatz zur Masse äußert sich aber das Gewicht

eines Körpers durch die Kraft, mit der dieser Körper von der Erde angezogen wird. Die Masse eines Körpers ist proportional zum Gewicht. Objekte verschiedenartiger Masse würden sonst nämlich mit unterschiedlicher Geschwindigkeit zu Boden fallen. Aber das ist eben nicht so: Im Vakuumzylinder fallen Eisenkugeln und Federn mit der gleichen Geschwindigkeit nach unten. Das demonstrierte auch der Apollo-15-Astronaut David Scott den Millionen Zuschauern in aller Welt, als er einen Hammer und eine Feder von der Landefähre auf die Mondoberfläche fallen ließ, die gleichzeitig unten ankamen.

Galilei hatte also recht, als er behauptete, Gegenstände verschiedenen Gewichts, die er vom Turm von Pisa herunterfallen ließ, hätten den Grund gleichzeitig erreicht und geringe Geschwindigkeitsunterschiede seien nur auf den Luftwiderstand zurückzuführen. Die Geschwindigkeit eines fallenden Gegenstands auf der Erde nimmt in jeder Sekunde um 9,80 Meter pro Sekunde zu.

Aus welchen Gründen die Masse eines Körpers in gleichem Verhältnis zu seinem Gewicht steht, konnte Newton ebensowenig deuten wie die Tatsache, daß sich alle Objekte gegenseitig anziehen. Erst mit Einsteins Allgemeiner Relativitätstheorie – letztlich einer neuen Gravitationstheorie – wurden diese Probleme verständlich.

In einem Gedankenexperiment verdeutlichte Einstein eine physikalisch außergewöhnliche Situation folgendermaßen: In einem kosmischen »Wolkenkratzer« reißen plötzlich die Seile des Fahrstuhls. Die Aufzugkabine saust in freiem Fall »in die Tiefe«. Dabei haben die Aufzugsinsassen in diesem fallenden Raum das Gefühl der Schwerelosigkeit, wie die Astronauten in einem Raumschiff. Sie schweben in der Kabine, und alles, was sie bei sich tragen – Schlüssel, Taschen, Füllhalter, Zigarettenschachteln usw. –, schwebt auch. Es gibt keine Schwerkraftwirkung mehr, sie ist nicht spürbar. Das Newtonsche Trägheitsgesetz – nach dem ein Körper die ihm innewohnende Geschwindigkeit oder Ruhe nicht ohne äußere Einflüsse ändert – tritt in Kraft. Die Fahrstuhlinsassen empfinden nicht, daß die Kabine auf die Erde zustürzt, sie glauben, im Weltraum zu schweben.

Danach läßt Einstein die fallende Aufzugkabine in einer veränderten Umwelt gleichmäßig durch den Weltraum schweben, ohne Annäherung an den Gravitationsbereich eines Gestirns. Auch diese Veränderung nehmen die Fahrstuhlinsassen nicht wahr. Bis das gerissene Fahrstuhlseil in Einsteins Gedankenexperiment »blitzschnell« wieder ganz ist. Jetzt wird der freie Fall der Fahrstuhlkabine plötzlich abgebremst. Die schwebenden Insassen und ihre umhersegelnden Utensilien fallen unsanft auf den Kabinenboden. »Oben« und »unten« sind nun wieder am »richtigen Platz«.

Nun setzt Einstein den Fahrstuhl wieder aufwärts in Bewegung – mit einer Beschleunigung, die dem konstanten Wert des Gravitationsverhältnisses auf der Erde entspricht. Die Kabineninsassen haben den Eindruck, als befände sich der Fahrstuhl im Ruhezustand auf der Erde. Auch physikalische Meßwerte deuten darauf hin. Denn die Füße der Insassen haben wieder ihren sicheren Halt auf dem Kabinenboden und ein hochgeworfener Gegenstand fällt wieder auf den Boden, statt davonzuschweben. Alles ist wieder so »normal« wie auf der Erde. Aber leider ist das ein Irrtum. Da die Fahrstuhlkabine fensterlos ist, bemerken ihre Insassen auch nicht, daß sie sich beschleunigt durch den Weltraum bewegen. Ohne ein sichtbares Bezugssystem – einen Planeten oder ein Gestirn, können sie auch nicht feststellen, ob sie sich auf der Erdoberfläche im Ruhezustand befinden oder durch das All beschleunigen.

In der Formulierung physikalischer Gesetze sind nach der Speziellen Relativitätstheorie nur solche Beobachter gleichberechtigt, die sich gleichförmig und gradlinig fortbewegen. Aber der Allgemeinen Relativitätstheorie zufolge sind alle Beobachter gleichberechtigt – auch solche in Bewegung. Das heißt also: Ruhende Systeme, die einem Gravitationsfeld – einer Schwerkraft – unterliegen, sind mit beschleunigten Bezugssystemen identisch. Das bedeutet, daß der Gravitationseffekt dem Trägheitseffekt äquivalent ist und die Beschleunigung oder die Zentrifugalkraft von der Gravitation nicht zu unterscheiden ist.

Was ist nun ein Gravitationsfeld? Und wirkt sich Schwerkraft vielleicht auch noch im freien Fall aus?

Einstein griff auch hier auf ein Gedankenexperiment zurück: Nehmen wir an, es gäbe einen Tunnel, der die Erde so durchquert, daß er genau durch ihren Mittelpunkt führt. Was würde passieren, wenn unsere Fahrstuhlkabine – natürlich in schwerelosem Zustand – durch diesen Schacht fiele? Nun fallen alle Objekte auf den Mittelpunkt der Erde zu. Sobald also der Aufzug diesen Mittelpunkt kreuzt, fällt alles in der Kabine übereinander – Gegenstände und Menschen. Also unterliegen auch frei fallende Körper einem »Rest von Schwerkraft«. Dabei spielt allerdings der Raum, durch den sie fallen, eine Rolle.

Einstein überlegte sich nun, ob die Schwerkraft nicht eine Eigenschaft des Raums sein könnte. Aus diesen Überlegungen heraus entwickelte er ein geometrisches Modell, wonach Schwerkraft eine »Krümmung« des Raum-Zeit-Gefüges ist und durch die Masse von materiellen Objekten verursacht wird. Schwerkraft ist also eine Eigenschaft der Raum-Zeit, verursacht durch Materie, und keine rätselhafte Kraft, wie noch Newton vermutete.

Der 1898 in Polen geborene Physiker Leopold Infeld, ein Mitarbeiter Einsteins, erklärte diese neue Gravitationstheorie zum besseren Verständnis folgendermaßen: Der Unterschied zwischen Newtons Mechanik und Einsteins Theorie läßt sich am besten an einem Kind, das im Freien mit Murmeln spielt, darstellen. Der Boden, über den die Murmeln rollen, ist uneben und hat Erhöhungen und Vertiefungen. Aber ein Beobachter, der dem Kind vom zehnten Stockwerk eines benachbarten Hauses aus zuschaut, sieht diese Unebenheiten nicht. Er bemerkt nur, daß die Murmeln bestimmte Stellen meiden, während sie auf andere zusteuern. Daraus könnte er natürlich schließen, daß eine »Kraft« die Murmeln von diesen Stellen ablenkt und sie auf andere zutreibt. Ein Beobachter, der dem Kind an Ort und Stelle zusieht, registriert dagegen, daß die Murmeln durch den unebenen Boden in festgelegte Bahnen gelenkt werden.

Die Newtonsche Mechanik wird durch den Beobachter aus dem 10. Stock vertreten, der annimmt, daß die Murmeln durch eine »Kraft« gesteuert werden. Dagegen ist der Beobachter am Boden ein Vertreter der Einsteinschen Theorie. Denn er beschreibt den Lauf der Murmeln aufgrund der Bodenflächeneigenschaften in geometrischer Form.

Im Einsteinschen Weltbild besteht das Universum aus drei räumlichen Dimensionen, wie wir sie kennen, und einer zusätzlichen Zeitdimension, die sich in Einsteins Jugend nicht durch die Euklidische Geometrie beschreiben ließ. Auf der Suche nach neuen Maßsystemen, um damit Raum-Zeit beschreiben zu können, wandte sich Einstein an seinen alten Freund, den bekannten Mathematiker Marcel Großmann. Dieser versorgte Einstein mit dem nötigen Rüstzeug: mit einer damals »obskuren« nichteuklidischen Geometrie, die von dem deutschen Mathematiker Bernhard Riemann im 19. Jahrhundert entwickelt wurde, und die sich auf die neue, vierdimensionale Welt von Einstein anwenden ließ.

In der Riemannschen Geometrie existieren keine Parallel-Linien. Bei ihm ist die kürzeste Verbindung zwischen zwei Punkten keine Gerade, sondern eine geodätische Linie. (Unter einer geodätischen Linie wird die kürzeste Verbindung zweier Punkte auf einer gekrümmten Fläche verstanden!) Und selbst Nichtmathematikern leuchtet Riemanns Zusatzerklärung ein, daß die Länge der kürzesten Strecke zwischen zwei Punkten auf einer *gekrümmten* Oberfläche von einer *anderen Formel* bestimmt wird als die Länge einer Linie zwischen zwei Punkten auf einer *ebenen* Fläche.

Einstein wandte diese Riemannsche Geometrie nun zur Aufstellung von Gleichungen an, um damit die Bewegungen der Planetenbahnen und die Struktur des Universums zu beschreiben.

Anders als die Spezielle Relativitätstheorie hat die Allgemeine Relativitätstheorie praktisch keine intellektuellen Vorläufer. Auch heute noch kommen die wissenschaftlichen Denkprozesse Einsteins zur Entwicklung dieser Theorie Physikern wie ein Wunder vor.

Sein gekrümmtes vierdimensionales Raum-Zeit-Kontinuum wird oft mit einem straff gespannten Gummilaken verglichen, das an den Stellen, wo sich schwere Objekte befinden – also Sterne, Galaxien oder andere feste Materie – ausgebeult ist, »Kuhlen« hat. Einstein zufolge krümmt oder biegt sich die Geometrie der Raum-Zeit um einen massiven Körper, wie z. B. die Sonne. Und die Planeten folgen den gekrümmten »Pfaden« der Raum-Zeit, statt durch die Fernwirkung der Sonnenschwerkraft auf ihren elliptischen Bahnen gehalten zu werden.

Zum Beweis seiner Theorie benutzte Einstein seine Feldgleichungen, um einige unverständliche Abweichungen der Merkur-Umlaufbahn zu erklären. Die Aufzeichnungen des französischen Astronomen Leverrier zeigten, daß der Perihel von Merkur – also der sonnennächste Punkt seiner Umlaufbahn – jährlich etwas weiterrückte. Es ging dabei zwar um einen extrem geringen Betrag, aber selbst unter Berücksichtigung der Gravitationswirkungen der anderen Planeten lag die Rotation in jedem Jahrhundert bei etwa 43 Bogensekunden. Merkur umläuft die Sonne also nicht in einer gleichbleibenden geschlossenen Ellipse, sondern in einer nur beinahe geschlossenen. Diese Bahn dreht sich sehr langsam und kehrt nur alle drei Millionen Jahre zu ihrer Ausgangsposition zurück.

Diese Abweichung war mehr, als die Newtonsche Mechanik zuließ, und Physiker fanden dafür keine Erklärung. Aber als die Einsteinschen Gleichungen auf den Merkur-Orbit angewandt wurden, ging die Rechnung mit den etwa 43 zusätzlichen Bogensekunden plötzlich auf. Denn nach der Riemannschen Theorie ergeben sich diese Abweichungen aus der geringen Größe des Planeten Merkur, seiner Sonnennähe und der daraus resultierenden Geschwindigkeit seiner Umlaufbahn in der Raum-Zeit-»Gravitations-Kuhle« der Sonne.

In einem anderen Gedankenexperiment ging Einstein von der Vorstellung aus, daß sich sein immens beschleunigter hypothetischer Fahrstuhl annähernd mit Lichtgeschwindigkeit fortbewegt. Dabei würde ein Lichtstrahl, der durch ein Loch in der Wand einfällt, einem Wissenschaftler in der Fahrstuhlkabine als Bogen erscheinen, der an einer tiefer gelegenen Stelle der gegenüberliegenden Wand wieder verschwindet.

Warum? Weil sich der Aufzug auch in dem Moment weiter »aufwärts« bewegt, in dem ihn der Lichtstrahl durchquert. Doch dem Wissenschaftler kommt es so vor, als werde der Lichtstrahl durch die Schwerkraft gekrümmt. Denn in der fensterlosen Aufzugkabine steht er seiner Meinung nach ganz »normal« auf dem Boden, während seine Füße in Wirklichkeit nur durch die Beschleunigung auf den Kabinenboden gedrückt werden.

Wie wir inzwischen wissen, sind die Auswirkungen von Gravitation und Beschleunigung äquivalent. Also müßte auch die Bahn des Lichtes durch die Schwerkraft abgelenkt werden und eine gekrümmte Bahn beschreiben. Wenn das Licht eines Gestirns auf seinem Weg zur Erde die Sonne sehr nah passiert, müßte es nach der Allgemeinen Relativitätstheorie durch das Gravitationsfeld der Sonne abgelenkt werden. Damit würde sich die Position des Gestirns für uns optisch verändern. Einstein kalkulierte diese Abweichung mit 1,75 Bogensekunden. Es handelt sich dabei zwar nur um eine kleine Veränderung, aber für Astronomen ist sie feststellbar. Wie war es nun möglich, einen Stern zu photographieren, dessen Position fast in Linie mit der Sonne stand?

Das gelang am 29. Mai 1919, als der britische Astronom Sir Arthur Eddington während einer Sonnenfinsternis, die nur auf der Insel Principle vor der westafrikanischen Küste beobachtet werden konnte, diesen Stern aufnahm. Dabei stellte er Abweichungen im Sternenlicht fest, die sich praktisch mit Einsteins Voraussagen deckten.

Einstein wurde später einmal gefragt, welche Rückschlüsse er gezogen hätte, wenn es keine Abweichungen gegeben hätte. Darauf sagte er:

»Dann hätte mir der Lord leid getan – die Theorie stimmt!«

Auch die Erkenntnisse der Allgemeinen Relativitätstheorie sollen hier noch einmal zusammengefaßt werden:

- Die Effekte von Beschleunigung und Gravitation sind äquivalent. Zeitdilatation kann also sowohl durch Beschleunigung als auch Gravitation verursacht werden. In anderen Worten: Bei großer Beschleunigung oder in einem starken Gravitationsfeld läuft die Zeit langsamer ab.

- In einem interstellaren Raumschiff, das mit 9,80 Metern pro Sekunde beschleunigt, spüren die Passagiere die gleiche Anziehungskraft wie diejenigen in einem gelandeten Raumschiff auf der Erde.
- Ein Lichtstrahl wird durch Gravitation abgelenkt – gekrümmt.
- Gravitation ist eine Eigenschaft der Raum-Zeit-Geometrie, die durch die Masse eines Himmelskörpers verursacht wird.

Relativität war ein frischer Wind für die Kosmologie (Lehre der Entstehung, Entwicklung und dem Zustand des Kosmos). Solange Raum und Zeit als unveränderlich betrachtet wurden – sozusagen als statische Kulisse, vor der die Materie ihr kosmisches Schauspiel darbietet –, gab es scheinbar keine Antwort auf die Frage, ob das Universum endlich oder unendlich ist. Aber nun zeigte die Relativitätstheorie, daß das vierdimensionale Raum-Zeit-Kontinuum durch die unzähligen Galaxien so verformt ist, daß von einer bestimmten Form des Universums gesprochen werden kann. Wenn es z. B. eine vierdimensionale Sphäre (Himmelskugel) sein würde, dann wäre ein solches Universum endlich, enthielte eine bestimmte Anzahl von Sternsystemen und wäre unbegrenzt.

# Nebel lichten sich

Als Galilei im 17. Jahrhundert den Nachthimmel über Padua immer wieder durch sein kleines Teleskop betrachtete, kam er schließlich zur Erkenntnis, daß unsere Milchstraße aus Millionen von Sternen besteht. So kam erstmals die Vermutung auf, daß unser Sternensystem riesig sein muß, wenn auch nicht grenzenlos, und eine abgeflachte Form hat. Darüber hinaus entdeckte Galilei eine Anzahl schimmernder Lichtflecken – »Nebel« von unterschiedlicher Größe und Gestalt, für die es keine Erklärung gab. Allein 103 solcher »Nebel« wurden von dem französischen Astronomen Charles Messier (1730–1817) katalogisiert. Als sogenannter »Kometenjäger« des 18. Jahrhunderts, auf dessen Konto allein die Entdeckung von 21 Kometen geht, wollte er so auch andere Kometensucher davon abhalten, sich fälschlich mit fremden Federn zu schmücken.

Eine ganze Reihe anderer »Nebel« entdeckte der berühmte englische Astronom Sir William Herschel (1738–1822). In Hannover unter dem Namen Friedrich Wilhelm Herschel geboren, wanderte der deutsche Musiker 1765 als Organist nach England aus. Die Musiktheorie führte ihn zur Mathematik und Optik. Bereits 1766 begann er mit solchem Erfolg Teleskopspiegel zu schleifen, daß im Lauf der Zeit nicht weniger als 400 seine Werkstatt verließen. Durch seine Spiegel wurde

Herschel zum großen Astronomen. Seine Beobachtungen von Doppelsternen, Sternhaufen und »Nebeln« waren für die Astronomie von unschätzbarem Wert. 1781 entdeckte er den Planeten Uranus und sagte, wohl nicht zu Unrecht, von sich selbst:

»Ich habe tiefer in den Weltraum geschaut als je ein Mensch zuvor.«

Während des 19. Jahrhunderts wurde allgemein angenommen, daß es sich bei diesen »Nebeln« um Gas oder Staub innerhalb unserer Milchstraße handelt. Der deutsche Philosoph Immanuel Kant (1724–1804) war allerdings anderer Ansicht. Von ihm hat Einstein übrigens einmal gesagt, daß er der einzige Philosoph sei, der einem Naturwissenschaftler etwas zu sagen habe. Kant hatte nämlich erkannt, daß es sich bei den feinen »Nebeln« um Sternensysteme wie unsere Milchstraße handeln könnte.

Während seiner Königsberger Zeit war Kant auf einen Zeitungsartikel gestoßen, der die kosmologischen Ideen des englischen Amateurwissenschaftlers Thomas Wright behandelte. Wright hatte behauptet, die Milchstraße sei entweder kugelförmig oder flach wie ein Mühlstein und setze sich aus Sternen zusammen – oder sie sei ganz einfach eine Illusion. Die Widersprüchlichkeit seiner Modelle schien Wright dabei nicht im geringsten zu beeindrucken. Kant war nun ein so vereinfachender Artikel über Wright in die Hände gefallen, daß der Vernunftkritiker daraus entnehmen mußte, Wright betrachte die Milchstraße als flache, aus Sternen bestehende »Scheibe«. Und dieser Gedanke sagte Kant zu.

Nach vierjährigem Studium veröffentlichte er in hohem Alter eine Arbeit unter dem Titel *Allgemeine Naturgeschichte und Theorie des Himmels*. Darin vertrat er die Ansicht, daß sich einige der deutlich mit Sternen in Verbindung stehenden »Nebel« *innerhalb* unserer Milchstraße befinden, es sich dagegen bei anderen, spiralförmig oder oval geformten »Nebeln« um selbständige, weit entfernte Sternensysteme handele. Damit erkannte Kant nicht nur zu Recht die wahre Natur der Spiralnebel, sondern deutete auch als erster den Andromeda-Nebel als ein Milchstraßensystem. Aber leider erregten seine Theorien in Fachkreisen kaum Aufmerksamkeit, wohl nicht zuletzt, weil keine Möglichkeit bestand, sie praktisch zu überprüfen.

Isaak Newton war schon 1666 darauf gestoßen, daß sich Sonnenstrahlen mittels eines Prismas in ihre Spektralfarben trennen lassen. Doch erst Anfang des 19. Jahrhunderts entdeckte der englische Chemiker und Physiker William H. Wollaston (1766–1828) einige dunkle Linien im Sonnenspektrum. Sobald das Sonnenlicht spektral zerlegt wird, zeigt sich im entstehenden kontinuierlichen Spektrum ein System feiner schwarzer Linien. Die »Fraunhoferschen Linien«, wie sie nach ihrem Entdecker genannt werden. Joseph Fraunhofer (1787–1826), ein bayerischer Optiker und Physiker, hatte mit Hilfe eines von ihm gebauten Spektroskops festgestellt, daß das Spektrum der Sonne von hunderten schwarzer Linien durchzogen ist. Die von ihm hergestellten und auf Glas geritzten Beugungsgitter versetzten ihn in die Lage, die Wellenlänge der Fraunhoferschen Linien genau zu vermessen.

Von dem bekannten deutschen Physiker Gustav Robert Kirchhoff wurden diese Linien als Absorptions-Spektren gekennzeichnet. Negative Spektren dieser Art entstehen, weil jeder Stoff genau den Frequenzbereich einer Strahlung verschluckt oder absorbiert, den er selbst ausstrahlt.

Sir John Herschel (1792–1871) hatte das Erbe seines berühmten Vaters angetreten und suchte den Himmel weiter nach Doppelsternen und Nebelflecken ab. Zudem hatte er durch die Methode der Spektralanalyse herausgefunden, daß die Glut jedes erhitzten chemischen Elements ein ureigenes Spektrum zeigt. Einer der bedeutenden Naturforscher des 19. Jahrhunderts, der in Göttingen geborene Chemiker Robert Bunsen (1811-1899) verglich dann 1859 in Gemeinschaftsarbeit mit Gustav Kirchhoff Laborspektren mit einem Sonnenspektrum. Dabei stießen die Forscher auf Linien, die Eisen, Kalzium, Magnesium, Natrium, Nickel und Wasserstoff in der Sonne anzeigten. Die so lange offene Frage, woraus Sterne bestehen, konnte nun mit Hilfe des Spektroskops beantwortet werden.

Der englische Astrophysiker Sir William Huggins (1824-1910) war einer der Begründer der Sternspektroskopie. Als wohlhabender Mann konnte er sich ein eigenes Observatorium auf dem Dach seines Londoner Hauses leisten. Chemiker von Hause aus, stattete er sein Teleskop mit einem Spektroskop aus, um so den Sternen »zu Leibe zu rücken«. Jeder ferne Stern enthüllte seinem Spektroskop die chemischen Elemente, aus denen er sich zusammensetzte, und fast in jeder Nacht entdeckte er etwas Neues. Als er »genug hatte« von den Sternen, wandte er sich 1864 schließlich den »Nebeln« zu. Er kam zu Ergebnissen, durch die Kants Hypothese bestätigt wurde. Huggins analysierte nämlich zwei verschiedenartige Spektren von »Nebeln«: solche, die offensichtlich aus Gas bestanden und andere, die dem Spektrum unserer Sonne glichen, sich also aus Sternen zusammensetzen mußten. Die von Huggins untersuchten Spiralnebel hatten alle sonnenähnliche Spektren.

In bezug auf die Spiralnebel setzten sich zwei Theorien durch. Während einige, zu denen auch Kant gehörte, unbeirrt den Standpunkt vertraten, es handele sich dabei um selbständige Sternensysteme außerhalb der Milchstraße, betrachtete die überwiegende Mehrheit der Fachleute diese »Spiralnebel« als relativ nahegelegene Gasstrudel, die sich gerade zu Sternen formierten.

Die Situation war also erst einmal unentschieden. Da es kein neues Konzept für den Weltenbau gab, beschieden sich Wissenschaftler einstweilen damit, Fakten zu sammeln. Sie katalogisierten Sterne und »Nebel«. Einen Rekord erzielte dabei der Deutsche Friedrich Wilhelm August Argelander, der Mitte des vorigen Jahrhunderts mit einem nur 7,5 cm-Linsenfernrohr in Bonn den Himmel »durchmusterte« und dabei – sage und schreibe – 324 189 Sterne für seinen Katalog »sammelte«. Seitdem wurde das Wort »Durchmusterung« zum internationalen Fachbegriff. Die präzise gezeichneten Argelanderschen Sternkarten werden übrigens heute noch von Observatorien in aller Welt benutzt. Vor rund zwei Jahrzehnten wurden sie dann von der Deutschen Astronomischen Gesellschaft durch einen hervorragenden photographischen Sternenkatalog ergänzt.

Es war allerdings nicht bekannt, welche Position unsere Sonne mit ihren neun Planeten im Kosmos einnimmt. Hatte sie unter den unzähligen Sternen im Universum einen bevorzugten Platz, etwa im Zentrum? Die endgültige Klärung dieser Frage sollte einem amerikanischen Astronomen vorbehalten bleiben.

Harlow Shapley (1885–1972). Seine Wiege stand in Missouri. Und dort trat er auch als fünfzehnjähriger Zeitungsreporter erstmals vor die Öffentlichkeit. Da er schon früh erkannte, daß eine gute Ausbildung ihm bessere Berufschancen sichern würde, entschloß er sich, 1907 an der Universität Missouri Journalistik zu studieren. Doch zu seinem Leidwesen stellte sich heraus, daß diese Fakultät erst ein Jahr später eröffnet werden sollte. Um überhaupt zu studieren, schrieb er sich für Astronomie ein, angeblich weil dieses Studienfach am Anfang der Einschreibungsliste stand; das behauptete Shapley jedenfalls später.

Er verbrachte vier Jahre an dieser Universität und gewann dann ein Stipendium, das ihn nach Princeton führte. Der Direktor des dortigen Observatoriums, Henry Norris Russell (1877–1957), mühte sich damals gerade mit der Bedeckungsveränderlichkeit von Doppelsternen ab. Aber diese Doppelstern-Systeme waren zu weit entfernt, um teleskopisch aufgelöst werden zu können. Außerdem ließ sich ihre Existenz nur aufgrund ihrer veränderten Lichtabgabe bei der Bedeckung des einen Sterns durch den anderen während ihres Orbits feststellen. Es galt also, von diesem Lichtschimmer auf die Lebensgeschichte des Gestirns zu schließen, auf sein Aussehen, seine Zusammensetzung und sein Verhalten.

Keine geringe Herausforderung für Shapley, der sich umgehend an die Arbeit machte. Aus seinen Beobachtungen mit Hilfe von Teleskop, Spektroskop und Photometer zog er sorgfältig ausgearbeitete Schlußfolgerungen, von denen er schon bald Bilder von Doppelstern-Systemen ableiten und eine Reihe von Fragen beantworten konnte. So z.B., wie weit die Sterne voneinander entfernt waren, wie schnell ihre gegenseitige Umlaufgeschwindigkeit und nicht zuletzt, wie weit ihre Entfernung von der Erde war.

In Anerkennung seiner Leistung erhielt Shapley 1914 eine Anstellung am kalifornischen Mount Wilson Observatorium. Von nun an untersuchte er Cepheiden mit dem 1,50 m-Teleskop. Das 2,50 m-Teleskop wurde gerade gebaut.

Bei Cepheiden handelt es sich um eine Gruppe veränderlicher Sterne mit besonders intensiver Leuchtkraft, deren Helligkeit sich in regelmäßigen Abständen verändert. Je länger diese Abstände sind, um so größer ist ihre »absolute Helligkeit«. Zur Entfernungsberechnung des

Objekts wird dann die »scheinbare Helligkeit« mit der »absoluten« verglichen. Cepheiden werden auch Meilensteine des Himmels genannt, weil sie noch bis zu einer Entfernung von zehn Millionen Lichtjahren zu erfassen sind.

Shapley begann seine Suche nach Cepheiden mit dem 1,50 m-Teleskop in Kugelsternhaufen. Er bestimmte die scheinbare Helligkeit der Cepheiden und die Zeitdauer ihrer jeweiligen Veränderung. Dann verglich er seine Ergebnisse mit Informationen von Russell und Hertzsprung über die absolute Helligkeit von Cepheiden und schätzte danach die Entfernungen verschiedener Kugelsternhaufen.

Von der Erde aus sind etwa 100 in unserer Milchstraße befindliche Kugelsternhaufen zu sehen. In einem Dutzend der nähergelegenen konnte Shapley Cepheiden (veränderliche Sterne) lokalisieren. Durch eine von ihm entwickelte, neue Methode gelang es ihm dann, tiefer in den Weltraum vorzudringen, eine Technik, mit der er den Grundstein für einige der wichtigsten Arbeiten in der Astronomie unseres Jahrhunderts legte. Er »pickte« nämlich in jedem der nähergelegenen Kugelsternhaufen die Sterne mit der größten Leuchtkraft – Rote Riesen und Überriesen – heraus und verglich deren scheinbare Helligkeit systematisch mit der von Cepheiden. Auf diese Weise konnte er mit der Zeit die absolute Helligkeit von Riesensternen ermitteln. Er wandte sich von den relativ matten Cepheiden (Veränderlichen) ab und benutzte nunmehr die Riesen als seine »Leuchtfeuer« oder »Standardkerzen«, um weiter entfernte Kugelsternhaufen dort zu ermitteln, wo sich Cepheiden nicht mehr identifizieren ließen.

Shapley hat die Welt der Kugelsternhaufen in einer dreidimensionalen Himmelskarte festgehalten. Sie veranschaulicht, daß diese selbst in einer Art Superkugelhaufen angeordnet sind, mit einem Mittelpunkt, der sich nicht etwa in Sonnennähe befindet, sondern Zehntausende von Lichtjahren entfernt in Richtung des Sternbildes Sagittarius. Shapley leitete daraus einen gemeinsamen Mittelpunkt der Kugelsternhaufen-Welt und unserer Milchstraße ab. Er erkannte auch, daß die Sonne mit ihren Planeten keinen bevorzugten Platz im Universum einnimmt, sondern in einem Vorort der Milchstraße beheimatet ist.

Damit hatte Shapley recht. Dafür irrte er sich in bezug auf die Größe der Milchstraße, deren Durchmesser er auf 250 000 Lichtjahre schätzte, und auf unser Sonnensystem, das er 50 000 Lichtjahre entfernt vom Zentrum vermutete. Wie sich später herausstellen sollte, liegen die richtigen Zahlen bei 100 000 Lichtjahren im Durchmesser und bei 30 000 für die Entfernung des Sonnensystems vom Zentrum der Milchstraße.

Die von Shapley vermutete Größe der Milchstraße führte schon bald zu Kollegenquerelen. Besonders biß sich ein gewisser Heber Curtis daran fest, der nun anfing, Shapley das Leben zu erschweren, indem er sich redlich abmühte, Shapleys Arbeit madig zu machen. Curtis war Astronom des Lick-Observatoriums, während Shapley am Mount Wilson-Observatorium arbeitete. Daher wuchs sich das anfängliche Scharmützel zwischen Curtis und Shapley schließlich zu einem erbitterten langjährigen Krieg zwischen den beiden Observatorien aus. Curtis hatte keinen Zweifel darüber aufkommen lassen, daß ihm das Shapleysche Modell der Milchstraße in seiner übertriebenen Größe geradezu lächerlich erschien. Seiner Ansicht nach waren Spiralnebel andere Sternensysteme, ähnlich wie unsere Milchstraße. (Womit er ja auch recht hatte.)

Um den Streithähnen eine Möglichkeit zu geben, ihre Meinungsverschiedenheiten in aller Öffentlichkeit auszutragen, arrangierte die National Academy of Sciences in Washington eine Diskussion. Die Reise dorthin legten die Kontrahenten gemeinsam zurück. Dabei hielten sie sich unterwegs mühsam an nichtssagendes Geplauder, um ihr »Pulver nicht vorzeitig zu verschießen«. Zur Audienz der am 26. April 1920 stattfindenden Debatte gehörte auch Albert Einstein.

Curtis packte Shapley gleich bei seiner Behauptung, Spiralnebel befänden sich innerhalb unseres Sonnensystems. Shapley ging darauf auch sofort ein und argumentierte, durch die Supernova von 1885 im Andromeda-Nebel sei bewiesen, daß dieser Spiralnebel kein eigenständiges Sternensystem sein könnte. Denn sonst würde das ja bedeuten, daß die Leuchtkraft eines einzigen explodierenden Sterns der von Hunderten von Millionen gewöhnlicher Sterne gleichkäme. Und das erschiene ihm völlig abwegig. Heute wissen wir allerdings, daß die Leuchtkraft einer Supernova tatsächlich so stark sein kann.

Zu dieser Auseinandersetzung kann nachträglich nur vermerkt werden, daß Shapley zwar die Größe der Milchstraße überschätzte, dafür aber die Position unseres Sonnensystems in der Milchstraße richtig beurteilte. Allerdings irrte sich Curtis im Verhältnis zu Shapley bei den Größenvorstellungen von unserem Sonnensystem noch mehr, denn sein Modell war viel zu klein. Jedoch gab es einen Punkt, in dem sich beide Astronomen einig waren, daß nämlich die Absorption von Sternenlicht durch interstellaren Staub und Gas nicht der Rede wert sei. Und hier irrten beide.

Nicht lange nach der Auseinandersetzung verließ Shapley das Mount Wilson-Observatorium, um Direktor des Havard College-Observatoriums zu werden.

Der wirkliche Durchbruch auf Mount Wilson gelang Edwin P. Hubble (1889–1953), zum Leidwesen von

Shapley, der ihn nicht ausstehen konnte. Er fand ihn arrogant und anmaßend. Vor allem wurmte ihn dessen – seiner Meinung nach – aufgesetzter Oxford-Akzent. Und das, obwohl Hubble doch genau wie er selbst in Missouri geboren war! Shapley machte niemals einen Hehl aus seiner Überzeugung, daß Hubble, wenn er nachts plötzlich geweckt, in unverkennbarem Missouri-Amerikanisch antworten würde. Hubble selbst trug wenig zu seiner Beliebtheit unter Kollegen bei. Der große Mann mit dem ausgeprägten Kinn, den schmalen Lippen und eisigem Blick wirkte auf die meisten unnahbar. Nur seine Freunde waren anderer Meinung.

Edwin Powell Hubble wurde in Marshfield/Missouri geboren. Er war das fünfte von sieben Kindern, die unter einem strengen Vater heranwuchsen. Ein Stipendium ermöglichte es dem jungen Hubble, die Universität Chicago zu besuchen. Gleichzeitig trieb er Sport und zeigte ein solches Boxtalent, daß man ihn dazu überreden wollte, Profi zu werden. Boxveranstalter träumten von ihm gar schon als »weiße Hoffnung« im Kampf gegen den schwarzen Schwergewichtler Jack Johnson. Aber Hubble schlug diese Chance aus. Er zog es vor, sein Jurastudium an der englischen Universität Oxford abzuschließen. Nach Beendigung seiner Studien kehrte er in seine Heimat zurück und praktizierte in Louisville.

Aber schon nach einigen Monaten hatte Hubble genug. Von den Rechtswissenschaften gelangweilt, entschloß er sich, noch einmal von vorn anzufangen. Astronomie war das Richtige. Erneut schrieb er sich an der Universität Chicago ein, um nun Astronomie zu studieren. In Yerkes, dem der Universität Chicago angeschlossenen Observatorium, verfaßte er dann seine Doktorarbeit. Nach Beendigung des Ersten Weltkrieges, den er als Infanterist mitgemacht hatte, trat er 1919 schließlich seine Berufung zum Mount Wilson-Observatorium an.

Als erstes befaßte er sich mit den »Nebeln«, die er im Milchstraßensystem vermutete. Einige, darunter die Pleiaden und Orion, waren ihm schon seit seiner Jugend durch die Lektüre von Jules Verne vertraut. Er brauchte fünf Jahre, um die nahegelegenen oder »galaktischen Nebel« auszuwerten und in Gruppen aufzuteilen.

In Hunderten von Beobachtungen erforschte er die zwei größten, von der Erde aus sichtbaren Spiralnebel – M 33 im Triangulum und den Andromeda-Nebel.

M 33 erscheint uns durch ein Teleskop als beinahe flacher Spiralnebel. Hubble photographierte ihn wiederholt in klaren Nächten mit dem 2,50 m-Teleskop und benutzte dabei eine neue, empfindlichere Photo-Emulsion. Endlich gelang es ihm, den »Nebel« zweifelsfrei in Sterne aufzulösen, unter denen er 35 Cepheiden identifizieren konnte. Mit ihrer Hilfe schätzte er die Entfernung von M 33, aus der sich einwandfrei ergab, daß es ein selbständiges Sternensystem außerhalb der Milchstraße ist.

Mit Hubbles Arbeit über den Andromeda-Nebel war eine entscheidende Hürde genommen. Natürlich hatten andere Astronomen vor ihm schon dutzendweise Photographien dieses großartigen Spiralnebels untersucht und zwei Novae lokalisiert. Hubble nahm sich 350 weitere Photographien vor, von denen er allein 200 selbst aufgenommen hatte. Seine »Beute« waren 63 (!) Novae, aus denen er die Überzeugung ableitete, daß die Sternendichte im Andromeda-Nebel überaus groß ist und darin jährlich etwa 30 Sterne explodieren. Wahrscheinlich sei ihre Größe und Masse sogar weit umfangreicher als angenommen – vermutete er ganz richtig.

Hubbles Publikationen machten zum ersten Mal deutlich, daß sich das Universum aus Galaxien zusammensetzt. Dieser Entdeckung folgte eine andere auf dem Fuß: die *Expansion* des Universums. Während er nämlich die ungefähre Entfernung, Größe und Helligkeit einer Reihe von Galaxien bestimmt hatte, vermaß er gleichzeitig deren Geschwindigkeit relativ zur Erde. Eigentlich hatte er nur feststellen wollen, wie schnell sich unsere Sonne innerhalb der rotierenden Milchstraße bewegt.

Hubble ging davon aus, daß sich die Bewegungsgeschwindigkeit der Sonne feststellen läßt, wenn andere Sternensysteme als Referenzrahmen dienen – ob sie nun bewegungslos sind oder ziellos im Raume schweben. Zu seiner Überraschung machte Hubble eine erstaunliche Entdeckung: Nur einige *nahegelegene* Galaxien schwebten anscheinend ohne bestimmte Richtung im All, während *alle anderen* von uns zu fliehen schienen. Sie entwichen bemerkenswert schnell, und je weiter sie entfernt waren, um so größer war ihre Entweichgeschwindigkeit.

Hubble kannte für diesen Tatbestand nur zwei Erklärungen: Entweder befand sich die Milchstraße im Zentrum des Universums, und alle anderen Sternensysteme entfernten sich von ihr aus unbekannten Gründen, wobei sie ihre Geschwindigkeit mit zunehmender Entfernung beschleunigten, oder aber das Universum expandierte.

## Archäologen des Himmels

Als die Relativitätstheorie veröffentlicht wurde, hatten die Astronomen noch keine Möglichkeit, die Gestalt des Universums zu bestimmen. Es war sogar noch völlig unklar, ob es »hinter« der Milchstraße überhaupt noch etwas gab. Anstatt den Himmel zu studieren, beschäftigten sich Kosmologen mit den Verästelungen der Einsteinschen Theorie. Die Relativität forderte ein expandierendes Universum.

Selbst Einstein, der dies schon früh erkannte, war dabei nicht ganz wohl. Der bekannte amerikanische Physiker John Wheeler schrieb später einmal, der Gedanke eines expandierenden Universums sei zu phantastisch, um nicht Zweifel an Einsteins Glaubwürdigkeit aufkommen zu lassen. Jeder Astronom, mit dem Einstein sprach, fühlte sich bemüßigt, ihm klarzumachen, daß das Universum statisch – unveränderlich – sei. Als Einstein jedoch die Relativitätstheorie mit einem statischen kosmologischen Modell in Einklang zu bringen versuchte, erlitt er Schiffbruch. Denn seine Theorie bewies, daß der Kosmos nicht statisch – bewegungslos – sein konnte.

Zum ersten Mal in seiner Laufbahn gab Einstein auf. Um das angeblich statische Universum auf seine Relativitätstheorie abzustimmen, nahm er einen neuen Begriff in seine Gleichungen auf, den er »Kosmologische Konstante« nannte. Diese Konstante verkörperte eine Art

Antischwerkraft über große Entfernungen, deren Auswirkungen ein relativistisches Modell des Universums ermöglichen sollten, das weder expandiert noch kollabiert.

Schon bald jedoch bereute Einstein die Veröffentlichung darüber. Denn ausgerechnet diese Kosmologische Konstante erwies sich als erheblicher Störfaktor in seiner sonst so makellosen Theorie. 1930 gab er seine »Konstante« endgültig wieder auf und verwarf sie als den größten Irrtum seiner Laufbahn.

Inzwischen bemächtigten sich europäische Kosmologen der Relativitätstheorie enthusiastisch als eines wirksamen Instrumentes. Auch William de Sitter (1872–1934) wurde eine Kopie der Einsteinschen Arbeit zugeschickt. De Sitter war seit 1908 – dem Jahr des Tunguska-Ereignisses – Direktor des Observatoriums in Leiden. Die Relativitätstheorie veranlaßte den weißbärtigen, stets geistesabwesend wirkenden Astronomen alter Schule umgehend, ein neues kosmisches Modell zu entwerfen. Dabei brachte ihn sein erfinderischer Verstand auf die Idee, seine Berechnungen der Einfachheit halber auf einem hypothetisch absolut leeren Universum aufzubauen. Da seiner Auffassung nach das Universum ohnehin zum größten Teil aus Raum besteht, konnte ein kosmisches Modell, das nur Raum darstellt, kaum falsch sein. Rein geometrisch gesehen, handelte es sich bei dem de Sitterschen Universum um ein expandierendes – wenn er auch im gleichen Atemzug verschmitzt hinzufügte, es könne auch als statisch betrachtet werden, da es nichts darin gäbe, was expandieren könne.

Sir Arthur Eddington (1882–1944), Direktor des Cambridge-Observatoriums, der sich als erster für die Allgemeine Relativitätstheorie eingesetzt hatte, »bestückte« dieses Modell des leeren Kosmos nun mit Materiepartikeln, von denen er befand, daß sie auseinanderfliegen.

De Sitter maß dieser Folgerung anfangs keine Bedeutung bei. Er war vollauf mit dem de Sitter-Effekt beschäftigt, einer mathematischen Kuriosität, der zufolge sich Objekte in seinem Modell den Anschein des Entweichens gaben, selbst wenn es nicht zutraf. Jedenfalls stiftete der de Sitter-Effekt Verwirrung bei einer Anzahl von Astronomen, darunter auch bei Hubble.

Der erste deutliche Hinweis auf ein expandierendes Universum wurde Anfang der zwanziger Jahre von dem sowjetischen Mathematiker Alexander Friedmann veröffentlicht. Er hatte damit begonnen, die Einsteinschen Veröffentlichungen von einem streng mathematischen Gesichtspunkt aus zu überprüfen. Dabei entdeckte er, daß Einstein bei seinem angeblichen Beweis über die Stabilität und Unveränderlichkeit der Zeit des Universums ein Fehler unterlaufen war. Nachdem Friedmann diesen mathematischen Fehler berichtigt hatte, war das Einsteinsche Universum plötzlich nicht mehr statisch, sondern ging in Bewegung über. Friedmann bewies, daß sich das Universum, seinen Startbedingungen entsprechend, entweder ausdehnen, zusammenziehen oder auch pulsieren könne.

Ob sich nun das wirkliche Universum modellgerecht verhielt, konnte nur durch Beobachtungen beantwortet werden. Aber die neuen großen Teleskope in Amerika wurden vorwiegend von Astronomen mit geringen kosmologischen Kenntnissen bedient. Die kosmologischen Experten lebten damals zumeist in Europa, in Berlin, Cambridge oder Leiden, und hatten nur geringe praktische Erfahrung in der beobachtenden Astronomie.

Im gleichen Jahr, als Friedmann seine ersten Studien über kosmologische Relativität herausgab, stellte der Direktor des Lowell-Observatoriums, Vesto Melvin Slipher (1875–1969), eine Liste von 40 Galaxien zusammen, bei denen (bis auf vier) Rotverschiebung nachgewiesen werden konnte. Sicherlich hätte diese Liste Einstein, Friedmann oder Astronomen, die sich damit beschäftigten, stark interessiert. Aber leider erfuhr niemand davon. Denn offizielle Anfragen von außerhalb wanderten in der Verwaltung dieses Observatoriums in den Papierkorb.

Was bedeutet nun diese Rotverschiebung? Sie kann durch ein ganz einfaches Beispiel erklärt werden. Bei einem auf uns zufahrenden pfeifenden Zug klingt der Pfeifton höher als unter normalen Umständen, aber tiefer, wenn sich der Zug entfernt. Warum? Weil die Schallschwingungen bei der Annäherung enger zusammengedrängt werden und sich mit der Entfernung ausdehnen.

Dieser sogenannte Doppler-Effekt – benannt nach seinem Entdecker, dem österreichischen Mathematiker und Physiker Christian Doppler (1803–1853) – gilt auch für das Licht und alle anderen Wellenarten. Die Verschiebung zum Rot mit seinen längeren Wellen entspricht also der Fluchtgeschwindigkeit der Galaxien, wie Hubble gefolgert hatte.

Friedmanns Theorie stieß auf wenig Interesse, und nachdem er sich bei einer meteorologischen Ballonfahrt buchstäblich den Tod durch Lungenentzündung geholt hatte, geriet sie völlig in Vergessenheit. Nur fünf Jahre später arbeitete ein belgischer Kosmologe, der Abbé Georges LeMaître, an dem selben Problem, ohne auf Spuren von Friedmanns Arbeit zu stoßen, und kam fast zu den gleichen Ergebnissen. LeMaître war von einem expandierenden Universum überzeugt und erwartete die Bestätigung dafür durch die Rotverschiebung in den Spektren der Galaxien. Wahrscheinlich hatte er die gerade veröffentlichte Rotverschiebungstabelle von Slipher gelesen.

1930 las Hubble in einer populärwissenschaftlichen

Zeitschrift über das kosmologische Modell LeMaîtres. Auf diese Weise fand er die von ihm selbst beobachtete Expansion des Universums bestätigt, gab aber jahrelang unter keinen Umständen zu, daß seine Beobachtungen ein expandierendes Universum bewiesen. Wie gewohnt zeigte er der Öffentlichkeit ein steinernes Gesicht. Erst 1937 räumte er bissig ein:

»Es kann schon sein, daß Sternensysteme auf so sonderbare Weise entfliehen. Immerhin eine ziemlich überraschende Vorstellung.«

Nachdem nun das Universum als dynamisch und nicht statisch betrachtet werden mußte, weil der Kosmos veränderlich, durch die Galaxienflucht in Bewegung ist, stellte sich die Frage, wann und wie diese Bewegung begonnen hatte. Um jedes Mißverständnis auszuschließen: Galaxienflucht bedeutet in diesem Zusammenhang nicht etwa, daß sich alles nur von der Erde entfernt. Damit würde die Erde ja wieder zum Mittelpunkt des Universums gestempelt. Die Astronomen konnten vielmehr davon ausgehen, daß sich die Abstände zwischen allen Sternensystemen vergrößern. Denn alle Galaxiengruppen im Universum streben in alle Richtungen auseinander – wie Farbflecken auf einem Luftballon, der aufgeblasen wird. Für diese gleichmäßige Ausdehnung des Universums hatte Hubble einen Meßwert erarbeitet.

Mußte sich diese Bewegung nicht auf einen Startpunkt zurückführen lassen? Gab es einen Anfang? Und wenn ja, wie alt war dann das Universum?

In vielen Religionen wird die Schöpfung als göttlicher Akt verehrt. So berief sich z. B. der Engländer John Lightfood 1642, im Geburtsjahr Newtons, auf Bibeldaten, nach denen er errechnet hatte, daß die Welt im Jahre 1928 v. Chr. erschaffen wurde; genauer gesagt am 17. September, morgens um neun Uhr. James Ussher, der Erzbischof von Armagh, war damit allerdings nicht einverstanden. Einige Jahre später »berichtigte« er Lightfood und legte das Geburtsdatum der Welt auf Sonntag, den 23. Oktober 4004 v. Chr. fest. Die Kirche hielt sich über ein Jahrhundert an dieses Datum.

Solche abwegigen Angaben über das Alter des Universums konnten Astronomen des 20. Jahrhunderts natürlich nur belächeln, wenn auch ihre eigenen Altersbestimmungen anfänglich sehr widersprüchlich waren. Einigkeit herrschte nur darüber, daß das Universum eine relativ lange Vergangenheit haben mußte.

Es dauerte Jahrzehnte, bis die Zahlen berichtigt waren, die durch unterschiedliche Fehler hervorgerufen waren und sich weder theoretisch noch durch Beobachtungen sofort korrigieren ließen. Aber diese Fehler konnten nur aufgedeckt werden, wenn man wußte, wie Sterne leben. Zum einen trug dazu die Zusammenarbeit von Astronomen und Physikern im neuen Fachbereich der Astrophysik bei, zum anderen ein wesentlich größeres Teleskop. In beiden Fällen spielte der amerikanische Astrophysiker George Hale (1868–1938) eine wesentliche Rolle.

Bei einer Begegnung zwischen Einstein und Hubble 1931 auf Mount Wilson fiel endlich die Schranke zwischen der theoretischen Physik und der Astronomie. Dazu trug Hale nicht unerheblich bei, denn er bestand darauf, daß die drei von ihm erbauten Riesenobservatorien – Yerkes, Mount Wilson und Mount Palomar – mit Spektrographen, Dunkelkammern und Werkstätten ausgerüstet wurden, die für physikalische Laboratorien zur Analyse und Beobachtung von Sternen unentbehrlich sind.

Im Lauf seiner Karriere entwickelte sich die von Hale gehegte und gepflegte Astrophysik immer weiter. Die Geschichte über die Evolution der Sterne entstand in internationaler Zusammenarbeit, die viele Astronomen und Physiker als die größte Errungenschaft beider Wissenschaften betrachten.

Schon um die Jahrhundertwende hatten Henry Norris Russell und der dänische Astronom Einar Hertzsprung (1873–1967) unabhängig voneinander eine Beziehung zwischen der Farbe von Sternen und deren absoluter Größe entdeckt. Ihre Arbeiten führten vor mehr als 50 Jahren zu Diagrammaufzeichnungen, die heute unter dem Namen Hertzsprung-Russell-Diagramm bekannt sind. Hierin werden Sterne entsprechend ihrer Spektraltyp-Zugehörigkeit und absoluten Leuchtkraft einander graphisch gegenübergestellt. Die Klasseneinteilung des Hertzsprung-Russell-Diagramms ist in keiner Weise zufällig. Es handelt sich vielmehr um ein wohlgeordnetes, von der oberen Linken zur unteren Rechten verlaufendes Band, in dem sich die überwiegende Mehrzahl der Sterne befindet – Hauptreihe genannt. Zwerge, Riesen und Überriesen sind hier beidseitig plaziert. Die Sterne der verschiedenen Spektraltypen sind jeweils einem Buchstaben des Alphabets zugeordnet. Sterne der W-, O-, B- und A-Zugehörigkeitsklasse sind weiß oder blauweiß, Sterne der Klassen F und G gelb, K-Sterne orange und die Klassen M, R, N und S orangerot.

W, O, B, A, F, G, K, M, R, N, S – ein sonderbares alphabetisches Konglomerat, das mit Irrtümern früherer Spektroskopiker zusammenhängt. Sie brachten die verschiedenen Sternklassen durcheinander und erfanden andere dazu, die heute nicht mehr existieren. Im angelsächsischen Sprachbereich wurde dazu eine witzige Gedächtnisstütze zur stehenden Regel des alphabetischen Kreuz-und-Quer:

»*W*ow! *O*h, *B*e *A* *F*ine *G*irl, *K*iss *M*e *R*ight *N*ow, *S*weetheart (oder auch: *S*mack) = *W*ow! *O*h *B*itte, *A*llerschönste, *F*eine *G*eliebte, *K*üß *M*ich *N*och einmal, *S*chatz – (oder auch: *S*chmatz).«

Mit dem Aufkommen der Atomphysik wuchs das Verständnis für den physikalischen Vorgang im Sterninneren und die Plazierung der Sterne im Hertzsprung-Russell-Diagramm, denn der Wirkungsmechanismus von Sternen – ihre Energieabstrahlung – beruht auf Kernfusion. Wasserstoffatomkerne prallen durch die enorme Temperatur im Zentrum mit derartiger Wucht aufeinander, daß sie in einer Kernreaktion zu Helium verschmelzen – fusionieren. Diese Umwandlung vollzieht sich nach der berühmten Einsteinschen Formel: $E = mc^2$.

Astronomen und Kernphysiker haben gemeinsam erarbeitet, daß sich der Lebensablauf eines Sterns etwa folgendermaßen vollzieht: Er formt sich durch Schwerkraftkontraktion von Weltraumstaub und Gasen und beginnt zu leuchten, wenn sich der Kern so weit verdichtet und erhitzt hat, daß die Fusion einsetzen kann. Dann tritt er in die Hauptreihe des Hertzsprung-Russell-Diagramms und verbleibt dort etwa für 90 Prozent seiner Lebensspanne. Auch unsere Sonne ist ein Stern der Hauptreihe. Schließlich verbraucht ein Stern seinen Wasserstoffhaushalt, sein Überleben hängt immer stärker von der Fusion der Heliumkerne ab und seine äußere Hülle expandiert zu einer trüben, roten Wolke. In diesem Stadium verläßt er im Hertzsprung-Russell-Diagramm die Hauptreihe und gleitet in den Bereich der Riesen.

Sobald jede Fusion aus Mangel an »Treibstoff« ausfällt, kann der innere Strahlungsdruck die Balance zur Schwerkraft nicht mehr halten und der Stern fällt in sich zusammen. Wie lange sich ein solcher Vorgang hinzieht, hängt bei jedem einzelnen Stern von der Menge der Materie ab, aus der er sich anfangs formte. Ein bescheidener gelber Stern, wie unsere Sonne z. B., leuchtet für Milliarden von Jahren beständig in der Hauptreihe, bevor er eine Phase als unauffälliger roter Riese durchläuft, um dann zum »weißen Zwerg« zu werden. Ein blauweißer Stern verschwendet wahrscheinlich Energie. Er verbleibt viel kürzere Zeit in der Hauptreihe, bläht sich dann zum gewaltigen Riesen auf, um im Zwergstadium zerquetscht zu werden und schließlich als wild trudelnder Neutronenstern oder – noch dramatischer – als »Schwarzes Loch« zu enden.

Shapley und Robert Trumpler vom Lick-Observatorium hatten schon früher festgestellt, daß Sterne der Milchstraße den Eigenarten ihrer heimatlichen Gruppe zuneigen. Das heißt, sie gleichen einander im Sinne des Hertzsprung-Russell-Diagramms mehr als Sterne anderer Haufen irgendwo sonst in unserem Sternensystem. Rückblickend geht daraus zumindest hervor, daß die Geburt von Sternen im Verlauf der Entwicklung einer Galaxis zu den verschiedensten Zeiten stattfindet und demzufolge wahrscheinlich unterschiedliche Sternengenerationen existieren, von denen jede mit besonderen Eigenheiten ausgestattet ist.

Zur Klärung dieser Frage untersuchte der deutschgebürtige und 1931 in die USA ausgewanderte Astronom Walter Baade (1893–1960) M 31 im Andromeda-Nebel. Der Pionier wandte die neuen Erkenntnisse über die Evolution der Sterne auf die Kosmologie an. Baade, der in Deutschland studiert hatte, als das Hertzsprung-Russell-Diagramm erstmals veröffentlicht wurde, erinnerte sich, daß es einen ungeheuren Eindruck bei ihm hinterlassen hatte, da es offensichtlich einen völlig neuen Weg zum Studium galaktischer Strukturen aufzeichnete.

Er beobachtete die Sterne von M 31 über einen Zeitraum von etwa 20 Jahren. Es war nicht schwer, Sterne am Rande der Spiralarme des Sternensystems aufzulösen. Aber der interessanteste Teil einer Galaxie befindet sich nun einmal in ihrem sternenbesäten Zentrum. Dort gelang es Baade einfach nicht, Einzelsterne herauszufiltern und zu photographieren. Er versuchte es jahrelang, bekam aber auch nichts anderes auf die Platte als den »körnigen Brei«, der schon Hubble auf die Nerven gegangen war.

Im Zweiten Weltkrieg wurden die meisten Mount Wilson-Astronomen eingezogen. Nur Baade nicht. Er hatte seine amerikanischen Einbürgerungspapiere verloren und lief daher unter der Spitzmarke »feindliche Ausländer«. Als Sicherheitsrisiko fand er sich in einsamer Gesellschaft mit dem 2,50 m-Mount-Wilson-Teleskop. Mit dem Krieg wurde der Himmel dunkler, als er ihn je zuvor gesehen hatte, da der Widerschein der Lichter von Los Angeles am Himmel durch die Verdunkelung erloschen war. Erneut bemühte sich Baade, das Zentrum der Andromeda in Sterne aufzulösen. Erfolglos. Dennoch ließ er sich nicht entmutigen. Nun trennte er sich von den gewohnten blau-empfindlichen Platten und tauschte sie gegen rot-empfindliche aus. Sie waren zwar weniger anfällig für das natürliche Hintergrundlicht am Himmel, mußten dafür aber viel länger – acht Stunden und mehr – belichtet werden.

Baade legte Wetterkarten an, um auf diese Weise seine Beobachtungen auf Nächte festlegen zu können, die beste Erfolgsaussichten versprachen. Ein Luxus, den er sich nur leisten konnte, weil er das Teleskop während des Krieges fast allein zur Verfügung hatte. Schon an den Nachmittagen des vorgesehenen Beobachtungstages ließ er die Kuppel des Teleskops öffnen, um Innen- und Außentemperaturen auszugleichen. Bei voll hereingebrochener Nacht richtete er dann den Spiegelreflektor auf das Zentrum der Andromeda-Galaxie ein und belichtete einen Stern, in 2800facher Vergrößerung. Mit einer eigens von ihm entwickelten Technik – einer schnellen Änderung der Brennweite – konnte er diesen Lichtflecken auf atmosphärische Störungen hin überwachen.

Wie notwendig all seine Vorkehrungen gewesen waren, zeigte sich nach der Entwicklung der Aufnahmen. Die fertigen Photographien enthielten Tausende von Einzelsternen im Herzen von M 31.

Baades Resultate interessierten besonders wegen seines überzeugenden Hinweises, daß sich im Zentrum von M 31 vorwiegend rote Sterne befinden. Diese Ergebnisse nährten seinen Verdacht, daß sich die Sterne in einer normalen Galaxie im allgemeinen in zwei Gruppen aufteilen lassen. Die eine Gruppe nannte Baade Population-I-Sterne, die gelb oder blau sind und eine Menge schwerer Elemente enthalten. Die andere Gruppe ist die Population II – rote oder gelbe Riesen, von denen heute bekannt ist, daß es sich dabei um ältere Sterne ohne Atome schwerer Metalle handelt, die vorwiegend im galaktischen Zentrum und in Kugelsternhaufen zu finden sind. Population-I-Sterne wurden entlang der Spiralarme des Sternensystems entdeckt – wie unsere Sonne, die ebenfalls ein Populations-I-Stern ist.

Schon Shapley hatte vermutet, daß es sich auch bei Cepheiden (lang- oder kurzfristig veränderlichen Sternen) um unterschiedliche Sternengenerationen handeln könnte. Denn einige unter ihnen veränderten sich im Lauf von Stunden. Das heißt, ihre Helligkeitsschwankungen verliefen kurzfristig, während der gleiche Prozeß bei anderen Wochen oder Monate anhielt. 1944 verwies Baade dann darauf, daß Cepheiden tatsächlich unterschiedlichen Sternengenerationen angehören. Seiner Meinung nach mußten sich die Langzeit-Veränderlichen als Population-II-Sterne herausstellen, weil ihr Helligkeitsgrad wesentlich größer war als der der Kurzzeit-Veränderlichen, also der Population-I-Sterne. Falls sie tatsächlich heller waren, konnte ihr matter Schein aber nur auf größere Entfernungen zurückgeführt werden.

Wenn sich herausstellen sollte, daß Baade recht hatte,

mußten die Galaxien viel weiter voneinander entfernt sein, als Hubble berechnet hatte, das Universum also schon wesentlich länger expandieren. Diese Frage mußte unbeantwortet bleiben, bis der 5 m-Spiegel auf Mount Palomar in Kalifornien fertiggestellt war. Während Shapley davon überzeugt war, daß die Kurzzeit-Veränderlichen im Andromeda-Nebel M 31 durch dieses neue Teleskop sichtbar würden, prophezeite Baade, daß auch dieser Spiegelreflektor dafür nicht ausreichen werde, da diese Galaxie zu weit entfernt sei. Heute wissen wir, daß ihre Entfernung von uns 2,2 Millionen Lichtjahre beträgt.

Im Dezember 1947 war der gigantische 15-Tonnen-Spiegel für die ersten Beobachtungen einsatzbereit. Nach einer wochenlangen Schlechtwetterperiode war der Himmel am 31. Januar 1948 zum ersten Mal wieder klar, und Hubble konnte Beobachtungen zur Erprobung des noch nicht ganz fertigen Spiegels durchführen. Die ersten Aufnahmen zeigten, daß das Teleskop funktionierte. Fünf oder zehn Minuten Belichtungszeit brachten Sterne »ans Licht«, die das 2,50 m-Teleskop kaum während der Belichtungszeit einer ganzen Nacht erreichte.

Nachdem der Spiegel seinen letzten Schliff erhalten hatte, erhielt Baade seine Chance, den Andromeda-Nebel zu untersuchen. Falls sich Shapleys Vermutung bestätigen sollte, daß dieses Sternensystem nur 750000 Lichtjahre entfernt war, mußte es möglich sein, dort mit dem Riesenspiegel Kurzzeit-Veränderliche zu photographieren. Aber Baade suchte auf seinen fertigen Aufnahmen vergeblich danach. Er hielt seine Ergebnisse solange zurück, bis die phototechnische Ausrüstung des Teleskops durch einen Photozellenexperten noch einmal überprüft und die Parameter des neuen Instruments durch ihn geeicht waren. Als Baade 1952 die Bestätigung erhielt, daß das Teleskop voll leistungsfähig arbeitete, gab er seine Theorie bekannt, daß zwei Arten von Cepheiden existieren. Shapley habe sie miteinander verwechselt und infolgedessen sei das durch die veränderlichen Leitsterne verzeichnete Universum viel größer als angenommen.

Langsam stellte sich heraus, daß sich die Expansion des Universums seit etwa 15 bis 20 Milliarden Jahren vollzogen haben muß. Ein Wert, der mit dem von Astrophysikern geschätzten Alter unserer Sonne und Erde von knapp fünf Milliarden Jahren übereinstimmte.

Mit dem 5 m-Spiegel und dem dadurch nähergerückten Weltraum begannen sich Astronomen zu überlegen, ob sie nicht entlegene Sternensysteme in ihrem Frühstadium photographieren könnten. Zweifellos wurde das durch die Tatsache ermöglicht, daß die Lichtgeschwindigkeit auf 300 000 Kilometer pro Sekunde im Vakuum begrenzt ist.

Stellen wir uns einmal vor, daß das Licht eines entfernten Sternensystems zwei Milliarden Jahre braucht, bevor es auf der Erde gesehen wird. Wird ein Bruchteil dieses Lichts in einer sternklaren Nacht von einem Spiegelreflektor aufgefangen und photographiert, bietet sich dem Betrachter der fertigen Aufnahme nicht etwa ein Sternenabbild der Gegenwart dar, sondern eines, dessen Licht bereits zwei Milliarden Jahre gereist ist, bevor es die Erde erreichte. Astronomen sind damit eine Art von Himmelsarchäologen, die mit ihren Aufnahmen längst vergangene kosmische Äonen heraufbeschwören. Aber ohne die Physiker wäre es zu neuen, überraschenden Erkenntnissen in der modernen Astronomie – der Astrophysik, der Kosmologie – überhaupt erst gar nicht gekommen.

## Kontra – Re ums »Wellikel«

Das alte Problem – Wellen oder Partikel – wurde inzwischen in neuer Aufmachung von zwei gegensätzlichen Schulen wieder aufgenommen. Physiker, denen das Partikeluniversum eher entsprach, interpretierten Wellen nur als Wahrscheinlichkeit. Sie setzten sich für die von ihnen als real betrachteten Partikel ein. Wellen deuteten ihrer Meinung nach nur die Möglichkeit an, z. B. entlang eines Lichtstrahls an jedem beliebigen Punkt auf Partikel zu stoßen. Zu den Vertretern der Wellentheorie gehörte u. a. auch der Wiener Physiker Erwin Schrödinger (1887–1961). Er setzte auf Wellen, da Partikel eine Illusion seien.

Die gegnerischen Schulen machten es sich zum Vergnügen, Experimente zu ersinnen, mit denen der jeweilige Standpunkt der Gegenpartei scheinbar ad absurdum geführt wurde. Bis Schrödinger, unterstützt von dem englischen Physiker Paul A. M. Dirac, demonstrierte, daß beide Schulen in letzter Konsequenz dasselbe sagten. Ein humoriger Physiker soll einmal geäußert haben:

»Nachdem das Licht weder Welle noch Korpuskel ist, sondern ein merkwürdiger Zwitter, sollte man es vielleicht *Wellikel* nennen.«

Übrigens erhielten Schrödinger und Dirac 1933 gemeinsam den Nobelpreis für Physik.

Was stimmt nun wirklich: Partikel oder Wellen? 1932, ein Jahr vor Schrödinger und Dirac, hatte ein anderer Physiker den Nobelpreis erhalten, der 31jährige Deutsche Werner Karl Heisenberg (1901–1976). Als er unter Niels Bohr (1885–1962) in Kopenhagen studierte, war er zu dem Schluß gekommen, daß sich das Wellen- und Partikelparadoxon nur unter Einbeziehung der Rolle des Beobachters – des Physikers – lösen ließ. Aus dieser Überlegung heraus führte Heisenberg seine berühmte Unbestimmtheitsrelation ein.

»Bei der Diskussion irgendwelcher Experimente muß insbesondere die Wechselwirkung zwischen Objekt und Beobachter berücksichtigt werden, die mit jeder Beobachtung zwangsläufig verbunden ist ... Dieser Umstand hat zur Folge, daß im allgemeinen die Experimente zur Bestimmung einer physikalischen Größe gleichzeitig die etwa früher gewonnene Kenntnis anderer Größen illusorisch machen, indem sie das zu messende System in unkontrollierbarer Weise beeinflussen und damit die früher bekannten Größen ändern«, schrieb Heisenberg in »Physikalische Prinzipien der Quantentheorie«.

Er machte damit deutlich, daß ein zufriedenstellendes Konzept der physikalischen Welt nicht aus einer Beschreibung von Ereignissen, sondern *nur* aus deren *Wahrscheinlichkeitsgesetz* abgeleitet werden kann, und daß im atomaren Bereich schon der *Vorgang* der Beobachtung das beobachtete Objekt beeinflußt.

Später erinnerte sich Heisenberg, daß er durch eine Bemerkung von Einstein im Lauf einer Unterhaltung auf seine Unschärferelation gekommen war. Einstein hatte maßlos gestört, daß sich Heisenberg grundsätzlich nur mit solchen Elementen der physikalischen Welt befaßte, die beobachtet werden können. Insbesondere machte sich Einstein über eine Arbeit von Heisenberg Gedanken, in der dieser der Annahme nicht zustimmte, daß Elektronen den Kern von Atomen umkreisen. Heisenberg lehnte es ganz entschieden ab, über den Umlauf von Elektronen zu diskutieren, da noch niemand ein Elektron in der Umlaufbahn beobachtet habe und aller Voraussicht nach auch niemand eines jemals zu Gesicht bekommen werde.

Auf Einsteins Frage, ob er wirklich der Ansicht sei, daß nur zu beobachtende Größen in eine physikalische Theorie aufgenommen werden dürften, konterte Heisenberg, er habe doch genau das mit der Relativität getan. Besonders er, Einstein, habe es doch abgelehnt, die Zeit als absolute Größe zu bezeichnen, weil es nicht möglich sei, absolute Zeit zu beobachten. In einem beweglichen oder ruhenden System sei nur eine Uhr zur Zeitbestimmung relevant. Einstein gab daraufhin zu bedenken, daß es falsch sei, eine Theorie allein auf beobachtbaren Größen aufzubauen, denn durch die Theorie würde bestimmt, was beobachtet werden kann.

Das war für Heisenberg das Stichwort, als ihm bei einem nächtlichen Spaziergang 1927 Einsteins Bemerkung wieder einfiel. Es mußte auch auf die Frage der Wellen- oder Partikeltheorie zutreffen. Denn der subatomare »Kosmos« konnte als Wellen- oder Partikelwelt betrachtet werden, je nachdem, wonach man Ausschau hielt. Was geschah, wenn alle Vorgänge, die Physiker in dieser Mikrowelt beobachteten, weniger durch die Wirklichkeit als durch die Beobachtungsmethode der Wissenschaftler bestimmt wurden? Mit anderen Worten, würde nicht etwa das Meßinstrumentarium die Resultate festlegen?

Will man z.B. ein Elektron aufspüren, muß es mit Hilfe harter Strahlen – Gammastrahlen – »beleuchtet« werden, die aber gleichzeitig bewirken, daß es aus seiner Umlaufbahn im Atom gestoßen wird. Das heißt: Unsere Welt ist von Natur aus unberechenbar.

Das zukünftige Verhalten eines physikalischen Systems kann also lediglich als Wahrscheinlichkeit betrachtet werden und ist unabhängig vom Umfang der darüber vorliegenden Informationen. Die Welt unterliegt demnach statistischen Schwankungen, wie sie auch auf das Roulette zutreffen, denn aller Wahrscheinlichkeit zum Trotz kann z. B. die Zahl Sieben mehrmals hintereinander fallen. Die Existenz dieser statistischen Schwankungen im submikroskopischen Bereich wurde experimentell nachgewiesen.

Als Bohr mit Heisenbergs Theorie konfrontiert wurde, erarbeitete er dazu eine Schlußfolgerung, mit der er die Behauptung aufstellte, es hinge allein von den untersuchten, spezifischen Eigenschaften ab, ob sich Licht oder Elektronen nun als Wellen oder Teilchen in Bewegung verhalten. Das war die Grundlage zu Bohrs Komplementaritätsprinzip.

Bohr, der von Max Planck beeinflußt war, hat Fundamentales in der Atomforschung geleistet und wurde schon 1922 mit dem Nobelpreis ausgezeichnet. Auch wesentliche Erkenntnisse über das Verhalten von Elektronen sind Bohr zu verdanken.

Bis dahin hatten Physiker vorausgesetzt, daß die um den Atomkern kreisenden Elektronen durch Strahlung Energie abgeben, sich zwangsläufig spiralförmig in den Kern bewegen und dabei ein kontinuierliches Spektrum ausstrahlen. Aber beobachtet wurde ein derartiges Verhalten nie. Freie Atome strahlten vielmehr ihnen eigene, spezifische Frequenzen aus. Dieses Verhalten erklärte Bohr durch zwei Theorien. Der einen zufolge existierten Atome nur in genau bestimmten Grundzuständen oder Ruhepositionen, wo die Elektronen den Kern in vorbestimmten, »zugelassenen« Bahnen umkreisen. Das Atom gibt dabei keine Strahlung ab. Nach der zweiten Hypothese von Bohr gibt ein Atom dann Strahlung frei, wenn es aus irgendwelchen Gründen von einer »zugelassenen« Umlaufbahn auf eine dem Kern näherliegende springt. Umgekehrt: Wenn ein Atom Strahlung aufnimmt, springen eines oder mehrere Elektronen aus ihrer »zugelassenen« Bahn in eine andere, dem Kern ferner liegende Umlaufbahn. Abgabe und Absorption von Strahlung vollziehen sich in unstetigen Einheiten – den Lichtquanten.

»So hatte Bohr mit einem einzigen genialen Schlag sowohl Einsteins Konzeption der Strahlung wie auch Rutherfords Vorstellung vom Atom als einem Minatur-Sonnensystem, in dem Elektronen um einen zentralen Kern kreisen, bestätigt«, schreibt Ronald W. Clark.

Zu Beginn unseres Jahrhunderts beschoß der neuseeländische Physiker und Nobelpreisträger Ernest Rutherford (1871–1937) in Cambridge dünne Metallfolien mit Helium-Atomkernen, die beim Alpha-Zerfall radioaktiver Atomkerne mit hoher Geschwindigkeit ausgestoßen werden. Während bis dahin angenommen wurde, daß es sich bei Atomen um ziemlich kompakte Gebilde handeln müsse, stellte sich nun heraus, daß diese größtenteils »leeren Raum« zu verkörpern schienen. Die vielen Atomschichten der Folien wurden von Rutherfords »Beschießung« durchdrungen, als seien sie überhaupt nicht vorhanden. Nur einzelne Partikel, die auf Hindernisse gestoßen sein konnten, wurden abgelenkt. Nach diesem Experiment war klar, daß Atome keine Grundbausteine sind, sondern außerordentlich komplexe Strukturen.

Ein Atom oder auch ein winziges Molekül sind um das etwa Zehntausend- bis Hunderttausendfache kleiner als ein Sandkörnchen, und die Atomkerne sind noch etwa zehntausendmal winziger. Der Atomkern besteht aus positiv elektrisch geladenen Protonen und elektrisch ungeladenen Neutronen, die durch Kernkräfte zusammengehalten werden.

Für Heisenberg war die Entdeckung des Neutrons, die durch den englischen Physiker James Chadwick im Jahr 1932 mit Hilfe einer Ionisationskammer indirekt nachgewiesen wurde, ein entscheidendes Ereignis. Durch die Vorstellung von Protonen und Neutronen als Bausteinen des Atomkerns hat Heisenberg grundlegend zur Fortentwicklung der gerade aufkommenden Kernphysik beigetragen. Aber seine Überlegungen stießen schon damals wesentlich weiter vor:

»Man nahm an, die sichtbare Materie sei aus kleineren Einheiten zusammengesetzt, und wenn man immer weiter teile, so komme man schließlich zu den kleinsten Einheiten, die Demokrit *Atome* genannt hatte, und die man jetzt etwa *Elementarteilchen*, z. B. *Protonen* oder *Elektronen* nennen würde. Aber vielleicht gab es gar keine kleinsten Bausteine, die nicht mehr geteilt werden können. Vielleicht ließ sich die Materie immer weiter teilen, aber am Schluß ist es eigentlich gar kein Teilen mehr, sondern man verwandelt Energie in Materie, und die Teile sind nicht mehr kleiner als das Geteilte. Jedoch was war dann am Anfang? Ein Naturgesetz? Mathematik? Symmetrie?«

Es ist gar nicht so lange her, daß Physiker noch von der Voraussetzung ausgingen, die Vorstellung des »Elementarteilchens« als Grundbaustein der Materie sei ausreichend, um Atomkerne und die in ihrer Umlaufbahn befindlichen Elektronen zu erklären. Aber mit der beängstigenden Zunahme neu entdeckter »Elementarteilchen« sollte sich diese Auffassung schnell ändern. Bereits 1960 war die Liste auf mehr als 30 Teilchen und Antiteilchen angestiegen. Vergleichsweise verkörpern dabei die Antiteilchen eine Art von »Spiegelbild-Zwillingen« bestimmter Teilchen. So ist z. B. das Positron Antiteilchen des Elektrons. Beide haben zwar dieselbe Masse und denselben Drehimpuls, aber gegenüber dem elektrisch negativ geladenen Elektron hat das Positron eine gleichgroße elektrisch positive Ladung. Es gibt absolut feindliche »Zwillinge«, die sich gegenseitig vernichten, sobald sie aufeinandertreffen. Da die Energie, die sie verkörpern, nicht verlorengehen kann, zerstrahlen sie. Bei dem Aufeinanderprallen z. B. eines Elektron-Positron-Paares und ihrer darauffolgenden Vernichtung wird Gamma-Strahlung freigesetzt.

Inzwischen kann Antimaterie bereits im Laboratorium erzeugt werden. Damit dürfte auch klar sein, daß ihr eine entscheidende Rolle in der Entstehung und Weiterentwicklung unseres Universums zukommt. Daraus wurde in den letzten Jahren auch die nicht unbedingt abwegige Theorie über das Tunguska-Ereignis abgeleitet, daß ein Antimaterie-»Körnchen« die Erde getroffen und damit die Explosion verursacht habe. Aber eine noch weitaus bizarrere Theorie sollte nicht lange auf sich warten lassen.

## Das verlorene Licht

1916 war ein ereignisvolles Jahr. Der Erste Weltkrieg nahm Tag für Tag an Härte zu. Gleichzeitig setzte sich Einstein trotz aller Kriegswirren in Berlin erfolgreich mit den Begriffen Zeit, Raum, Masse, Energie, Trägheit und Schwerkraft auseinander und veröffentlichte die Grundlagen der Allgemeinen Relativitätstheorie. Im Osten hatte sich der 43jährige Astronom Karl Schwarzschild als Frontoffizier eine Infektionskrankheit zugezogen und wurde deswegen in die Heimat zurückgeschickt. In der Hoffnung auf Genesung kehrte er nach Potsdam zurück, wo er vor dem Krieg seit 1909 Direktor des Astrophysikalischen Observatoriums war. Hier erarbeitete er in den letzten Wochen seines Lebens noch zwei immens wichtige Beiträge für die Wissenschaft, bis er am 11. 5. 1916 an den Folgen seiner Erkrankung starb.

Schwarzschild hatte schon vor Einstein erkannt, daß sich das Universum nicht nach Euklidischer Geometrie beurteilen läßt. Wieder in Potsdam, begann er kurz nach Einsteins Veröffentlichung der Allgemeinen Relativitätstheorie, die Geometrie der Raum-Zeit in unmittelbarer Nähe massereicher Sterne zu untersuchen. Nach seinen Berechnungen mußte es grundsätzlich für jeden Stern von über dreifacher Sonnengröße einen kritischen Radius geben, der mit einem geradezu unheimlich anmutenden Vorgang zusammenhängt. Sobald nämlich ein solcher Stern auf ein Maß zusammenschrumpft, das diesen sogenannten Schwarzschild-Radius unterschreitet, kollabiert er unaufhörlich weiter zu unvorstellbarer Dichte, bis er sich aus unserer Raum-Zeit »herausstiehlt«. Dieser kritische Radius wurde ein wichtiger Bestandteil der theoretischen Astrophysik.

Wie wir bereits wissen, entsteht ein Stern aus einer Gaswolke, die sich durch die Einwirkung von Gravitation zu einer sphärischen Masse verdichtet. Während sich die potentielle Gasenergie im Verlauf des Verdichtungs- bzw. Schrumpfprozesses in kinetische und Wärme-Energie umwandelt, erhitzt sich diese Masse. Sobald nun ihr Zentrum heiß genug ist, setzen Kernreaktionen ein, durch die Atomkerne verschmelzen und damit weitere Energie freigesetzt wird. Einerseits bringt diese den Stern zum Leuchten, verursacht aber andererseits soviel Gegendruck, daß ein weiterer Verdichtungsprozeß im Zentrum aufgehalten wird. Ein solcher Fusionsprozeß dauert allerdings nur solange, bis alle leichten Elemente – also der Wasserstoffvorrat – aufgebraucht sind und nur noch schwerere Elemente, wie z. B. Eisen, übrigbleiben – »die stellare Asche« des Sterns. Wenn die Masse eines Sterns nicht zu groß ist, kann sich ein solcher Fusionsprozeß über viele Milliarden Jahre hinziehen. Seine Schwerkraft bleibt währenddessen unverändert in einer Art Ruhezustand. Sobald aber der »Treibstoff« eines Sterns aufgebraucht ist, erleidet er – seiner Masse entsprechend – eine von drei möglichen Todesarten. Denn mit dem Ende seines Brennvorrats erlischt auch der Widerstand gegen die eigene Schwerkraft, und einem weiteren Schrumpfprozeß, seiner zunehmenden Verdichtung, steht nun nichts mehr im Wege.

Ein sterbender Stern etwa der gleichen Masse wie unsere Sonne kann zum Weißen Zwerg werden. Während des Verdichtungsprozesses ist seine Schwerkraft so stark, daß sich die Atome in seinem Zentrum nicht nur fortwährend weiter verdichten, sondern durch den Druck der Masse derartig zerquetscht werden, daß sich ihre Elektronen schließlich untereinander berühren. Diese dichtgepackten Elektronen bieten auch der Schwerkraft durch ihren Gegendruck Widerstand. Auf diese Weise wird ein sterbender Stern schließlich zum Weißen Zwerg. Im Zentrum beträgt seine Dichte etwa 1000 Tonnen pro Kubikzentimeter. Er ist heiß – weißglühend –, wenn auch viel kleiner, als er einst war. Nun kühlt er über einen langen Zeitraum ab und wird so zum Roten und schließlich zum Schwarzen Zwerg – einem kalten Klumpen, der grundsätzlich aus Eisen und anderen schweren Elementen besteht. Seine Masse entspricht zwar der unserer Sonne, aber er ist dabei nicht größer als unsere Erde.

Der Begriff Weißer Zwerg hat seinen Ursprung im Jahr 1844. Damals beobachtete der Astronom Friedrich Wilhelm Bessel (1784–1846) in Königsberg – dem heutigen Kaliningrad – am dortigen Observatorium, daß die Bahn des hellsten Sterns an unserem Nachthimmel – des Sirius – nicht ganz regelmäßig verläuft. Bei gelegentlicher Betrachtung schien er zwar stets an der gleichen Stelle zu sein, aber da er einer der Sterne ist, die sich in nächster Nachbarschaft zu unserer Sonne befinden, war es möglich, seine Bewegung im Milchstraßensystem relativ zu anderen Sternen, durch das Teleskop, genauer zu beobachten. Aus Bessels Daten ergab sich, daß die Bahn des Sirius eher wellenförmig als geradlinig verläuft. Daraus schloß Bessel, daß Sirius einen unsichtbaren Begleiter haben müsse und beide durch die Schwerkraft verbundenen Sterne ihre Bahn ziehen, während sie einander umkreisen. Da sich die Masse des Sirius, also sein Gewicht, schätzen ließ, konnte auch die Masse seines unsichtbaren Begleitsterns unter Anwendung der Newtonschen Gesetze geschätzt werden. Es stellte sich heraus, daß sie etwa der unserer Sonne entsprach.

Aber warum war dieser Stern unsichtbar? Erst 19 Jahre später sollte sich zeigen, daß er nur schwer sichtbar war. Ein amerikanischer Teleskopbauer spürte diesen Begleitstern des Sirius bei der Erprobung eines neuen Teleskops auf. Seine Leuchtkraft entsprach dabei $1/400$stel der unserer Sonne. Die größte Überraschung hing jedoch mit der Lichtanalyse dieses Sterns zusammen. In den ersten Dekaden unseres Jahrhunderts wurde noch angenommen, daß ein Stern um so größer, heller und heißer sei, je weißer sein Licht erstrahlt. Kleinere Sterne »verbrannten« dagegen bei geringerer Hitze, leuchteten trüber und rötlich. Wie konnte also dieser matt schimmernde Stern ebenso heiß sein wie Sirius – also weißglühender als unsere Sonne? Dafür gab es nur eine plausible Erklärung: Unter der Voraussetzung, daß sein Gewicht dem der Sonne entsprach, mußte dieser Stern sehr klein, aber außerordentlich dicht sein. Eddington schrieb 1927:

»Nach ihrer Entschlüsselung lautete die vom Begleiter des Sirius stammende Nachricht: ›Ich bestehe aus Materie, die dreitausendmal dichter ist als alles, was euch jemals unter die Hände gekommen ist; eine Tonne meiner Masse entspricht einem Klümpchen, das in einer Streichholzschachtel Platz hätte.‹«

Der Begleiter des Sirius war ein Weißer Zwerg, und mit der Zeit wurden noch weitere gefunden.

Was passiert dagegen mit einem Stern, dessen Masse größer ist als die der Sonne? Mit dieser Frage beschäftigte sich der indische Astronom Subrahmanyan Chandrasekhar. 1931 konnte er nachweisen, daß es eine solche kritische Masse geben muß. Denn Sterne, deren Masse über dieser sogenannten Chandrasekhar-Grenze liegt, kollabieren unaufhaltsam weiter, weil nicht einmal der Widerstand der Elektronen im Weißen Zwerg-Stadium dem Druck der Masse gewachsen ist. Das verdichtete »Überbleibsel« eines solchen Sterns kollabiert also über dieses Stadium hinaus einfach weiter.

Nach Chandrasekhar liegt die Grenze der kritischen Masse solcher Sterne bei 1,4facher Sonnenmasse. Ist diese Grenze überschritten, setzt sich die Verdichtung durch die Schwerkraft fort. Ein schnell rotierender Weißer Zwerg könnte diese kritische Grenze zwar etwas nach oben verlagern, da die Fliehkraft dem Druck der Schwerkraft entgegenwirkt, aber nur wenige Weiße Zwerge scheinen schnell genug zu rotieren, um so eine nennenswerte Veränderung dieser Grenze zu erreichen.

Was sich beim Kollaps eines großen Sterns abspielt, wurde erstmals durch die Analyse einer Supernova deutlich. Im Jahr 1885 hatten Astronomen im Andromeda-Nebel das außergewöhnliche Aufleuchten eines Sterns beobachtet. Seine strahlende Helle hielt 25 Tage lang an und übertraf das Licht von zehn Millionen Sonnen. Dann ließ seine Leuchtkraft langsam nach, er verblaßte mehr und mehr, bis er schließlich so dunkel wurde, daß ihn nicht einmal mehr die stärksten Teleskope erfaßten.

Schon 1572 hatten Astronomen einen ähnlichen aufstrahlenden Stern in der Milchstraße beobachtet – die Supernova von Tycho Brahe. Damals glaubte man noch, ein neuer Stern – eine Nova – würde auf diese Weise geboren. Am Mount Wilson-Observatorium verwiesen die Astronomen Baade und der Schweizer Fritz Zwicky (1898–1974) noch darauf hin, daß der mit der Nova in Verbindung stehende Stern scheinbar verschwunden sei. Allem Anschein nach leuchtet eine solche Supernova in jedem Sternensystem nur alle paar Jahrhunderte einmal auf und erzeugt dabei eine ungeheure Strahlungsenergie.

Nach Baade und Zwicky ist eine Supernova Teil des Todesprozesses eines sehr massenreichen Sterns, der so katastrophal in sich zusammenstürzt, daß sich dabei große Mengen seiner Materie in Energie umwandeln. Zudem vermutete Baade, der noch verbliebene Rest des Sterns werde durch die Explosion derartig komprimiert, daß er nunmehr fast gänzlich aus dichtgepackten Neutronen bestehe. Das heißt: Bei einem Stern von mehr als der 1,4fachen Masse unserer Sonne ist die zum Zentrum hin ausgerichtete Schwerkraft so enorm, daß er sich über das Weiße Zwerg-Stadium hinaus weiter verdichtet. Die Kompression nimmt derartige Formen an, daß sich selbst die Elementarbausteine der Materie unter ihrem Einfluß umwandeln. Der Druck preßt die Elektronen in die Protonen der Atomkerne, wo sie sich zu Neutronen vereinen, bis ihre Dichte schließlich einen Grad erreicht, der beinahe den Verhältnissen im Innern eines Atomkerns entspricht. So ist ein Neutronenstern noch um das Millionenfache dichter als ein Weißer Zwerg.

Damals galt das Interesse dem wohl spektakulärsten Überbleibsel einer Supernova – dem Krebsnebel –, der auch heute noch wie die Zeitrafferaufnahme einer Explosion aussieht. Die Expansion seiner leuchtenden Gaswolke läßt sich an Aufnahmen verfolgen, die über Jahre hinaus von diesem Nebel gemacht wurden. Läßt man sie hintereinander wie einen Film zurücklaufen, deutet alles darauf hin, daß die Explosion um 1054 vor Christus stattgefunden, vielmehr ihr Licht die Erde zu diesem Zeitpunkt erreicht haben muß.

Im China dieser Zeitepoche wurden astronomische Ereignisse noch in sorgfältigen Aufzeichnungen festgehalten. Nach Chroniken aus der Sung-Dynastie erschien in eben diesem Jahr ein Stern von strahlender Helle am Himmel, der 23 Tage lang auch tagsüber sichtbar war.

Baade vertrat nun die Ansicht, wenn der Krebsnebel aus dieser Explosion entstanden sei, müsse in seinem Zentrum ein Neutronenstern übriggeblieben sein. Und tatsächlich wurde in diesem Gebiet ein trüber, seltsam aussehender Stern aufgespürt.

Die Vorstellung, daß sich ein Stern von der Masse der Sonne als Weißer Zwerg bis auf nur Erdengröße verdichtet, ist schon schwer genug. Aber daß ein Stern von doppelter Sonnenmasse durch seine Verdichtung zu einem rotierenden Klumpen zusammengequetscht wird, der im Durchmesser etwa zehn Kilometer oder noch weniger beträgt, übersteigt fast die Vorstellungskraft. Dennoch – auf Neutronensterne trifft genau das zu.

Unter der Leitung von Dr. A. Hewish entdeckte die Graduierte Jocelyn Bell von der Universität Cambridge 1964 eine Strahlenquelle, die kurze Impulse aussandte. Diese Impulse wiederholten sich über den größten Teil des Radiospektrums einmal pro Sekunde, und während der sechsmonatigen Beobachtungsdauer blieben die Impulsintervalle erstaunlich gleichmäßig. Da der Verdacht aufkam, diese Signale könnten von intelligentem Leben irgendwo im All stammen – von »little green men« (kleinen grünen Männchen), erhielt diese Strahlenquelle den Namen LGM-1. Als jedoch in anderen Regionen des Weltraums weitere Pulsare entdeckt wurden, nahm man von der Urheberschaft dieser Signale durch diese kleinen grünen Männchen wieder Abstand.

Heute wird angenommen, daß es sich bei Pulsaren um schnell rotierende Neutronensterne handelt. Denn mit zunehmender Kompression eines anfänglich sich langsam drehenden Sterns erhöht sich auch seine Rotationsgeschwindigkeit – genau wie die eines Eiskunstläufers, der die Arme anzieht, wenn er eine Pirouette dreht. Die von Pulsaren ausgesandte Radiostrahlung erklärt sich durch ihr starkes Magnetfeld. Ähnlich wie in den großen

Beschleunigern der Physiker werden hier hochenergetische Teilchen erzeugt, die ein breites Spektrum abstrahlen.

Wahrscheinlich wären weder LGM-1 noch andere Pulsare ohne die Radio-Astronomie entdeckt worden. Doch wie so oft bei wissenschaftlichen Entdeckungen spielte auch hier der Zufall eine erhebliche Rolle.

1931 wurde Karl G. Jansky, ein Ingenieur der amerikanischen Bell-Laboratorien, damit beauftragt, den Empfang transatlantischer Funksprüche eingehend zu überprüfen. Zu diesem Zweck baute er eine schwenkbare Antenne mit einem besonders empfindlichen Empfänger. Zu seiner Verblüffung entdeckte Jansky dann im sonst gewohnten Wellensalat immer wieder Signale, die nicht irdischer Herkunft sein konnten, da sie aus Richtung Milchstraßenzentrum im Sternbild Schütze kamen.

Als erster versuchte der amerikanische Funkamateur Grote Reber diesem Rätsel auf die Spur zu kommen. 1937 errichtete er daher in seinem Garten eine Parabolantenne und »lauschte« damit unermüdlich und systematisch den Himmel ab. Seine Geduld wurde gebührend belohnt, denn schon 1940 konnte er die erste Himmelskarte von Radioquellen in der Milchstraße veröffentlichen.

Für Astronomen, die sich vornehmlich mit der Beobachtung und Analyse sichtbarer Strahlen, also des Lichts – beschäftigt hatten, eröffneten sich damit ungeahnte Möglichkeiten. So nahmen englische Wissenschaftler nach Beendigung des Krieges gleich die Gelegenheit wahr, ausgediente militärische Radaranlagen in Radioteleskope zu verwandeln. Die erste Großanlage der Engländer entstand in der Nähe von Manchester, das 76-Meter-Durchmesser-Radioteleskop Jodrell Bank. In Cambridge wurde eine Anlage von acht kleineren Antennen aufgestellt, die über fünf Kilometer hintereinander errichtet und gekoppelt waren. Auch die Holländer ließen sich nicht lumpen. Sie bauten eine »Mammutanlage«, die sogar aus zehn, jeweils im Abstand von 144 Metern aufgestellten Antennen bestand und noch durch zwei fahrbare auf einer 300 Meter langen Schienenstrecke ergänzt wurde. Natürlich blieben die Amerikaner auch nicht müßig. Sie machten ihren Beitrag mit dem Arecibo-Radioteleskop auf Puerto Rico, einer im Boden verankerten, starren Antennenanlage von 300 Metern Durchmesser, die ein ganzes Tal einnimmt. Sowjetrussische Wissenschaftler haben inzwischen im Kaukasus ihre ringförmige Antennenanlage von 1,8 km-Durchmesser in Betrieb genommen. Aber das vorläufig größte steuerbare Radioteleskop steht im bundesdeutschen Effelsberg in der Eifel.

Wie wir gesehen haben, beschließt ein Stern unter 1,4-Sonnenmasse sein Leben als Weißer Zwerg. Liegt seine Masse über diesem Grenzwert aber *unter* 3,2 Sonnenmassen, explodiert er als Supernova, und der verbliebene Rest seiner Masse, wenn sie mehr als das 1,4fache der Sonne beträgt, verdichtet sich zum Neutronenstern.

Aber was passiert mit Sternen von mehr als drei Sonnenmassen? Mit dieser Frage beschäftigte sich der amerikanische Atomphysiker Jacob Robert Oppenheimer (1904–1967) schon 1939, als er seine Theorie über Neutronensterne ausarbeitete. Oppenheimer, der bei Max Born in Göttingen promoviert hatte, wurde 1943 Direktor der Forschungslaboratorien in Los Alamos und damit nicht nur wissenschaftlicher Leiter des amerikanischen Atomenergieprojekts, sondern auch Vater der Atombombe.

Seiner Meinung nach mußte die Verdichtung eines Sterns entsprechend großer Masse derartig katastrophale Folgen haben, daß dieser auch als Neutronenstern keine Überlebenschancen mehr hatte. Denn in einem solchen Prozeß werden die verschweißten Neutronen »vernichtet«. Oppenheimer erkannte, daß ein kollabierender Stern, wenn er dieses Stadium erreicht hat, zu unendlicher Dichte zusammenschrumpfen muß, weil der Schwerkraft bei einem Versagen der Kernkraft keine Grenzen mehr gesetzt sind. Der Stern stürzt weiter und weiter in sich zusammen, bis ein Punkt unendlicher Dichte erreicht ist, den Mathematiker Singularität nennen. Ein Punkt, wo Raum und Zeit aufhören zu existieren und sein Gravitationsfeld unendlich stark wird.

Berechnungen zufolge liegt die kritische Grenze für die Stabilität eines Neutronensterns bei 3,2-Sonnenmassen. Wird dieser Grenzwert überschritten, kollabiert der Stern unaufhaltsam weiter bis zur Singularität.

Auch wenn es schwer ist, wollen wir einmal versuchen uns vorzustellen, was eine Singularität bedeutet. Da ist ein überdichter Neutronenstern mit einem Durchmesser von etwa zehn Kilometern und einer so ungeheuer verdichteten Masse, daß allein ein Teelöffel voll 100 Millionen Tonnen (!) wiegen würde.

Daneben haben wir einen Stern – einen Kollapsar – von der zwei-, drei- oder auch fünfzigfachen Masse eines Neutronensterns. Er würde weiter in sich zusammenstürzen und sich auf fünf Kilometer im Durchmesser verdichten... auf einen Kilometer... einen Meter... einen Zentimeter... einen Millimeter.., ein Millionstel Millimeter, bis er den Durchmesser des winzigsten Elementarteilchens unterschreitet und schließlich zur Singularität wird. Während seines fatalen, unaufhaltsamen Kollapses hat dieses Objekt die Raum-Zeit innerhalb des Schwarzschild-Radius' derart ausgebeult – verformt –, daß sie für uns entartet ist, denn hier steigt die Krümmung der Raum-Zeit-Struktur grenzenlos an. Da sich der Stern zur Singularität verdichtet hat, ist diese Region nun leer. Nur noch das Gravitationsfeld –

das Schwarze Loch – weist auf seine ehemalige Existenz hin.

Bevor der Kollaps überhaupt so weit fortgeschritten ist, hat die Verdichtung bereits ein Stadium erreicht, wo die Entweichgeschwindigkeit schneller ist als die Lichtgeschwindigkeit. Damit überschreitet der kollabierende Stern, der Kollapsar, den Schwarzschild-Radius. Er wird auch Ereignishorizont genannt, weil alle Vorgänge, die sich dort abspielen, für einen Beobachter, der sich außerhalb dieses Bereichs befindet, unsichtbar und nicht meßbar sind, also verborgen bleiben.

Überschreitet die durch den Zusammenbruch komprimierte Masse einen bestimmten Durchmesser, wird das Schwerefeld des Sterns nach den Gesetzen der Allgemeinen Relativitätstheorie an seiner Oberfläche so stark, daß kein Signal mehr nach außen dringt. Lichtstrahlen und Teilchen scheitern an dem immensen Gravitationsfeld, das sie, unabhängig von ihrer Energie, festhält. So wird der Schwarzschild-Radius zum Schwarzen Loch, das zwar alles einläßt bzw. aufsaugt, aber nichts mehr entweichen läßt. Schwarze Löcher sind also »kosmische Einbahnstraßen«.

Hypothetisch würde ein jeder, der kopfüber in ein Schwarzes Loch fiele, ein schreckliches Ende finden. Sein Kopf wäre der Schwerkraft natürlich stärker ausgesetzt als die Zehen. Die Gravitation würde ihn in die Länge zerren wie ein Gummiseil und seinen Körper durch den unvorstellbaren Druck gleichzeitig immer mehr zusammenquetschen, bis er schließlich in der Singularität verschwunden wäre, genau wie der längst vor ihm verblichene Stern. Einem Beobachter, der sich in sicherer Entfernung vom Schwarzschild-Radius befände, käme es aber so vor, als würde dieser Jemand, aufgrund der wachsenden Zeitverzögerung im Zusammenhang mit der ständig abnehmenden Entfernung vom

Ereignishorizont, niemals dort ankommen. Wahrnehmen könnte ihn der Beobachter aber auch nicht mehr, weil die zurückgesandten Signale – Licht – durch die wachsende Rotverschiebung zu stark verzerrt wären. Außerdem wüßte er, daß unser Jemand noch nicht in den Ereignishorizont eingetreten ist, könnte ihm aber trotzdem auf keinen Fall mehr helfen, denn bevor er selbst dort ankäme – und sei es mit beinahe Lichtgeschwindigkeit –, wäre der Unglücksrabe längst im Schwarzen Loch verschwunden.

Stephen Hawking ist einer der genialsten theoretischen Astrophysiker unserer Zeit. Der 1942 in Oxford geborene Cambridge-Mathematiker konfrontierte die Welt mit einer überraschenden Entdeckung. Und seine eigene Feststellung darüber:

»Wann sind Schwarze Löcher nicht mehr schwarz? Wenn sie explodieren.«,

klingt fast wie ein delphisches Orakel.

Schon früh durch eine neuromuskuläre Erkrankung ständig an den Rollstuhl gefesselt, hat er sich ausschließlich dem Denken verschrieben. Als er 1973 erkannte, daß bestimmte Schwarze Löcher nicht absolut schwarz sind, sondern Partikel abstrahlen und schließlich sogar explodieren können, durchdachte er die Schwarze-Loch-Theorie noch einmal gründlich »rückwärts und vorwärts«. Seitdem wird dieses Thema durch seine Ergebnisse und deren Bedeutung beherrscht. Aufgrund seiner Arbeit nimmt sogar ein Wunschtraum der Wissenschaft, alle physikalischen Gesetze »unter einen Hut« zu bringen – sie in einer einzigen Theorie zu vereinen –, wieder Gestalt an, ein Wunsch, den auch Einstein durch eine vereinheitlichte Feldtheorie noch nicht verwirklichen konnte.

Hawking unterstellt durch seine Darlegungen, daß drei bisher getrennt gehandhabte Begriffe – Gravitation, Quantentheorie und Thermodynamik – sich im Grunde vereinigen lassen. Als die Schwarze-Loch-Theorie von Hawking nach monatelanger anstrengender Arbeit Ende 1973 schließlich abgeschlossen war, wurde deutlich, daß bestimmte Schwarze Löcher einen Strom von Partikeln entlassen. Später erläuterte der Wissenschaftler dazu:

»Es schien so, als wären die Schwarzen Löcher weiß geworden.«

Er habe alles andere als ausströmende Partikel erwartet. Die hätte er sich am allerwenigsten gewünscht, aber er sei förmlich darüber »gestolpert«. Bedauerlicherweise! Denn sie hätten sein Modell ruiniert und er habe sein Bestes getan, um sie wieder »loszuwerden«. Schließlich wurde ja auch vorausgesetzt, daß Schwarze Löcher Materie »verschlucken« und nicht »ausspukken«.

Bereits 1971 hatte Hawking darauf hingewiesen, daß sich Schwarze Löcher möglicherweise auch durch das enorme Kräftespiel bei der Entstehung des Universums gebildet haben könnten. Selbst wenn Himmelskörper mit weniger als drei Sonnenmassen *nicht* durch den Druck der eigenen Masse zu Schwarzen Löchern kollabiert waren, war ihm klar, daß während der Geburt des Universums Kompressionsvorgänge dieser Art durchaus stattgefunden haben könnten. Auch andere Einflüsse hätten dafür verantwortlich gewesen sein können, denn auch Körper von weniger als drei Sonnenmassen können zu einem Schwarzen Loch werden; zwar nicht durch einen klassischen Schwerkraftkollaps, sondern durch einen quantenmechanischen Effekt.

Der Schwarzschild-Radius für unsere Sonne läge z. B. bei einem Durchmesser von drei Kilometern. Würde sie auf dieses kleine Volumen zusammengequetscht, wäre sie als Schwarzes Loch nicht mehr sichtbar.

Hawking erkannte also, daß Kompressionsvorgänge während der Geburt des Universums durchaus stattgefunden haben könnten. Und unter dieser Voraussetzung müßte unsere Milchstraße heute von Aber-Trillionen Schwarzer Minilöcher übersät sein, die aus dem Urbeginn stammen. Die für ein solches Schwarzes »Urloch« typische Masse entspräche dabei einer Milliarde Tonnen, also etwa einem Gebirge. Es wäre aber nicht größer als ein Proton, im Raum-Zeit-Gefüge also kaum ein »Nadelstich«. Sobald der Schwarzschild-Radius nur von der Größe eines Elementarteilchens ist, könnten dessen Eigenschaften, nach Hawking, nicht nur durch die Allgemeine Relativitätstheorie, sondern auch durch die Quantenmechanik definiert werden. Damit würde ein Schwarzes Miniloch vielleicht eine Art Verbindung zwischen den Gesetzen herstellen, von denen die Bereiche des unendlich Großen und des unsagbar Kleinen beherrscht werden.

»Man müßte die Quanten-Aspekte der Gravitation untersuchen«, schloß Hawking.

Quanten-Gravitation – wenn es in der Physik überhaupt ein Reizwort gibt, ist es dieser Begriff. Nach wie vor haben es sich Physiker zum Ziel gesetzt, Gravitation auf die gleiche Weise darzustellen, zu erklären, wie andere Kräfte – nämlich als Wechselwirkung zwischen zwei Partikeln. Für Hawking spielt Raum eine Schlüsselrolle bei Entstehungsprozessen. Elementarteilchen, wie Elektronen und ihre Antipartner, die Positronen, formen sich ständig als Komplementärpaare aus »entliehener« Energie, deren Herkunft sehr wahrscheinlich in starken Gravitationsfeldern zu suchen ist. Die Energieschuld würde dann durch ihre gegenseitige Zerstrahlung wieder beglichen.

Eines der beiden kurzlebigen Partikel in der Nähe eines Schwarzen Lochs könnte irgendwie dort hineingeraten und seinen Partner zurücklassen, der sich nun »unbehindert« vom Schwarzen Loch entfernen könnte. Ein Beobachter in weiter Entfernung hätte allerdings den Eindruck, als käme der »befreite« Partner geradewegs aus dem Schwarzen Loch. Die zur Existenz dieses Partikels notwendige Energie – also die geliehene, aber nicht zurückerstattete Masse – würde der Masse-Energie des Schwarzen Lochs entstammen. Da Schwarze Minilöcher zu klein sind, um dem Raum Materiemengen entnehmen zu können, müssen sie, Hawkings Berechnungen zufolge, ständig außen am Rand Strahlungsenergie abgeben. Durch diesen Prozeß würde sich die Masse des Schwarzen Lochs natürlich ständig reduzieren.

Hawking veranschaulichte, daß der infolge der Strahlung eintretende Energieverlust das Schwarze Loch eventuell »entleeren« bzw. evaporieren würde. Irgendwann käme es dann, seiner Materiestruktur entsprechend, zu einer Explosion von der Stärke einer 100 Millionen Megatonnen-Bombe, mit einer Flut von Gammastrahlen und hochenergetischen Partikeln. Bei normalen, also großen Schwarzen Löchern aus stellarer Materie würde sich der sogenannte Hawkingsche Strahlungsprozeß aber praktisch nicht auswirken.

Je kleiner Schwarze Löcher sind, um so mehr nimmt ihre Temperatur zu – wenn auch ihre Lebensdauer um so kürzer ist. Hawking zufolge hätte ein urzeitliches Schwarzes Miniloch ein Gewicht von einer Milliarde Tonnen, eine Temperatur von 120 Millionen Grad, wäre mehr als weißglühend und würde harte Gammastrahlen »ausspucken«. Für die mit unserem Universum zusammen entstandenen, winzigen Schwarzen Minilöcher wäre etwa jetzt der Zeitpunkt gekommen, um in einer Explosion zu verdampfen. Nachdem es, Hawking zufolge, unzählige Schwarze Minilöcher im Universum gibt, wäre es doch nicht unbedingt abwegig, daß hin und wieder das eine oder andere mit der Erde kollidiert.

A. A. Jackson und M. P. Ryan, zwei amerikanische Wissenschaftler der Universität Texas, kamen ebenso wie einige sowjetrussische Forscher zur Überzeugung, daß die Tunguska-Katastrophe von 1908 durch ein Schwarzes Miniloch verursacht wurde. Sie gingen davon aus, daß eine gewaltige Explosion von ihm ausgelöst wurde, als es die Erdatmosphäre durchquerte, dann die Erde durchschlug und irgendwo im Nordatlantik wieder auftauchte, um schließlich wieder im Weltraum zu verschwinden. Diese Hypothese ist natürlich nicht nachgewiesen, aber in vieler Hinsicht ist sie einleuchtender als andere Versuche, diesen Vorfall zu erklären.

Wie steht es nun damit – sind Schwarze Löcher am Ende doch nichts anderes als ausschweifende, wissenschaftliche Hirngespinste? In den letzten Jahren haben sich Fachleute immer wieder überlegt, wie ein Schwarzes Loch »gestellt« werden könnte: Dabei zeigte sich, daß es am besten ist, nach einem Stern mit »schwankendem« Bahnverlauf Ausschau zu halten. Denn ein »dahintorkelnder« Stern wäre ein Indiz für einen unsichtbaren Begleiter. Die von einem solchen Doppelstern ausgehende Strahlung wäre ein weiterer Hinweis. Wenn sich in einem Doppelsternsystem zwei Sterne umkreisen, von denen der eine sichtbar und der andere unsichtbar ist, käme es zu einem phänomenalen Effekt, der als elektromagnetische Strahlung gemessen werden könnte.

Ein Schwarzes Loch entzieht seinem sichtbaren Begleiter durch den Gezeiteneffekt unablässig Materie, die es zu sich herübersaugt. Außerhalb des Schwarzschild-Radius sammelt sich diese gasförmige Sternmaterie in einer rotierenden Scheibe. Je enger der spiralige Orbit dieser angesammelten Partikel dann wird, um so mehr beschleunigen sie sich, erhitzen sich auf hundert Millionen Grad und senden Röntgenstrahlen aus.

Zur Erkundung dieser Röntgenquellen rief die Nasa 1977 ein Forschungsprogramm ins Leben, das bisher schon einige 100 Millionen Dollar verschlungen hat. Nacheinander wurden drei Beobachtungssatelliten in den Weltraum geschickt, von denen sich der letzte – HEAO-3 – (High Energy Astronomical Observatory) heute noch im Erdumlauf befindet und mit seinen »Röntgenaugen« Informationen sammelt, die zur Erde gefunkt werden.

Der Forschungssatellit UHURU hat übrigens schon 1970 einige 100 geheimnisvolle Strahlenquellen aufgespürt. Auch die drei HEAO-Satelliten erkundeten eine stattliche Anzahl von Röntgenquellen. Cygnus X-1 im Sternbild Schwan gilt darunter z. B. als besondes überzeugender Beweis für ein Schwarzes Loch. Astronomen des California Institute of Technology sind davon überzeugt, nunmehr den indirekten Nachweis eines Schwarzen Lochs photographiert zu haben. Die Radiointerferometrie – ein Verfahren, das sich auf die Überlagerungen von Radiowellen stützt – hat ihnen zu einer bestechend guten Aufnahme des hochaktiven Sternensystems NGC 6251 verholfen. Dort vermuten Wissenschaftler nun ein Schwarzes Loch, das der unvorstellbaren Größe von 100 Millionen Sonnenmassen entspräche. Die immense Schwerkraft dieses Schwarzen Lochs soll seinem sichtbaren Partner, dem Doppelstern HD-226868, einen Materieschweif entziehen, der mehrere Lichtjahre lang ist und mit beinahe Lichtgeschwindigkeit durch den interstellaren Raum von ihm angesaugt wird.

Der englische Mathematiker Roger Penrose hat im Zusammenhang mit Schwarzen Löchern eine verblüffende Theorie aufgestellt, die eine allgemein kaum bekannte, aber überaus wichtige Arbeit von Albert Einstein zu bestätigen scheint. Und zwar hat Penrose vorausgesagt, daß die zum Schwarzen Loch kollabierende Materie oder alles, was es »verschluckt«, entweder auf die Singularität zustürzen oder aber sich unter bestimmten Umständen durch ein Loch in der Raum-Zeit-Struktur »davonstehlen« würde. Aber wohin?

Zu einem anderen Punkt der Raum-Zeit?

In ein anderes Universum?

## Weiße Löcher

Konservative Wissenschaftler hatten lange insgeheim gehofft, Schwarze Löcher würden sich schließlich vielleicht doch nur als mathematischer Kunstgriff erweisen. Aber 1965 konnte Roger Penrose von der Universität London überzeugend darlegen, daß Schwarze Löcher echte, physikalische Singularitäten sind – daß Zeit und Raum tatsächlich in einer Singularität enden.

Hawking und Penrose erarbeiteten eine Reihe von Lehrsätzen über Schwarze Löcher – Singularitäten –, vor allem über die Raum-Zeit-Struktur und das Schicksal von Materie, die von Schwarzen Löchern »verschluckt« wird. Dabei kam Penrose zu der erregenden Feststellung, daß in einem Schwarzen Loch aus unserem Universum heraus verschwundene Materie an einem anderen Ort des Universums durch ein Weißes Loch wieder einströmt.

Als in den fünfziger Jahren kompakte Radioquellen im Kosmos entdeckt wurden, ergab sich bei näherer Untersuchung, daß sie sich von anderen, bereits bekannten Radioquellen deutlich unterscheiden. Denn in diesem Fall schienen die Radiofrequenzen von kompakten, punktförmigen Objekten ausgestrahlt zu werden, und nicht von den gewohnten, flächenförmigen Gas- oder Staubwolken innerhalb der Milchstraße oder auch von fernen Sternensystemen.

1960 untersuchte der 1926 geborene amerikanische Astronom Allan Rex Sandage von den Mount Wilson- und Palomar-Observatorien aus die Umgebung aufgefundener kosmischer Radioquellen und stieß dabei jedesmal auf eine sternartige, punktförmige Lichtquelle. Ihrem Aussehen nach konnten es aber keinesfalls normale Sterne sein, da sie über die Leuchtkraft vieler Galaxien verfügten. Deswegen wurden sie Quasare genannt – Quasi Stellare Radioquellen. Einige von ihnen waren scheinbar von einer Staub- oder Gashülle umgeben, während andere anscheinend einen Materieschweif aussandten. Diese eigenartigen Objekte »entpuppten« sich als doppelte Radioquellen, deren Wellen nicht nur vom »Stern« selbst, sondern auch vom Materieschweif ausgestrahlt werden. Es blieb nicht lange verborgen, daß die Quasarstrahlung sowohl im Licht- als auch im Radiowellenbereich Schwankungen unterlegen ist. Weitere Beobachtungen trugen aber eher dazu bei, die Situation zusätzlich zu verwirren. Denn obwohl Quasare das Aussehen von Sternen haben, gleicht ihre Rotverschiebung der von Galaxien. Den Beweis dafür erbrachte der in Holland geborene Astronom Maarten Schmidt vom California Institute of Technology. Die erste Identifizierung von Quasaren geht auf ihre starken Radiofrequenzen zurück. Aber diese Übereinstimmung war wohl rein zufällig, da inzwischen eine Anzahl von Quasaren bekannt ist, die keine Radiowellensender sind. Aufgrund der Auslegung kosmologischer Rotverschiebungen und der Anwendung des Hubbelschen Gesetzes zur Bestimmung ihrer Entfernung müßten viele Quasare ebenso weit von uns distanziert sein wie bekannte Galaxien. Aber bei einer ganzen Reihe ist die Rotverschiebung so enorm, daß sie dementsprechend wesentlich weiter entfernt sein müßten wie jedes bekannte Sternensystem.

Vom Steward-Observatorium in Arizona wurde der Quasar OH 471 aufgespürt, der sich aufgrund seiner Rotverschiebung mit 90 Prozent der Lichtgeschwindigkeit fortbewegen muß. Das heißt: Das Licht dieses Quasars ist ca. 15 Milliarden Jahre bis zu uns unterwegs gewesen! Nach Bekanntgabe dieser Entdeckung schrieb die New York Time daher auch euphorisch:

»Wir sehen den Rand des Universums...«

Wenn sich ein Objekt in solcher Distanz durch ein Teleskop überhaupt ermitteln läßt, muß seine Energie-Abstrahlung die von Kernreaktionen bei weitem übertreffen. Aber da unseres Wissens letztlich nur die Schwerkraft die Kernkraft überbietet, dürfte die Gravitation eine wichtige Rolle spielen.

Konventionellen kosmologischen Ausdeutungen zufolge entsteht die Rotverschiebung von Quasaren durch die Expansion des Universums – durch die Expansion der Raum-Zeit-Struktur. Wie wir bereits gesehen haben, erreicht die Rotverschiebung einiger Quasare – also ihre Fluchtgeschwindigkeit – sogar fast Lichtgeschwindigkeit. Damit werden sie kurz nach dem Beginn des Universums »gesehen«. Denn nach dem Hubbelschen Entfernungsgesetz bewegt sich alles im Universum um so schneller fort, je weiter es entfernt ist. Mit anderen Worten, die Geschwindigkeit nimmt proportional zur Entfernung zu.

Falls Quasare also kosmologischen Ursprungs sind – also mit dem Frühstadium des Universums zusammenhängen –, wären sie die besten Untersuchungsobjekte, um den Kosmos in seinen Anfängen zu studieren, kurz nach dem »Urknall«, dem sogenannten Big Bang, mit dem die Expansion von Raum-Zeit, Energie und Materie einsetzte.

Da die Rotverschiebung von Quasaren für eine ungeheure Entfernung dieser Objekte spricht, sie aber überhaupt erst durch ihre enorme Energie-Abgabe sichtbar werden, stellen sie ein widersprüchliches Energieproblem dar. Um dem auszuweichen, haben einige Wissenschaftler behauptet, Quasare seien *nicht* kosmologischen Ursprungs, sondern einfach blaue Sterne innerhalb der Milchstraße oder wenigstens in deren Nähe. Aber damit ist wieder das Problem der Rotverschiebung offen.

Renommierte Physiker und Kosmologen haben nun versucht, die enorme Strahlungsenergie von Quasaren durch diverse, widersprüchliche Theorien zu erklären. Hier sind einige Beispiele.

- Durch Schwerkraft sammeln sich gewaltige kosmische Gas- und Staubmengen an, aus denen ein neues Sternensystem entsteht. Schon früh bildet sich in seinem Zentrum eine Vielzahl großer, massereicher Sterne, von denen täglich mehrere kurz hintereinander explodieren.
- Während viele Sterne gleichzeitig kollabieren, stoßen sie miteinander zusammen und lösen eine Reihe supernova-ähnlicher Explosionen aus.
- Im Universum befindliche Antimaterie-Wolken reagieren mit der Materie von Quasaren. Antimaterie ist zwar durch Laborexperimente bekannt, aber noch fehlt jeder Hinweis auf größere Antimaterie-Ansammlungen im Universum.
- Im Universum existiert eine bisher noch unbekannte Energiequelle, deren spektakuläres Resultat Quasare sind.
- Quasare sind spezielle Urstoffobjekte aus den Big Bang-Anfängen des Universums.
- Quasare und ihre Rotverschiebungen sind nicht kosmologischen Ursprungs, sondern das Produkt besonderer Gravitationseinwirkungen.
- Schwarze Löcher *implodieren* aus unserer Raum-Zeit

*heraus* und »verschlucken« Materie-Energie. Dagegen *explodieren* Quasare – Weiße Löcher – in unsere Raum-Zeit *hinein* und »speien« Materie-Energie aus.

Sollte sich keine zufriedenstellende Erklärung dafür finden, *was* Quasare und Galaxien unterscheidet, geriete das Gesamtfundament der modernen, beobachtenden Kosmologie ins Wanken. Denn falls Quasare nicht mit der Milchstraße oder wenigstens mit Nachbargalaxien in Verbindung stehen, wäre ihre Rotverschiebung wahrscheinlich doch kosmologischen Ursprungs.

Die Debatte über den Ursprung von Quasaren entflammte 1975 aufs neue, als Dr. James Terrell vom Los Alamos Scientific Laboratory seine Theorie über einige sonderbar blaue, sternähnliche Objekte erläuterte, die in der Nähe der starken Radioquelle Centaurus A entdeckt wurden. Sternensysteme mit starker Radiostrahlung stellen ein ebenso großes Energiephänomen dar wie Quasare. Denn die Radiosignale solcher Galaxien gehen sehr oft mit zwei Radiowellen-»Ausdehnungen« auf den gegenüberliegenden, optisch sichtbaren Seiten Hand in Hand. Damit wird die Vermutung unterstützt, daß durch eine oder mehrere Explosionen geladene Partikel herausgeschleudert werden, die in Wechselwirkung mit den Magnetfeldern dieser Sternensysteme Radiofrequenzen erzeugen.

Überraschenderweise haben die letzten Aufnahmen von Centaurus A bestätigt, daß in einer der Radiowellen-Ausdehnungen »Jetstrahlen« oder Filamente vom galaktischen Zentrum aus »wegschießen«. Gleichzeitig zeigen sich hier auch noch die Abbildungen blauer, sternähnlicher Objekte, wie sie erstmals in einem Sternensystem gesehen werden.

Wenn sich nun die Terrellsche Theorie als richtig erweisen sollte, wäre die Geschwindigkeit, mit der diese blauen Objekte ihre Heimatgalaxie verlassen, so groß, daß sich ihre Bewegung sogar von uns aus verfolgen ließe – wenn nämlich bereits vorliegende Aufnahmen mit solchen verglichen würden, die um das Jahr 2000 gemacht werden.

Die elliptische Riesengalaxie M 87 im Sternbild Virgo (Jungfrau) ist das massenreichste, uns bekannte Sternensystem. Es besteht aus etwa 3600 Milliarden Sternen von Sonnenmasse und ist damit um ein Vielfaches massereicher als unsere Milchstraße. M 87 ist als die Radioquelle Virgo A bekannt. Sie zeigt einen so gewaltigen »Jetstrahl«, daß dieser nicht nur im Radiofrequenzbereich erkennbar, sondern auch optisch sichtbar ist. Computergesteuerte Aufnahmen des Palomar-Observatoriums dienten dem amerikanischen Astronomen Halton Arp, um daran zu demonstrieren, daß der »Jetstrahl« von M 87 eine Anzahl von »Knoten« oder »Kugeln« aufweist und außerdem ein schwacher »Gegenjet« von der anderen Seite der Galaxie projiziert wird. Diese Entdeckung dürfte ein weiterer Hinweis auf Weiße Löcher sein und untermauert zudem die Terrellsche Theorie.

Erst kürzlich hat sich nämlich herausgestellt, daß im Zentrum von M 87 ein überdichtes Objekt sein muß. Damit scheint ein Zusammenhang zwischen der überaus aktiven Energie dieses Objekts und der von Quasaren zu bestehen.

Auch die sogenannten Seyfert-Galaxien müssen in dieser Verbindung gesehen werden. Sie wurden nach Carl Seyfert (1911–1960) benannt, der sie 1943 als Sonderklasse identifiziert hat. Oberflächlich betrachtet, ist zwischen den Seyfert-Galaxien und gewöhnlichen Spiralnebeln, wie z. B. unserer Milchstraße, kein Unterschied. Denn von einem zentralen Kern aus winden sich zwei, von dunklen Gas- und Staubwolken gesäumte Spiralarme mit hellen Sternen zu einer Scheibe nach außen. Im Gegensatz zum Kern eines gewöhnlichen Sternensystems ist der einer Seyfert-Galaxie aber sehr hell und auch kleiner als üblich. In seinem Spektrum werden starke *Emissionslinien* deutlich, während das Spektrum eines gewöhnlichen galaktischen Kerns nur *Absorptionslinien* zeigt. Also wird vom Kern einer Seyfert-Galaxie durch sehr heiße, dort konzentrierte Gase Licht ausgestrahlt. Diese Strahlung ist zudem raschen, unregelmäßigen Schwankungen unterworfen. Astronomen sprechen hier von katastrophalen Prozessen in den Zentren solcher Galaxien. Interessant ist allerdings, daß der Kern einer Seyfert-Galaxie ohne seine Spiralarme nicht mehr von einem Quasar zu unterscheiden wäre. Daher vermuten auch einige Astronomen zwischen den Zentralregionen der Seyfert-Galaxien und Quasaren eine Verwandtschaft.

Generell betrachtet können Quasare in zwei Gruppen aufgeteilt werden, wenn wir die Rotverschiebung einmal außer acht lassen. Die Quasare der einen Gruppe strahlen eine ähnliche Leuchtkraft aus wie helle Galaxien im selben Haufen. Dabei entstammt ihre Energie einer kompakten Quelle, die nicht größer ist als der Kern einer Galaxie.

Quasare der zweiten Gruppe sind im Vergleich kleiner und nachweislich mit bestimmten Galaxien assoziiert oder wurden vielleicht sogar aus deren Zentren herauskatapultiert. Sie leuchten matter als die anderen Quasare und ihr Helligkeitsgrad ist hundertmal schwächer als der ihres zugehörigen Sternensystems.

Diese Tatsache veranlaßte ein finnisches Forscherteam unter Leitung von Dr. T. Jaakkola zu einer interessanten Schlußfolgerung. Ihrer Vermutung nach könnten aus beiden Quasaren-Gruppen unter Umständen Galaxien entstehen: Die aus dem Kompaktstadium der helleren Quasare expandierende Materie könnte sich zu Riesengalaxien formen und die aus den matteren zu Zwerggalaxien.

Möglicherweise wurde kürzlich die Frage beantwortet, ob Quasare nun weit entfernt sind – also ein Relikt der Vergangenheit darstellen – oder in (relativer) Nähe als gegenwärtiges Phänomen betrachtet werden müssen – wenn nicht in der Tat sogar beides darauf zutreffen sollte. Denn Halton Arp, sein Kollege Jack Sudenbic und der italienische Astronom Graziella di Tullio haben den überzeugenden Nachweis erbracht, daß einige Quasare mit nahegelegenen Galaxien assoziiert sind.

Sollten Quasare aber Weiße Löcher von ungeheurer Energie-Ausstrahlung sein – Kosmische »Geisers« –, wäre es einleuchtend, daß sich aus diesem in die Raum-Zeit hinein explodierenden Materiestrom Galaxien bilden.

Der brillante Cambridge Kosmologe Prof. Sir Fred Hoyle hat vor kurzem behauptet, eine absolut definitive Erklärung für das Rätsel der Quasare gefunden zu haben: Nahe beieinanderliegende Quasare müßten ähnliche Rotverschiebungen haben. Cyril Hazard von der Universität Cambridge photographierte sechs untereinander benachbarte Quasare mit sehr unterschiedlichen Rotverschiebungen. Damit würde die rein kosmologische Ausdeutung der Rotverschiebung hinfällig.

Hoyle vertritt nun den Standpunkt, daß Hochgeschwindigkeits-Quasare ununterbrochen in Serien kleinerer »Big Bangs« entstehen. Sie schießen wie Projektile aus »nahegelegenen« Weißen Löchern heraus. Energie und Materie werden von ihnen mit der gleichen »Urgewalt« ausgestoßen, wie sie von Schwarzen Löchern verschluckt werden.

Auch der sowjetrussische Astronom Igor Novikow und sein israelischer Kollege Yuval Ne'eman vermuten in Quasaren riesige Weiße Löcher. Sie könnten die Ausgänge von »Tunneln« sein und Schwarze Löcher am anderen Ende, irgendwo im All, die Eingänge.

Nach einer Meldung im ›New Scientist‹ vom 10. April 1980 sind Radioastronomen des Radioteleskops Effelsberg/Eifel bei der eingehenden Suche nach großen Radiogalaxien und Quasaren auf das bisher größte Objekt dieser Art im Universum gestoßen. Sie haben den Riesenquasar 3C 345 entdeckt, oder vielleicht sollte es besser heißen, ein Weißes Superloch. Die Radiostrahlung dieses Quasars erstreckt sich über 78 Millionen Lichtjahre und ist damit 35mal größer als die Entfernung zwischen der Milchstraße und der Andromeda-Galaxie. Trotz seiner unermeßlichen Distanz von 5000 Millionen Lichtjahren nimmt 3C 345 für uns am Himmel immer noch eine Fläche ein, die dem doppelten Durchmesser des Mondes entspricht.

Demnach müßte es also im Universum Weiße und Schwarze Löcher in allen Größenordnungen geben, mit ihnen Verbindungen, Brücken, ein »Tunnelnetz«, daß die Weißen Löcher mit den Schwarzen verknüpft. Sind diese mysteriösen »Tunnel«, diese »Brücken«, nun nur Hypothese, etwa Science Fiction? Oder gibt es konkretere Anhaltspunkte für ihre Existenz?

# Nachklang der Schöpfung

In einem Vortrag vor der Royal Astronomical Society 1930 in London bezog sich Eddington auf eine Arbeit von Hubble über die Rotverschiebung als Beweis für ein expandierendes Universum. Während eines Forschungsprojekts war ihm zufällig eine längst vergessene Abhandlung von Lemaître in die Hände gefallen, die nun durch die Hubblesche Abhandlung beinahe prophetisch anmutete. Eddington vertrat die Expansionstheorie Lemaîtrescher Vorstellung auch, als Hubble ihn darin nicht unterstützte. Durch weitere Beobachtungen sollte sich aber erweisen, daß Eddington seinen Standpunkt zu Recht vertrat.

Damit sah sich Lemaître völlig unerwartet wieder im öffentlichen Interesse. Aber als »Prophet eines expandierenden Universums« stand er gleichzeitig vor dem Problem, diese Expansion nun auch einleuchtend erklären zu müssen. In seinem von Eddington wieder »entstaubten« Expansionsmodell von 1927 wurde ein ruhendes, für unbestimmbare Zeit statisches Universum vorausgesetzt, bevor die Expansion begann. Lemaître blieb nun nichts anderes übrig, als nach einer neuen Erklärung zu suchen – wenn auch in der Atomphysik, mußte sie trotzdem durch den »Abbé« vertretbar sein. Er fragte sich, ob das Universum anfangs nicht ein Uratom gewesen sein könnte – sozusagen ein kosmisches Ei –, das vielleicht einen Durchmesser von etwa 300 Kilometern hatte, dann explodierte, seine Materie in alle Richtungen schleuderte und die Expansion damit wie ein »Feuerwerk« begann.

Bei allem Wohlwollen für Lemaître war das für den Ästheten Eddington entschieden zuviel. Diese Explosionsidee – diese kosmische Bombe – empfand er als geschmacklos. Gewohnt an ein Universum unveränderlicher Galaxien, ging ihm die Vorstellung einer solchen »Höllenkugel« einfach gegen den Strich. So schrieb er denn auch:

»Da ich nicht umhinkomme, die Frage des Beginns zu erwägen, würde mich die Theorie eines weniger unästhetischen, abrupten Anfangs weit eher befriedigen.«

Die Lösung des kosmologischen Problems sah Eddington in der Atomphysik.

George Gamow (1904–1968), der in Leningrad in Physik promoviert hatte, störte die kosmische Bombe dagegen nicht im geringsten. Er teilte die Auffassung Eddingtons, daß der Werdegang des Universums durch die Atomphysik geklärt werden könnte. Nachdem Stalin die Relativitätstheorie und die Mendelschen Erbgesetze als Lehrstoff verboten hatte, wanderte der unkonventionelle Gamow 1933 nach Amerika aus.

Danach befragt, was ihn bewogen habe, Wissenschaftler zu werden, antwortete er schmunzelnd, »ein kindliches Experiment«. Als er während der Kommunion vom Priester die Hostie erhalten habe, hätte er heimlich ein Stückchen im Mund zurückbehalten und es zu Hause unter dem Mikroskop untersucht. Schon als Knabe ein religiöser Zweifler, sei er nun darauf gekommen, daß es Brot war – nicht Fleisch.

In späteren Jahren erzählte Gamow immer wieder gern, wie der russische Mathematiker Krylow herausgefunden habe, daß der Thron Gottes von der Erde neun

Lichtjahre entfernt sei. Während des russisch-japanischen Krieges 1905 wurde in den orthodoxen Landeskirchen Gott um den Sieg gegen den Feind angefleht. Die Antwort traf ein – nach 18 Jahren. Neun Jahre waren nämlich vergangen, bis die Gebete die göttlichen Ohren mit Lichtgeschwindigkeit erreichten, und weitere neun Jahre, bevor die Antwort mit der gleichen Geschwindigkeit auf der Erde eintraf – als Erdbeben, von dem Japan 1923 heimgesucht wurde.

Seinen Kollegen muß Gamow damals ein bißchen unheimlich gewesen sein. Er war wohl etwas aus der »gewohnten Art« geschlagen. Donnerte er doch auf einem schweren Motorrad zu wissenschaftlichen Konferenzen, und vor seinen mutwilligen Scherzen war eigentlich niemand sicher. Er hatte gerade sein 25. Lebensjahr vollendet, als Hubble die Verknüpfung zwischen Rotverschiebung und Entfernung entdeckte. Während Eddington 1934 auf die Zusammenhänge zwischen den Beobachtungen Hubbles und der Lemaîtreschen Theorie hinwies, war Gamow gerade dabei, diese Theorie neu auszuarbeiten. Für ihn waren Atome ein Produkt der Entstehung des Universums. Die meisten Atome haben eine lange Lebensdauer. Eine Zeitlang wurde das Alter des Universums als unbegrenzt angesehen und das Innere eines Sterns als »Atomschmelztiegel«, in dem unentwegt Atome vergehen und dafür neue entstehen. Diese Theorie wurde noch durch die schon früh einsetzenden Bemühungen unterstützt, im Universum entdeckte Elemente zu registrieren. Dabei ergab sich, daß das leichteste aller Atome – Wasserstoff – im Universum auch am weitesten verbreitet ist.

Gamow war anderer Ansicht. Für ihn bestand hier ein Widerspruch zur Theorie, nach der Atome im Inneren eines Sterns entstehen. Er glaubte vielmehr, daß die unterschiedlichen Mengen der diversen Elemente auf eine ungeheure Explosion nuklearer Art zurückzuführen sein mußten – auf den Big Bang. Er fragte sich nun, ob die Bedingungen, unter denen sich die Elemente in den beobachteten Mengen gebildet hatten, nachvollzogen werden konnten. Wenn das der Fall sein sollte, könnte daraus vielleicht abgeleitet werden, wie das Universum in seinen ersten Augenblicken ausgesehen hat.

Ähnlich wie Lemaître setzte auch Gamow am Anfang ein Universum in hochkomprimiertem Stadium voraus. Darin, daß Lemaître von einem Uratom höchst verdichteter Materie ausging und vermutete, daß sich der Urknall durch Atomspaltung nach dem Prinzip der Atombombe vollzog, unterschied er sich von Gamow. Der nahm an, daß das Universum vorwiegend aus komprimierter Energie und nur wenigen Materiespuren bestand und der Big Bang in Form der Kernfusion einer Wasserstoffbombe erfolgte. Nach Gamows Hypothese explodierte dieses Uratom aus Neutronium in der gewaltigsten Explosion aller Zeiten, im Big Bang. Und daraus entstand in den nächsten fünf Minuten eine Mischung aus Neutronen, Protonen und Elektronen, die Gamow in Anlehnung an Aristoteles – für das Chaos, aus dem die Welt entstand – Ylem taufte.

Da die Temperatur des kosmischen Eis nach der Explosion immer noch unermeßlich hoch gewesen sein muß, vermutete Gamow einen »blitzschnellen« Ablauf der Kernreaktionen, die sich wahrscheinlich schon in den ersten 30 Minuten vollzogen haben. Als die Temperatur danach allmählich absank, zogen die Kerne langsam Elektronen an, und so bildeten sich Atome. Diese Atome ballten sich zu Gaswolken zusammen, die sich rasch voneinander entfernten, und aus diesen Gaswolken entstanden mit der Zeit Sternensysteme.

Gamow konnte zwar die Entstehung von Wasserstoff- und Heliumatomen einigermaßen zufriedenstellend erklären, aber bei den anderen Elementen haperte es dann. Denn als zwei Physiker der Johns Hopkins Universität, Robert Herman und James Follin jr., das Gamowsche Ylem-Modell per Computer bis zur Entstehung der Elemente durchspielten, konnte dieser zwar bis Wasserstoff und Helium noch mithalten, aber dann mußte er passen.

Übrigens: Neuesten Erkenntnissen zufolge entstehen schwerere Elemente aller Wahrscheinlichkeit nach sowohl im Innern von Sternen als auch bei Supernova-Explosionen.

Wenn das Universum am Anfang nun tatsächlich so heiß war, wie Gamow vermutete, könnte dann nicht heute noch eine Restwärme übrig sein, sozusagen ein Nachglühen? Aus seiner Big Bang-Arbeit, die Gamow 1948 mit zwei Wissenschaftlern, Ralph Asher Alpher und Hans Bethe, veröffentlichte, ergab sich jedenfalls die Konsequenz, daß auch heute noch ein Temperaturüberbleibsel des Urknalls als Hintergrundstrahlung vorhanden sein muß. Nebenbei gesagt war es typisch für Gamows Humor, daß er diese Mitarbeiter nach den ersten Buchstaben des griechischen Alphabets ausgewählt hatte. Alpha, Beta – und Gamma.

Im gleichen Jahr, als Gamow seine Big Bang-Theorie veröffentlichte, machten drei englische Astronomen den Ansatz, dem Explosionsmodell eine Konträrtheorie entgegenzustellen. Nicht zuletzt, weil vielen Astronomen die Urknall-Theorie, mit einem Anfang ohne Ende, Unbehagen bereitete. Denn nach wie vor blieb ja die Frage offen, was vorher war – vor dem Anfang. Der in Österreich geborene Hermann Bondi (1919), Thomas Gold (1920) und der inzwischen weltweit bekannte und populäre Sir Fred Hoyle (1915) drückten in ihrem kosmologischen Modell Skepsis gegenüber dem Big Bang aus und die Auffassung, daß das Universum keinen Anfang und kein Ende hat, daß es schon immer existierte und ewig weiterexistieren wird.

Während des Krieges wurden die drei jungen Cambridge-Wissenschaftler von der Admiralität dazu abgestellt, die Entwicklung eines Radarsystems zu unterstützen, das für den Luftwaffenstützpunkt Dunstable, nordwestlich von London, bestimmt war. Aus diesem Grund hatten sie ein Haus in der Nähe des Flugfeldes gemietet, in dem sie im Lauf der Zeit viele Nächte lang über die Beschaffenheit des Universums diskutierten. Hoyle gab die Anregungen zu den Debatten; dem Skeptiker Gold fiel die Aufgabe zu, Hypothesen in Frage zu stellen, und der brillante Mathematiker Bondi analysierte ihre Schlußfolgerungen.

Der unorthodoxe, kreative Hoyle mißtraute feststehenden Ideen und auch dem Big Bang. Er war die treibende Kraft des Teams. Als großer Anhänger von Hubble versuchte er immer wieder, dessen Beobachtungen neu auszudeuten. Die kosmischen Modelle von Lemaître und Gamow waren für ihn unbefriedigend.

Auch das Kriegsende löste diesen Freundeskreis nicht auf. Nach wie vor hielten sie an ihren Zusammenkünften, nunmehr wieder in Cambridge, fest. Eines Abends warf Gold die Frage auf, ob das Universum denn tatsächlich einen Anfang gehabt habe – und auch dann hätte die Materie doch erst einmal entstehen müssen. Konnte sie sich also nicht genauso nach und nach entwickelt haben? Angenommen, die Materie sei unablässig im Raum entstanden und ständig neue Galaxien aus neu geformter Materie würden den Raum zwischen den alten entschwundenen Sternensystemen ausfüllen? Gold war überzeugt, hier ein Argument zu haben. Aber Bondi und Hoyle zeigten sich anfangs nicht weiter beeindruckt. Allerdings versprach Bondi, die mathematischen Hintergründe einmal »durchzuspielen«, wenn er auch eigentlich annahm, auf Widersprüche zu stoßen. Drei Wochen später war er dann soweit, und das Ergebnis sah sogar recht positiv aus.

So entstand das Steady-State-Modell von Hoyle, Gold und Bondi. Es war eine Herausforderung für die gesamte moderne Kosmologie. Denn dieser Theorie zufolge hat sich die Materie des Universums nicht »auf einen Schlag« während des Urknalls gebildet, sondern entsteht kontinuierlich sozusagen aus dem Nichts. Neubildung und Abnahme von Materie müssen dabei möglichst genau übereinstimmen, damit die neu entstehenden Galaxien den Platz der entwichenen wieder einnehmen. Bei unbegrenzter Fortdauer eines solchen Vorgangs behält das Universum für immer das gleiche Aussehen. Egal, wie weit wir in die Vergangenheit zurückblicken oder in die Zukunft schauen, alles bleibt unverändert – es sind zwar andere Galaxien, aber in der allgemeinen Verteilung gleichbleibend. Zudem gibt es bei einer kontinuierlichen Schöpfung weder einen Urknall, noch das sonst unabwendbare Ende des Universums. Wenn sich auch lokale Veränderungsprozesse vollziehen, wie die Geburt und der Tod von Sternen und Galaxien, bleibt das Universum als Ganzes doch unveränderlich. Durch die Anzahl der ständig neu entstehenden Sternensysteme, durch die sich das Universum laufend verjüngt, bleibt auch die Materiedichte des Weltalls immer gleich.

Zur Erklärung eines solchen kontinuierlichen Schöpfungsvorgangs und seiner mathematischen Formulierung entwickelte Hoyle ein neues Feldkonzept – ein sogenanntes C-Feld (C = Creation = Schöpfung). Hoyle zufolge enthält dieses C-Feld negative Energie und wird instabil, sobald es auf normale Materie stößt. Dadurch wird die Produktion neuer Teilchen ausgelöst, aber gleichzeitig auch die negative Energie des Feldes vergrößert. Dieses hypothetische C-Feld hätte genau die Stärke, um zur Aufrechterhaltung eines gleichbleibenden Zustands im Universum ständig neue Materie zu erzeugen. Allerdings wäre die Produktionsrate so gering – nur ein Atom pro Kubik-Kilometer und Jahrhundert –, daß sie praktisch nicht beobachtet werden könnte. Aber sie würde trotzdem ausreichen, um die Entleerung des Universums zu verhindern.

Von Anfang an war klar, daß mit einer kontinuierlichen Schöpfung das Energie-Erhaltungsgesetz verletzt wurde. Denn danach tritt in einem geschlossenen System – in diesem Fall im Universum – *keine* Veränderung im Gesamtmaterie- und Energiegehalt ein. Aber Hoyle, Bondi und Gold hatten hier das Argument, daß der Energie- und Materiegehalt unverändert bliebe – selbst wenn Materie aus dem »Nichts« entsteht –, da sie ja nur den Platz der entwichenen einnähme.

Es blieb also nicht aus, daß sich zwei gegnerische Lager bildeten, die Big Bang-Vertreter und die Steady-State-Anhänger. Die »Big-Bang'er« versuchten der Gegenseite klarzumachen, daß, wenn das Steady-State-Modell zutreffen sollte, sich im Universum mit Hilfe des Teleskops unendlich alte Galaxien aufspüren lassen müßten. Aber extrem alte Sternensysteme blieben unauffindbar. Die »Steady-State'ler« konterten darauf, wenn der Urknall wirklich stattgefunden habe, müßte durch teleskopische Beobachtungen ein um so größerer Unterschied zum heutigen Universum deutlich werden, je weiter sie in die Vergangenheit vordringen und sich dabei immer näher an den Urknall heran»pirschen«.

Als dann in den sechziger Jahren Quasare entdeckt wurden, erhielt die Steady-State-Theorie sozusagen den ersten »Kinnhaken« und wurde nun zum Konversationsunikum. Die Big Bang-Theorie hatte damit die erste Runde gewonnen.

Gamow sah den Big Bang noch im Zusammenhang mit der Entstehung von Elementen. Aber 20 Jahre später gingen einige Wissenschaftler der Universität Princeton von der umgekehrten Voraussetzung aus. Anfang der sechziger Jahre untersuchten sie die Möglichkeit einer Milliarden Jahre anhaltenden Expansion des Universums, das sich dann wieder zusammenzog, kollabierte und danach schließlich explodierte. Nach Ansicht dieser Physiker – Robert Dicke, D. T. Wilkinson, P. J. E. Peebles und P. G. Roll – könnte daraus wieder ein neues Universum entstanden sein. Es wäre damit ein pulsierendes oder schwingendes Universum.

Dicke beschäftigte bei einem solchen Prozeß vor allem die Frage, ob die in einem kollabierenden Universum erzeugte Hitze ausreichen würde, um alle Atome soweit zu zerschmettern, daß in einem neuen Universum keine »Reste« des vorhergehenden mehr übrig wären. Falls jedoch noch Spuren den Big Bang überlebt hatten, wären daraus Rückschlüsse auf das vergangene Universum möglich. Mit einer Explosionstemperatur von einer Milliarde Grad absolut würde sozusagen »reiner Tisch« gemacht – also alle Spuren vernichtet, schätzten Dicke und seine Kollegen. Wenn sie das Problem auch umgekehrt angingen wie Gamow vor ihnen, erzielten sie doch ähnliche Resultate.

Im Rückblick gab Dicke später einmal zu, daß sie ihre Theorie unter »bemerkenswerter Mißachtung« der Gamowschen Erkenntnisse weiter ausgearbeitet hätten. Denn erst bei näherer Untersuchung der theoretischen Voraussetzungen eines durch Hitze erzeugten Urknalls kamen sie darauf, daß die Energiereste einer solchen Explosion – der Strahlungsrückstand – das heutige Universum gewissermaßen als Nachklang durchziehen muß. Eine solche Möglichkeit hatten Gamow und andere Wissenschaftler schon viele Jahre vorher einkalkuliert.

Als Dicke die Idee kosmischer Hintergrundstrahlung erneut in Angriff nahm, unterstützten ihn seine Kollegen Roll und Wilkinson durch den Bau eines Dicke-Radiometers. Dieses Spezialinstrument zur Ermittlung von Mikrowellen hatte Dicke während des Krieges entwickelt. Peebles errechnete inzwischen die voraussichtlichen Ergebnisse. Angenommen, diese Hintergrundstrahlung ging wirklich auf den Urknall zurück, dann war sie die Folgeerscheinung einer sogenannten Schwarzer-Körper-Kurve.

Zur näheren Erläuterung: Ein Schwarzer Körper absorbiert die elektromagnetische Strahlung *aller* Wellenlängen vollständig. Wenn er durch hohe Temperaturen zum Strahlen bzw. Leuchten angeregt wird, sendet er Strahlung aus, deren spektrale Energieverteilung durch das Plancksche Strahlungsgesetz bestimmt wird.

Peebles ging davon aus, daß die aus dem Big Bang vor ca. 18 Milliarden Jahren verbliebene Reststrahlung auch heute noch in Mikrowellen feststellbar sein muß.

Etwa um die gleiche Zeit erhielt ein junger Wissenschaftler der Columbia Universität, Arnold Penzias, von den Bell Telephone-Laboratorien das verlockende Angebot, die Radio Horn-Antenne für Kommunikationszwecke zu vervollständigen, mit dem Versprechen, diese dann später für eigene Forschungsprojekte in der Astronomie verwenden zu können. Ab 1962 arbeitete er dann mit Robert Wilson zusammen, der sich am California Institute of Technology in Astronomie qualifiziert hatte. Die beiden gaben ein vorzügliches Team ab. Denn wo es dem intellektuell großzügigen Penzias vor allem um die großen Zusammenhänge ging und weniger um ermüdende Einzelheiten, war Wilson präzise und in Einzelheiten pedantisch gründlich.

Mit dem Aufkommen der ersten Satelliten 1964 trat die große Wende im Kommunikationswesen ein. Auch die Bell-Laboratorien waren daran mit den Projekten Telstar und Echo beteiligt. In Holmdel, New Jersey, wurde zu diesem Zweck eine lenkbare Radio Horn-Antenne errichtet.

In der Satelliten-Kommunikation spielte die Perfektionierung dieser Radio Horn-Antenne eine besonders wichtige Rolle. Denn je weniger Nebengeräusche im Empfänger zu hören waren, um so besser würde die Satellitenfunkverbindung sein. Penzias und Wilson statteten die Holmdel-Antenne daher mit einem Maser aus, um den bestmöglichen Kompromiß zwischen den gewünschten Empfangssignalen und den vertrakten Nebengeräuschen zu erzielen. Ein Maser (= Microwave Amplification by Stimulated Emission of Radiation = Mikrowellenverstärkung durch induzierte Emission von Strahlung) ist ein Gerät zur Energiespeicherung und Wiedergabe durch ein schwaches Signal auf der richtigen Frequenz.

Nach Beendigung des Telstar-Projekts wollten Penzias und Wilson eigentlich ihren eigenen Forschungen mit Hilfe der Horn-Antenne und des Masers nachgehen. Aber bei Bell war ein Problem aufgetaucht, das es vorerst noch zu lösen galt. Die Ingenieure des Unternehmens brauchten einen zweifelsfreien Nachweis darüber, daß die zur Erde übermittelten Telstar-Signale mit den Spezifikationen genau übereinstimmten. Dazu wurden die exakten Messungen über die Empfängerempfindlichkeit der Horn-Antenne benötigt. Die Wissenschaftler schickten zu diesem Zweck einen Hubschrauber mit einem Mikrowellensender an Bord auf einen Flug um Holmdel und richteten ihre Horn-Antenne darauf aus. Da ihnen die Entfernung des Hubschraubers und die Stärke seines Senders bekannt war, ließ sich die Empfindlichkeit der Antenne ohne Schwierigkeiten errechnen. Aus ihren Aufzeichnungen ergab sich, daß die Antenne den Anforderungen des Telstar-Satelliten voll gerecht wurde.

Penzias und Wilson stießen allerdings auf ein ganz anderes Problem. Im Empfänger war ein ständiges, schwaches Hintergrundgeräusch, das sich nicht erklären ließ. Die automatischen Aufzeichnungen hielten es Tag und Nacht fest, unabhängig davon, wohin die Horn-Antenne ausgerichtet war. Schon seit der Installation des Masers war dieses Hintergrundrauschen ein Problem und hatte zu Streitigkeiten zwischen den Maser- und den Antennenbauern geführt. Jede Partei suchte der anderen den Fehler »in die Schuhe zu schieben«.

Für Penzias und Wilson war dies ein Ärgernis, dem sie nunmehr auf den Grund zu gehen gedachten. Sie zerlegten die Horn-Antenne in alle Einzelheiten und stießen dabei auf ein Taubenpärchen, das sich im Horn eingenistet hatte. Penzias und Wilson verfrachteten die Tiere mit der Firmenpost zur 100 Kilometer entfernten Verwaltung von Bell in Whippany, New Jersey. Doch die Mühe war vergebens. Nach zwei Tagen saßen die Vögel wieder in ihrem alten Nest. Es waren Brieftauben. Aber auch nachdem die Tiere zum zweiten Mal ausgesetzt waren, sank die Temperatur im Horn nur um ein halbes Grad.

Für Penzias und Wilson fing die Arbeit von vorn an. Wieder nahmen sie den schmalen Hals des Horns auseinander, ersetzten Teile und kratzten auch noch fein säuberlich den Taubendreck ab. Umsonst. Auch jetzt verringerte sich das unaufhörliche, fatale Hintergrundrauschen nicht. Das Ganze blieb ein Rätsel. Warum kam aus allen Himmelsregionen dieses gleichmäßige Geräusch? Irgend etwas stimmte nicht. Aber was? Alle bis dahin bekannten Radioquellen konnten ausgeklammert werden, weil sie vorwiegend im Bereich längerer Wellen lagen. Trotzdem existierte die Kurzwellenstrahlung. Die einzige Erklärung war eine Schwarzer Körper-Strahlung. Aber Penzias und Wilson glaubten, daß sie in diesem Fall nicht zutreffen konnte.

Welche Ironie des Schicksals – beschäftigten sich 1964 doch unabhängig voneinander drei Forschergruppen mit dem gleichen Problem, ohne voneinander zu wissen, und tappten alle gleichermaßen im dunkeln. In Holmdel zergrübelten sich Penzias und Wilson die Köpfe über dieses vermaledeite Hintergrundgeräusch ihrer Radio Horn-Antenne. Im kaum 30 Minuten entfernten Princeton starteten Dicke und seine Kollegen eine intensive Suchaktion nach einer kosmischen Strahlung. Indessen hatten die Sowjets bekundet, falls Gamow mit dem Urknall als Beginn des Universums auf der richtigen Spur sei, müsse die einer Schwarzen Körper-Kurve folgende Hintergrundstrahlung das All wie ein Nachklang durchziehen und durch die Holmdel Horn-Antenne aufgefangen werden können.

Die Princeton-Leute hatten keinen Schimmer von der Holmdel Antenne, den sowjetischen Erkenntnissen und Gamows Arbeiten. Gamow wußte wiederum nichts von den Bemühungen der anderen oder den Russen, und Penzias und Wilson hüteten sich ihrerseits wohlweislich, Mitteilungen über ihre Hintergrundgeräusche verlauten zu lassen, die ihnen unter Umständen von »wohlwollender« Kollegenkritik als Versagen ausgelegt werden konnten. Sie »versteckten« ihr Geräuschproblem vorsorglich in der Mitte einer anderen 20 Seiten langen Arbeit. Sollte sich eines Tages herausstellen, daß es für die Geräusche eine wichtige Ursache gab, hatten sie wenigstens darauf hingewiesen. War es aber tatsächlich ein Fehler, wurde er auf diese Weise nicht zu populär.

Gelegentlich eines Treffens hatte Penzias Bernard Burke, einem Wissenschaftler der Carnegie-Institution in Washington, von seinem Geräuschproblem erzählt.

Kurze Zeit später meldete sich Burke bei Penzias und teilte ihm mit, daß er gerade den Vorabdruck der Arbeit eines Princeton-Wissenschaftlers gelesen habe. Hier würde behauptet, daß es möglich sein müsse, das Relikt einer etwa zehn Grad starken Hintergrundstrahlung aus den Anfängen des Universums durch ein Mikrowellen-Radioteleskop zu beobachten. Penzias verschaffte sich die bisher noch unveröffentlichte Arbeit von Peebles. Als er sie gelesen hatte, bat er Dicke, den Leiter des Princeton-Projekts, nach Holmdel. Dieser war ebenso sprachlos über die Ergebnisse der Horn-Antenne wie Penzias und Wilson über die Erkenntnisse des Princeton-Teams. Schließlich kamen sie überein, die Resultate gemeinsam in zwei Artikeln zu veröffentlichen und den »Astrophysical Journal Letters« umgehend zuzuleiten.

Dicke und seine Kollegen umrissen in ihrer Abhandlung die Bedeutung kosmischer Hintergrundstrahlung als Beweis der Big Bang-Theorie. Dabei wurde die immer noch nicht veröffentlichte Arbeit von Peebles mit anerkannt. Penzias und Wilson berichteten ihrerseits über die Messungen der effektiven Zenit-Geräuschtemperatur der Holmdel-Horn-Antenne. Es habe sich ein Wert ergeben, der etwa 3,5 K höher sei, als zu erwarten war. Im begrenzten Bereich ihrer Beobachtungen sei diese Exzeßtemperatur isotropisch, unpolarisiert und nach der Beobachtungsdauer zwischen Juli 1964 und April 1965 auch keinen jahreszeitlichen Schwankungen unterworfen. Die von Dicke, Peebles, Roll und Wilkinson in einem Begleitschreiben zu dieser Ausgabe abgegebene Erklärung treffe möglicherweise auf die beobachtete Exzeßtemperatur zu.

Penzias und Wilson gewöhnten sich nur langsam an die ganze Tragweite ihrer Entdeckung und den damit verbundenen öffentlichen Wirbel. Nur zufällig hatten sie den Nachklang, die Reststrahlung aus dem unvorstellbaren Inferno des Urknalls entdeckt. Damit hatte die Big Bang-Theorie das Steady-State-Modell aus dem Feld geschlagen.

Die beiden Wissenschaftler Penzias und Wilson wurden für die Entdeckung dieser kosmischen Hintergrundstrahlung 1978 mit dem Nobelpreis für Physik ausgezeichnet – für eine kosmische Reststrahlung, die Gamow bereits 1948 in seiner Big Bang-Theorie vorausgesetzt hatte.

# Raumsturm

Wenn es einen Anfang, die Geburt des Universums gab – und das ist ja nach heutiger Auffassung der Fall –, dann werden wir mit der Teilchenphysik konfrontiert. Denn da sich die Kosmologie nicht nur mit dem ganz Großen, dem Makrokosmos, sondern auch mit dem Allerkleinsten, dem Mikrokosmos befaßt, kommt die Korpuskularphysik ins Spiel. Heutzutage bringen uns Experimente in riesigen Beschleunigern oder mathematische Gleichungen, die in unauffälligen Arbeitsräumen entstehen, zu wichtigen neuen Erkenntnissen über die Entstehung und den Aufbau des Universums.

Bei ihrer Suche nach dem Urstoff nähern sich die Physiker immer mehr einem entscheidenden Stadium. Seit Leukippos von Milet (5. Jh. v. Chr.) und sein Schüler Demokrit von Abdera (460 v. Chr.) zum ersten Mal eine Atomtheorie aufstellten, nach der sich Materie aus nicht teilbaren Einheiten zusammensetzt, aus Atomen, zogen beinahe 2500 Jahre ins Land, bis diese Ansicht revidiert werden konnte. Denn erst in unserem Zeitalter wurden mehr und mehr Elementarteilchen und Antiteilchen identifiziert.

Es bedurfte natürlich der entsprechenden technischen Voraussetzungen, um in solch unbeschreiblich kleine Dimensionen vorstoßen zu können. Anfangs wurden Protonen oder andere Teilchen durch Protonen oder andere Teilchen beschossen. Denn man hoffte, durch eine weitere Zertrümmerung dieser winzigen Partikel vielleicht in den Bruchstücken auf einen fundamentalen Kern zu stoßen. Es war ein ungeheurer technischer Aufwand nötig, um die kleinsten Teilchen überhaupt erforschen zu können. So entstanden schließlich die größten Beschleuniger der Welt. Dazu gehört unter anderen auch die 2,3 Kilometer lange *P*ositron-*E*lektron-*T*andem-*R*ingbeschleuniger-*A*nlage, der Petra, in Hamburg, sowie der Protonen-Synchroton-Beschleuniger in Genf. In den Vakuumrohren einiger Beschleuniger wird ein elektrischer »Spannungssog« erzeugt, in den die Elektronen oder Positronen geraten. Dabei werden sie beinahe bis auf Lichtgeschwindigkeit beschleunigt, während sie gleichzeitig immer schwerer werden. Bei annähernd Lichtgeschwindigkeit kann ihre beschleunigte Masse, nach der Allgemeinen Relativitätstheorie, ihre ruhende um das Zehntausendfache und mehr übertreffen.

Das Elektronenvolt ist die Energieeinheit, mit der die »Wucht« der hochbeschleunigten Teilchen gemessen wird – also die Energie, die ein Elektron nach dem Durchlaufen eines Spannungsgefälles von einem Volt erhalten hat.

Wer von uns würde schon erwarten, daß aus Kugeln, die mit Kugeln beschossen werden, neue Kugeln entstehen, statt der zertrümmerten Kugeln. Aber genau das ist in der Hochenergiephysik der Fall. Denn durch den Zusammenprall zweier Protonen können z. B. drei Protonen und ein Antiproton entstehen. Auf diese Weise gelang die Identifizierung von mehr als 200 unterschiedlichen Teilchen, die sich durch die Aufprallenergie materialisierten. Zur größten Verblüffung der Wissenschaftler entdeckten sie also nicht fundamentale Teilchen, sondern einen »Riesenverein« sonderbarer Mitglieder, die nur für Millionstelbruchteile von Millionstelsekunden auftauchten, um sich gleich wieder in Strahlung aufzulösen.

Die Physiker haben es sich nun zum Ziel gesetzt, dieses Heer von Partikeln nach ihren Charakteristiken aufzugliedern, um in diese Unordnung ein grundlegendes System zu bringen. Dazu mußten erst einmal die Reaktionen der Teilchen untersucht werden. Es dauerte nicht lange, bis sich herausstellte, daß diese Teilchen verschiedenerlei Kräfte innehaben, wenn auch nicht jedes alle Kräfte anwendet oder darauf reagiert.

Protonen und Neutronen haben zum Beispiel eine starke gegenseitige Anziehungskraft, durch die sie sich zu Atomkernen von kaum mehr als $10^{-12}$ Zentimeter vereinigen. Die Elektronen werden von den Kernkräften – der Starken Wechselwirkung –, die Neutronen und Protonen im Atomkern »zusammenkitten«, nicht beeinflußt. Denn die Starke Wechselwirkung hat nur eine ganz geringe Reichweite. Die Elektronen halten sich durch die wesentlich schwächeren elektromagnetischen Kräfte relativ weit vom Kern entfernt auf ihrer Bahn.

Teilchen wurden nun danach eingeordnet, ob sie von der Starken Wechselwirkung abhängig sind oder von der Schwachen. Die Schwache Wechselwirkung verkörpert eine weitere Art der Kräfte, die zwischen Teilchen auftreten. Sie ist ähnlich wie die elektromagnetische Kraft, aber ungleich schwächer als diese.

Zur Schwachen Wechselwirkung gehört die sogenannte Familie der Leptonen. Sie besteht aus sechs »Familienmitgliedern«, dem Elektron, dem Muon, Tauon und drei zugehörigen Neutrino-Arten. Die Leptonen werden als elementar betrachtet, das heißt, sie setzen sich nicht aus weiteren »Unterbausteinen« zusammen.

Zur sogenannten Hadronen-Familie aus der Starken Wechselwirkung zählen neben dem Neutron und Proton weit über 200 andere Teilchen. Die uns umgebende Materie besteht zu 99,9 Prozent aus Hadronen.

1964 stellten zwei amerikanische Physiker unabhängig voneinander eine erstaunliche Theorie auf. Murray Gell-Mann und George Zweig behaupteten nämlich, daß drei Teilchen, die *noch* kleiner seien als alle bis dahin beobachteten Elementarteilchen, den Bausatz der Hadronen-Materie bilden. Gell-Mann nannte sie »Quarks« und entlehnte diesen Namen dem Roman »Finnigan's Wake« des irischen Schriftstellers James Joyce. Erst Anfang der siebziger Jahre setzte sich bei Wissenschaftlern die Überzeugung durch, daß jedes einzelne Quark in drei Erscheinungsformen auftritt – sich gewissermaßen in drei »Farben« präsentiert. Zwischenzeitlich läßt sich die »Farbenlehre« der Quarks – die sogenannte Quantenchromodynamik – auch kaum mehr in Frage stellen.

So wie Elektronen nach der Quantentheorie ein elektromagnetisches Feld portionsweise durch die Erzeugung von Photonen produzieren, können diese Photonen durch andere Elektronen wieder absorbiert werden. In anderen Worten: Elektronen »spielen« sich Photonen »wie Bälle« zu.

Ähnlich wie Photonen das elektromagnetische Feld vermitteln, wird das Verhalten der Quarks von der Starken Wechselwirkung bestimmt, welche durch die sogenannten Gluonen vermittelt wird. »Gluon« ist von dem englischen Wort glue = Leim abgeleitet. Diese Gluonen sind auch in der Lage, die »Ladungen« – also die »Farbe« – der Quarks zu verändern. Im Gegensatz zur elektrischen Ladung, die entweder positiv oder negativ ist – also nur eine Eigenschaft hat –, besitzen Quarks deren drei, sie können nämlich blau, rot oder grün werden. Wenn ein rotes Quark beispielsweise ein Gluon auswirft, kann es sich dabei in ein blaues Quark wandeln. In anderen Worten: Das Gluon ist Träger einer positiven roten Ladung und entledigt sich seiner negativen blauen ... Es gibt acht verschiedene Gluonen, die selbst »Farbträger« sind.

Nach der sogenannten Confinement-Hypothese, dem Gluon-Einschlußmechanismus, sind Quarks stets in farbneutraler Kombination aneinander»gekittet«, und zwar in einem solchen Maß, daß keine noch so starke Energie sie auseinanderreißen könnte. Dazu muß noch gesagt werden, daß alle beobachteten Hadronen weißen Quark-Kombinationen zugeordnet werden konnten. Wenn es dabei auch zwei grundsätzliche Möglichkeiten gibt: Entweder kompensieren ein Quark und ein Antiquark ihre Farbe oder drei Quarks summieren sich zu weiß. Aufgrund der Confinement-Hypothese würde sich auch erklären, warum bisher noch nie ein *einzelnes* Quark nachgewiesen werden konnte. Der einzige Hinweis auf Quarks ergibt sich ohnehin durch den Beschuß von Protonen. Ihrem Verhalten nach müßte es nämlich in ihrem Inneren drei kleinere Zonen, »Kerne«, geben – Quarks.

Inzwischen wird vermutet, daß mindestens fünf Quark-Sorten existieren, die nicht nur Farbe haben, sondern auch »Geschmack« (flavor). (Beim Quark ist das nun mal so.) Die fünf »Geschmacksrichtungen« kommen auch noch in drei Farben vor – blau, rot und grün. Sie erhielten die Bezeichnungen auf (up), ab (down), seltsam (strange), Charme (charm) und Grund oder Schönheit (bottom or beauty). Die zwei leichtesten Quarks sind die ›auf‹ und ›ab‹. Sie bilden das Neutron und Proton. Während aber das Proton drei auf-auf-ab-Quarks enthält, sind es im Neutron auf-ab-ab-Quarks.

Der wohl entscheidende Durchbruch in bezug auf die Schwache Wechselwirkung gelang mit einer sogenannten einheitlichen Eichfeldtheorie, mit lokaler Eichinvarianz (Maßunveränderlichkeit) für alle Schwachen und elektromagnetischen Prozesse. Die Schwache Wechselwirkung und die elektromagnetische erleiden zwar keinen Verlust der eigenen Identität in dieser vereinheitlichten Theorie der elektroschwachen Wechselwirkung – bleiben aber als unterschiedliche Erscheinungen eines verallgemeinerten Eichfeldes fest miteinander verbunden.

Können wir nun sicher sein, daß die Quarks wirklich die »Kleinsten der Kleinen« sind? Jedenfalls hat der Oxford Mathematiker Roger Penrose die Physiker in aller Welt im Februar 1981 mit der Meldung elektrisiert:

»Ich habe *den* Urbaustein des Universums gefunden.«

Penrose glaubt, die Fundamentalbausteine des Kosmos wenigstens mathematisch entdeckt zu haben. Er nennt sie Twistoren, abgeleitet von dem englischen Verb to twist = verdrehen, verkrümmen ... Twistoren stellen sozusagen in sich selbst verdrehte, verkrümmte Raum-Zeit dar – gewissermaßen Raum-Zeit-Knoten. Schon Eddington hatte darauf hingewiesen, daß Masse und Energie als Krümmungen des Raum-Zeit-Kontinuums angesehen werden können.

»Der Mensch ist eine Schleife, ein Knoten in der Raum-Zeit«, hat er einmal gesagt.

Wären demnach alle Partikel und Antipartikel etwa nichts anderes als verschiedenartige Krümmungen der Raum-Zeit? Penrose hofft, endgültig beweisen zu können, daß alle bekannten Kräfte – elektromagnetische, Gravitation, Starke und Schwache Wechselwirkungen – ein Ergebnis dieser Twistoren sind. Darunter würden die schwächeren, relativ großen Twistoren die Raum-Zeit-Struktur füllen und die kleineren, starken Twistoren die Bausteine der Materie verkörpern – etwa die Quarks. Selbst so geheimnisvolle Teilchen wie die Neutrinos würden dann aus Twistoren bestehen.

1930 kam der österreichische Physiker Wolfgang Pauli (1900–1958) aufgrund von Untersuchungen der sogenannten Beta-Strahlung als erster auf den Gedanken, daß das Neutrino existieren muß. Übrigens hatte Pauli schon 1924 sein Ausschließungsprinzip entdeckt, demzufolge sich jeweils nur zwei entgegengesetzt rotierende Elektronen auf der gleichen Bahn bewegen dürfen. Für dieses Pauli-Prinzip erhielt er 1945 den Nobelpreis.

Wissenschaftler sind nunmehr der Meinung, daß drei unterschiedliche Neutrino-Arten erzeugt werden bzw. aus den Zerfallsprozessen entstehen, bei denen sich Elektronen und ihre schweren Vettern – Muon- und Tauon-Partikel – bilden. Im Gegensatz zu den stabilen Elektronen tauchen Muonen und Tauonen nur flüchtig in Hochenergie-Kollisionen auf, darunter als Nebenprodukt auch Neutrinos. In bezug auf elektromagnetische Kräfte sind Neutrinos neutral – daher auch der Name – und reagieren nicht auf die Starke Wechselwirkung.

Laborexperimente in Frankreich, der Sowjetunion, der Schweiz und den USA weisen unmißverständlich darauf hin, daß Neutrinos *nur scheinbar* gewichtslose »Gespenster«-Partikel sind, in *Wirklichkeit* aber *doch* ein winziges bißchen *Masse* haben. Dazu stellt der Physiker Carlo Rubbia von der amerikanischen Harvard Universität fest:

»Die kosmologischen Konsequenzen daraus sind absolut phantastisch. Wenn diese Entdeckungen bestätigt werden, ist eine revolutionäre Umstellung in der theoretischen Physik nicht zu vermeiden. Es würde bedeuten, daß Neutrinos im Universum die vorherrschende Materie darstellen und vielleicht genügend Schwerkraft liefern, um die Expansion des Universums schließlich umzukehren und einen Kollaps herbeizuführen.«

Wenn das Universum voll von Neutrinos ist und jedes

einzelne etwas Masse hat, ließe sich eine der großen Fragen in der Kosmologie beantworten, darunter auch die nach der Art des unsichtbaren »Stoffs«, dessen Schwerkraft Galaxien und Galaxienhaufen zusammenhält – und vielleicht sogar das ganze Universum. Neutrinos sind ruhelos und allgegenwärtig. Schätzungsweise durchdringen in jeder Sekunde Hunderte von Milliarden jeden Menschen auf der Welt. Bisher wurde irrtümlich angenommen, daß sie in dreierlei Gestalt auftauchen, keine Masse haben und sich mit Lichtgeschwindigkeit fortbewegen.

Aber neuesten Erkenntnissen zufolge scheinen Neutrinos ständig zwischen diesen drei Stadien zu schwingen und dabei ununterbrochen sozusagen »die Maske« zu wechseln. Diese Oszillation bewirkt eine ständige Masseveränderung – und damit wird bewiesen, daß diese Partikel Masse haben müssen. Wenn sie aber Masse haben, könnten sie sich nicht ganz so schnell wie das Licht fortbewegen und würden durch massive Objekte, wie z. B. Galaxien, eingefangen. Jedenfalls wären mit der Bestätigung dieser neuesten Entdeckungen grundlegende Revisionen der geläufigen Theorien über die Struktur der Materie erforderlich. Nicht zuletzt deswegen haben Berichte über diese Beobachtungen unter Physikern große Aufregung ausgelöst.

Kosmologen sehen in Neutrinos fossile Überreste aus der Anfangsphase des Universums – aus der ersten zehntausendstel Sekunde nach dem Urknall. Natürlich macht die wissenschaftliche Neugier hier nicht halt, sondern möchte sich in ihrem Verständnis der allerletzten oder vielmehr der allerersten Vorgänge bis zum Urknall selbst vortasten. Aber bis zur Stunde Null ist das bislang noch nicht gelungen. Denn hier kommen physikalische Zustände ins Spiel, die unseren derzeitigen Erkenntnisstand vorläufig noch weit überfordern.

Trotzdem wurden Versuche unternommen, ein theoretisches »Geburtsprotokoll« des Universums zu erstellen, das unmittelbar nach dem Big Bang einsetzt – und zwar den $10^{-43}$sten Sekundenbruchteil danach –, eine Zeitspanne, die für die allgemeine Vorstellungskraft nicht mehr faßbar ist. In diesem Protokoll, das natürlich größtenteils auf Spekulationen, auf Hypothesen beruht, wird der Geburtsvorgang des Universums in seinen entscheidenden Phasen dargestellt. Je näher am Urknall, um so kürzer sind diese Phasen, und je weiter von ihm entfernt, umso länger werden sie. Aus der heutigen Sicht führender Kosmologen würde sich das Geburtsprotokoll des Kosmos folgendermaßen darstellen:

0. Urknall vor ca. 18–20 Milliarden Jahren
1. Quantengravitations-Phase — bisher noch keine Erkenntnisse
2. Quanten-Phase — Wahrscheinliche Dauer: eine 100-Millionen-Milliarden-Milliarden-Milliarden-Milliardstel Sekunde. Temperatur $10^{32}$° K.
3. Raumsturm-Phase — zehnquadrillionstel Sekunde nach dem Urknall
4. Quark-Phase — eine milliardstel Sekunde nach dem Urknall
5. Hadronen-Phase — eine millionstel Sekunde nach dem Urknall
6. Leptonen-Phase — etwa eine zehntausendstel Sekunde nach dem Urknall Dauer: knapp eine Sekunde
7. Plasma-Phase — etwa eine Sekunde nach dem Urknall

Danach folgte eine weitere Abkühlungsperiode, bis sich etwa 500 000 Jahre nach dem Urknall Atome zu bilden begannen und schließlich aus Materie und Energie Galaxien entstanden – Sterne, Planeten und Leben.

Die erste Phase, die der Quantengravitation, ist vorläufig wirklich außerhalb unserer Reichweite. Sie hat mit unserer Vorstellung von Raum-Zeit nichts mehr gemein. Hier bleibt nur noch die Vermutung einer einheitlichen Elementarstruktur, aus der sich in den nachfolgenden Phasen eine Art Raum-Zeit herauszukristallisieren begann.

Die zweite, die Quanten-Phase, war nach einer 100-Millionen-Milliarden-Milliarden-Milliarden-milliardstel Sekunde schon wieder vorbei. Sie hinterließ ein Universum, daß höchstens so winzig war wie ein Atomkern. Wenn das für uns überhaupt noch faßbar ist – das gesamte heutige Universum mit seinen Aber-Milliarden Sternensystemen komprimiert auf die Größe eines Atomkerns! Zehn Trillionen unserer Sonne auf weniger als das Volumen eines Protons zusammengequetscht! Aber gerade diese Phase ist wahrscheinlich für die Entstehung unseres Universums von ausschlaggebender Bedeutung gewesen, da sogenannte Quanteneffekte aufgetreten sein müssen. Denn als Konsequenz der Heisenbergschen Unschärferelation tauchen plötzlich Elementarteilchen, sogenannte virtuelle Teilchen, aus dem »Nichts« auf und verschwinden genauso, selbst wenn dies kaum glaubhaft erscheint. Da dieses Mikro-Universum von ungeheurer Energiedichte erfüllt war, konnten die aus dem »Nichts« aufgetauchten »Gespensterteilchen« genügend Energie aufnehmen, um sich zu realisieren ($E = mc^2$).

In der dritten Phase, im Raumsturm, zehnquadrillionstel Sekunde nach dem Urknall, war das Universum schon verhältnismäßig »groß«. Es hätte praktisch in einen Papierkorb gepaßt, denn seine Dichte war unvorstellbar hoch. Vermutlich kam es in der Raumsturm-Phase zu ungeheuren Turbulenzen, die, gemeinsam mit der Expansion, zur Bildung von Materie aus der Raum-Zeit führten – vielleicht zu Twistoren. Wahrscheinlich verursachte dieser Raumsturm »Kräuselungen« in der Raum-Zeit, durch die sogenannte Gravitonen erzeugt wurden. Gravitonen wären die Quanten der Gravitationswellen. Ihnen käme als Gravitationsträgern die gleiche Aufgabe zu wie den Photonen als Lichtträgern. Als Gravitationsträger bewegen sie den Raum. Allerdings konnten bisher noch keine Gravitonen nachgewiesen werden. Der Raumsturm selbst hat sich durch den Materie-Entstehungsprozeß dann wieder gelegt.

Die Temperatur muß zu diesem Zeitpunkt etwa $10^{32}$ Grad Kelvin betragen haben. Unmittelbar danach tauchten die sogenannten Bindekraft-Korpuskeln auf, die anderen drei dem Szenarium zugehörigen Fundamentalkräfte. Dabei führten die Vektor-Bosonen der Schwachen Wechselwirkung, sozusagen deren Feldquanten, den Reigen an. Ihnen folgten die Photonen der elektromagnetischen Kraft, und den Schluß bildeten die Gluonen der Starken Wechselwirkung. Es wird angenommen, daß die vier Fundamentalkräfte – Gravitation, elektromagnetische Kraft, Schwache und Starke Wechselwirkung – bis dahin noch als Einheit auftraten, um sich dann im Bruchteil einer Sekunde von $10^{-10}$ zu trennen.

In der folgenden – der Quark-Phase – eine milliardstel Sekunde nach dem Urknall füllten die Quarks dann das Universum. Die Temperatur war mit $10^{12}$ Grad Kelvin immer noch zu hoch und die Dichte zu groß, um den Quarks z. B. einen Zusammenschluß zu Neutronen, Protonen und anderen Teilchen zu ermöglichen. Als die Temperatur aber auf $10^{11}$ Grad Kelvin gesunken war, konnten sich die Quarks in der fünften Phase zu Hadronen vereinigen – zu Protonen, Neutronen und anderen Teilchen, wobei auch ihre Spiegelbilder, Antiprotonen, Antineutronen und die »Antis« anderer Teilchen, entstanden.

In der Hadronen-Phase, eine millionstel Sekunde nach dem Urknall, setzte sich das Universum bereits zu gleichen Teilen aus Materie und Antimaterie zusammen. Nach einem weiteren Temperaturabfall auf zehn Milliarden Grad zerstrahlten Materie und Antimaterie zu einem großen Teil wieder zu Energie.

In der sechsten, der Leptonen-Phase sind die Leptonen den Materieteilchen durch die Materie-Antimaterie Zerstrahlung um das Milliardenfache überlegen. Elektronen, Positronen, Muonen, Neutrinos, Antineutrinos und Photonen dominieren diese Phase und unterhalten eine gleichmäßige, rege Wechselbeziehung. Die geringe Anzahl der vorhandenen Kernteilchen hat sich bis dahin immer noch nicht zu Kernen verbunden. Nach weiterem Temperaturrückgang ist es für die schwereren Neutronen wesentlich einfacher, sich in die leichteren Protonen zu verwandeln, als umgekehrt. Deswegen überwiegen in dieser Phase die Protonen die Neutronen auch im Verhältnis von 62 zu 38 Prozent. Mit weiterer Abkühlung verändert sich das Verhältnis noch weiter zugunsten der Protonen.

Etwa eine Sekunde nach dem Urknall setzte die siebte Phase, die Plasma-Phase, ein. Als die Temperatur unter drei Milliarden Grad gesunken war, verringerte sich auch die Anzahl der Elektronen und Protonen. Nun konnten sich Reaktionen zwischen Neutronen und Protonen vollziehen, ohne daß sie durch die Hitze gleich wieder getrennt wurden. So kam es zur Bildung von Deuterium aus Protonen und Neutronen, d.h. zu Kernen von schwerem Wasserstoff. Die Kollision zwischen

Deuterium-Kernen und Protonen oder Neutronen führte zur Entstehung von Helium-3 oder Tritium. Inzwischen war die Temperatur bis unter eine Milliarde Grad gefallen. Etwa hundert Sekunden nach dem Urknall, als die Temperatur noch weiter gesunken war, bildeten sich die ersten Helium-4-Kerne. Wasserstoffatome gab es ja in Form von Protonen »schon lange«. Das Universum expandierte weiter und weiter, damit war auch ein stetiger Temperaturrückgang verbunden, in dessen Verlauf die Kernreaktionen erloschen. Von nun an ließ die Temperatur nur noch sehr zögernd nach.

Nach etwa 500 000 Jahren hatte sie dann aber doch einen Grad erreicht, wo sich die mittlere Energie der Photonen so weit vermindert hatte, daß die stabile Anlagerung von Elektronen rings um den Atomkern möglich war. Und damit entstanden Atome – vorerst Wasserstoff- und Helium-Atome. Die schwereren Atome sollten erst viel später in den Sternen und Supernovae der Galaxien entstehen. Etwa 18 Milliarden Jahre nach dem Urknall war es dann Menschen auf der Erde bestimmt, 1965 den Nachklang, die Reststrahlung von 3,5 K aus dem Big Bang aufzuspüren.

Es ist ganz klar, daß nicht alle Kosmologen und Astrophysiker dieses »Geburtsprotokoll« akzeptieren, das hier um der allgemeinen Verständlichkeit willen auch noch in vereinfachter Form wiedergegeben ist. Denn im Grunde ist zu wenig bekannt, zu viel in einem unsicheren Bereich. Zudem ist die Wissenschaft immer noch weit von einer einheitlichen Ansicht über die Natur entfernt, obwohl sich hier nun ein Hoffnungsschimmer abzuzeichnen beginnt. Das ganz Große wird mit Hilfe der Relativitätstheorie untersucht, das ganz Kleine anhand der Quantenphysik. Über den mittleren Bereich gibt es eine Reihe unterschiedlicher Theorien, die auf mehr oder weniger solider Basis beruhen. In der Kosmologie wird die Unvollkommenheit der Wissenschaft aber besonders deutlich.

Mit der Quantentheorie, die den »soliden« Begriff Ursache entmachtete, trat Unsicherheit ein. Denn als Ergebnisse, die sich auf subatomarer Ebene abspielten, plötzlich nur noch als statistische Wahrscheinlichkeit galten, äußerte schon Einstein verunsichert:

»Gott würfelt nicht.«

War die ganze Konzeption einer Kausalität im Universum tatsächlich nur Illusion? Einstein war nur ungern bereit, auf die vollständige Kausalität zu verzichten.

»Doch wenn die Früchte unserer Forschung uns keinen Trost spenden, finden wir zumindest eine gewisse Ermutigung in der Forschung selbst. Die Menschen sind nicht bereit, sich von Erzählungen über Götter und Riesen trösten zu lassen, und sie sind nicht bereit, ihren Gedanken dort, wo sie über die Dinge des täglichen Lebens hinausgehen, eine Grenze zu ziehen. Damit nicht zufrieden, bauen sie Teleskope, Satelliten und Beschleuniger, verbringen sie endlose Stunden am Schreibtisch, um die Bedeutung der von ihnen gewonnenen Daten zu entschlüsseln. Das Bestreben, das Universum zu verstehen, hebt das menschliche Leben ein wenig über eine Farce hinaus und verleiht ihm einen Hauch von tragischer Würde«, sagt der 1933 in New York geborene Harvard-Physiker Steven Weinberg.

Steven Weinberg, Sheldon Glashow und Abdus Salam erhielten 1979 für ihren Versuch, die elektromagnetische Kraft und die Schwache Wechselwirkung in einer einheitlichen Feldtheorie zu erklären, gemeinsam den Nobelpreis für Physik.

Wissenschaftler, die sich mit dem Anfang und der Entwicklung des Universums befassen, spekulieren natürlich auch über sein mögliches Ende. Nach der Allgemeinen Relativitätstheorie hängt es von der vorhandenen Masse ab, ob sich das Universum bis in alle Ewigkeit ausdehnt oder nicht. Denn obwohl die Galaxienhaufen einander entfliehen, geht es darum, ob ihre Geschwindigkeit letztlich ausreicht, um sich aus der gegenseitigen Schwerkraft zu lösen, oder ob sie wie ein hochgeworfener Stein an einem bestimmten Punkt zurückfallen – umkehren.

Unter diesen Umständen würde nämlich der durch die Schwerkraft abgebremste Expansionsprozeß langsamer, sich umkehren und das Universum schließlich zum Schwarzen Loch kollabieren.

1974 veröffentlichten vier Astronomen – Richard Gott III und James Gunn vom California Institute of Technology, sowie N. Schramm und Beatrice Tinsley von der Universität Texas – eine ausführliche Abhandlung darüber, daß unser Universum offen ist und für immer und ewig weiterexpandieren wird. Ihr zusammengefaßtes Beweismaterial begründet sich auf Arbeiten von 64 Astronomen, die das weitere Schicksal des Universums als eine Frage der Materiedichte behandelt haben.

Wenn wir von einem offenen Universum sprechen, ist damit ein »sattelförmiges« gemeint, das sich endlos erstreckt, immer größer und gleichzeitig immer kälter wird. Dagegen verstehen wir unter einem geschlossenen Universum eine Art Superkugel, die zwar endlich ist, aber unbegrenzt.

Die Frage ist nun, ob das Universum genügend Masse zur Erzeugung von Schwerkraft enthält, um es irgendwann in der Zukunft an der weiteren Expansion zu hindern. Das amerikanische Team errechnete, daß selbst die Gesamtmasse aller Galaxien nicht für ein geschlossenes Universum ausreicht. Obwohl viele kosmische Staub- und Gaswolken zwischen den Galaxien vorhanden sind, würden sie nicht genügen, die Expansion aufzuhalten. Die Gott-Gruppe überlegte nun, wo die fehlende Masse zu suchen sein könnte. Etwa in Schwarzen Löchern? Obwohl es sehr schwierig ist, in Schwarzen Löchern »verlorengegangene« Masse zu berechnen, hat sich aus überschlägigen Kalkulationen ergeben, daß auch diese Masse die fehlende nicht aufwiegen würde. Selbst durch die Addition von Schwarzen Minilöchern, Schwarzen Superlöchern in Kugelhaufen und den Zentren vieler Galaxien reicht es immer noch nicht. Davon ganz abgesehen, taucht diese Masse wahrscheinlich sowieso in Weißen Löchern wieder auf.

Viele Kosmologen tendieren aus all diesen Erwägungen heraus zu einem offenen Universum. Aber welches Schicksal wäre ihm dann in ferner Zukunft beschieden? Ein Alptraum.

Wenn auch das Universum immer größer und leerer würde, weil sich die Galaxien ständig weiter voneinander entfernen, blieben die Sternensysteme selbst für sehr lange Zeit unverändert, da sie von der Gravitation zusammengehalten werden. Doch nichtsdestotrotz gingen sie einem schrecklichen Schicksal entgegen. Sterne, die sich heute bilden, würden in $10^{14}$ Jahren verlöschen und schließlich zu schwarzen Zwergen, Neutronensternen oder gar Schwarzen Löchern werden. Materie, aus der sich neue Sternengenerationen bilden könnten, gäbe es nicht mehr.

Unsere Sonne, die Sterne, ja die ganze Milchstraße und andere Sternensysteme würden langsam verlöschen, das Weltall in Schwärze tauchen.

Aber selbst in *diesem* Universum gäbe es eine Weiterentwicklung. Nach $10^{64}$ Jahren würden sich die Galaxien auflösen und ihre Strahlung auf den absoluten Nullpunkt absinken. Supermassive Schwarze Löcher, Neutronensterne und schwarze Zwerge trieben zwischen intergalaktischem Staub und Gas in vollkommener Finsternis dahin. Im Lauf der Zeit vollzöge sich eine Kernfusion aller Elemente, die leichter als Eisen sind, zu schwereren Atomen, bis Eisen als letztes erreicht wäre. Dagegen sind alle schwereren Elemente als Eisen, selbst wenn sie als »stabil« betrachtet werden, letztlich radioaktiv. Sie spalten sich oder geben Alpha-Partikel ab, bis nur noch Eisen übrigbleibt.

Der Princeton Physiker Freeman Dyson errechnete den Halbzeitwert von Eisen mit etwa $10^{500}$ Jahren (ganz richtig, eine 1 mit 500 Nullen!). Wenn wir aber noch ein wenig länger warten, sagen wir $10^{600}$ Jahre, wäre diese Zeitspanne ausreichend, um auch noch die restlichen Sterne zerfallen zu lassen, alle Materie in nuklearen Staub aufzulösen – ausgenommen die der Neutronensterne und der Schwarzen Löcher. Aber selbst die großen Schwarzen Löcher würden nach unvorstellbar langer Zeit schließlich zerstrahlen. Leben gäbe es in *diesem* kalten, trostlosen Universum wohl schon lange nicht mehr.

Aber! – Wenn Neutrinos wirklich soviel Masse haben, wie nach brandneuen Erkenntnissen vermutet wird, könnten *sie* die Expansion in ferner Zukunft abbremsen. Denn Neutrinos stellen den Löwenanteil aller Teilchen im Universum.

Sie würden zwar die Expansion zum »Kältetod« des Universums aufhalten, dafür aber den Kollaps, das Zusammenziehen des Universums einleiten und schließlich zu einer unvorstellbaren heißen Implosion führen, bis zur Singularität – bis zum Schwarzen Loch. Vielleicht sagt Steven Weinberg deswegen auch zur Aussicht »Kältetod« oder »Hitzetod« lakonisch:

»Je begreiflicher uns das Universum wird, um so sinnloser erscheint es auch.«

Aber noch ist nicht alles verloren, denn ein Hoffnungsschimmer bleibt uns. Nach dem Untergang in der Singularität wird das Universum sozusagen wieder neu geboren – in einem Weißen Loch, als neuerlicher Urknall, das hoffen wenigstens einige Kosmologen.

# Die Einstein-Rosen-Brücke

Als Einstein 1933 vor der Nazi-Bedrohung nach Amerika in die Ruhe von Princeton, New Jersey, geflohen war, fand er sich abseits der europäischen Physiker-Philosophen-Szene. Aber er übertrug deren Tradition nach Princeton und zog im dortigen Institute for Advanced Study einen neuen Kreis an, säte erwachendes Interesse, das auf verschiedene Weise Früchte trug, z.B. im Raum-Zeit-Konzept von John Archibald Wheeler. Der 1911 geborene Wheeler wurde zum großen Kenner und Verfechter der Relativitätstheorie und sollte einer der bedeutenden Kosmologen unserer Zeit werden.

»Auf die Dauer hat sich keiner der angeblichen Widersprüche zu den Voraussagen der Allgemeinen Relativitätstheorie bewahrheitet. Keine logische Inkonsequenz wurde je in ihren Grundlagen entdeckt. Und keine anerkannte Alternative von vergleichbarer Klarheit und Tragweite konnte je vorgebracht werden«, sagt Wheeler.

Gemeinsam mit seinem Lehrer Niels Bohr veröffentlichte er im September 1939 eine theoretische Studie über den Kernspaltungsprozeß – über ein »Tropfenmodell« des Atomkerns. Es war die erste und letzte umfassende Arbeit über dieses Thema, die frei im »Physical Review« publiziert wurde, bevor sich der Sicherheitsvorhang über dieses Thema senkte.

Seit 1962 provoziert der Princeton-Physiker nicht nur die Fachwelt durch eine Gemeinschaftsarbeit mit seinem Kollegen Robert W. Fuller, die im »Physical Review« unter dem Titel »Causality and Multiply-connected Space-Time« (Kausalität und vielfach-verbundene Raum-Zeit) erschien. Schon längst hatte Wheeler nach Hinweisen gesucht, die es ihm ermöglichen würden, die Kluft zwischen der Allgemeinen Relativitätstheorie und der Quantenphysik zu überbrücken. Schwarze Löcher – ein Begriff, den übrigens er geprägt hat – müssen nach der Allgemeinen Relativitätstheorie existieren. Wheeler betrachtet sie als eine Art »Treffpunkt« zwischen der Allgemeinen Relativitätstheorie und der Quantenphysik, die *hier* zur Kulmination geführt werden. Aber gerade daraus ergibt sich für ihn auch, daß das Wesen der Raum-Zeit-Struktur nur vom Standpunkt beider Theorien aus betrachtet werden kann.

Aufgrund der Kluft zwischen der Relativitätstheorie und der Quantenphysik wird das Universum von der modernen Kosmologie als relativistische Szene dargestellt, wo Energie und Materie nicht durch die Relativitätstheorie, sondern durch die Quantenphysik bestimmt werden. Wheeler macht mit seiner Quantisierung des Raums nun den Versuch, den Raum mit Hilfe *beider* Theorien, mit der Relativitätstheorie und der Quantenphysik, *gleichzeitig* einzuordnen. Seiner Ansicht nach gibt es in der Physik kein anderes Prinzip mit der gleichen universalen Macht wie die Quantenphysik.

»Je mehr wir ihr nachgehen, um so klarer wird, daß sie das wichtigste Prinzip zu sein scheint, von dem sich alles andere irgendwie ableitet«, sagt Wheeler.

Und in »Der Garten des Menschlichen« schreibt der 1912 in Kiel geborene Physiker-Philosoph Carl Friedrich von Weizsäcker dazu:

». . . Die abstrakte Quantentheorie ist eine allgemeine

Wahrscheinlichkeitstheorie. Wahrscheinlichkeit ist qualifizierte Möglichkeit. Möglichkeit ist hier ein Prädikat zukünftiger Ereignisse, also eine temporale Modalität. Erfahrung ist ebenfalls ein temporaler Begriff; Erfahrung heißt, aus der Vergangenheit für die Zukunft lernen. Objektivierbare Erfahrung ist solche, die der Logik unterliegt. Logik bedeutet die Unterscheidung von richtig und falsch. Logik, angewandt auf Erfahrung, verlangt, daß die Erfahrung in entscheidbaren Alternativen, Ja-Nein-Entscheidungen im Sinne der Informationstheorie, formuliert wird. Die Hypothese besagt also, daß die Grundgesetze der Physik nichts als die Logik objektivierbarer Erfahrung formulieren...«

In der Wheelerschen Theorie ist die Unschärferelation auf Raum-Zeit, Materie und Energie insgesamt erweitert. Die kosmologische Raumgeometrie wird nur als eine Wahrscheinlichkeitstheorie betrachtet – als Summe der Unschärfen aller Raum-Quanten im Universum.

»Der Determinismus ist aus der Kosmologie entfernt worden«, sagt Timothy Ferris in »The Red Limit«. »Die Flucht der Galaxien ist durch den Big Bang nicht absolut festgelegt, wie in den meisten Theorien, sondern bis zu einem gewissen Grad unbestimmt, und ob sich das Universum bis in alle Ewigkeit ausdehnt, hängt von der Quanten-Unschärferelation im Feuerball ab.«

Der Raum besteht für Wheeler aus Raum-Quanten, die er Geonen nennt. Daraus entwickelte er eine neue Wissenschaft, die als Geometrodynamik bekannt wurde. Sie behandelt die Geometrie des gekrümmten Raums bzw. die Dynamik der Geometrie selbst. Da Raum und Zeit gekrümmt sind, müssen sie gewissermaßen Masse haben.

Wheeler sieht die Existenz seiner hypothetischen Raumteilchen, der Geonen, durch die Tatsache bestätigt, daß die Raum-Zeit-Struktur durch die Masse der

Sterne und Galaxien gekrümmt wird. Wenn also der Raum – die Geonen – dem Gesetz der Masse gehorcht, müssen die Geonen Masse haben und daher existieren. In anderen Worten, wenn Raum und Zeit mit Masse reagieren, müssen sie selbst Masse besitzen.

Einstein zeigte, daß es in Wirklichkeit keine sogenannte gerade Linie gibt. Alle Linien sind gekrümmt, wenn man sie entsprechend lange verfolgt. Ein Lichtstrahl, der das gesamte Universum durchquert, bewegt sich in einem vollständigen Kreis und kommt schließlich wieder am Ausgangspunkt an. Damit erklärt sich auch Einsteins berühmter Scherz, daß ein Mensch mit phänomenalem Augenlicht, wenn er lange genug in den Himmel schaut, seinen eigenen Hinterkopf sehen würde. Er müßte allerdings einige Ewigkeiten Geduld haben, bevor das »Licht-Bild« seines Hinterkopfes um das Universum gereist wäre.

Im Universum ist alles mehr oder weniger gekrümmt, ob nun die Raum-Zeit-Struktur oder Sterne und Planeten. Wie jede massive Fläche aus Stein, Holz, Glas oder anderem Material winzige Löcher aufweist, wenn sie stark vergrößert betrachtet wird, vermutet Wheeler auch in der Raum-Zeit-Struktur – in der gekrümmten Geonenwand – winzige Löcher, »Wurmlöcher«, wie er sie nennt. Er hat dazu folgenden Vergleich: In einer Höhe von zehn Kilometern erscheint der Ozean vom Flugzeug aus glatt und unbewegt. Von einem Rettungsboot auf dem Meer wirkt er dagegen extrem uneben, die Wellen brechen sich und Gischt schäumt auf. Vom alltäglichen Standpunkt aus ist der Raum auch eben und glatt. Auf atomarer und nuklearer Ebene erscheint er homogen. Doch wenn wir in Bereiche vordringen könnten, die unter der Größe nuklearer Strukturen liegen, müßte die Raumstruktur wie ein Schwamm oder wie Schaum aussehen.

Die gesamte Raum-Zeit-Struktur wäre nach Wheeler überall von »Wurmlöchern« durchzogen und hätte somit nach den Gesetzen der Geometrodynamik schaumartigen Charakter. Auf der anderen Seite dieser Löcher liegt der Wheelersche Superraum, der durch diese »Wurmlöcher« mit unserem Universum verbunden ist. Innerhalb dieses Superraums existiert weder Raum noch Zeit. Alle Ereignisse in dieser phantastischen Welt würden sich zeitlos, augenblicklich vollziehen. Jede Fortbewegung wäre bereits abgelaufen, wenn sie anläuft. Es wäre sinnlos, zu fragen, ob diese Welt groß oder klein, rund oder eckig, heiß oder kalt ist. Denn unsere bekannten Begriffe und Dimensionen existieren dort nicht. Zukunft und Vergangenheit hätten im Superraum keine Bedeutung. Vor der »American Association for the Advancement of Science« verblüffte Wheeler seine faszinierten Zuhörer mit seiner Beschreibung des Superraums:

»Im Superraum wäre die Frage, was geschieht danach, inhaltlos. Die Worte vorher, nachher und beinahe hätten hier keine Bedeutung mehr, und von einer Anwendung des Begriffs Zeit im üblichen Sinne könnte überhaupt nicht mehr die Rede sein.«

Unser Universum vergleicht Wheeler in der Form mit einem Kranz, auf dessen fester, gekrümmter Oberfläche, die aus unzähligen Geonen besteht, sich alle Galaxien befinden, während der Superraum im Kranzloch liegt. In ihrer Arbeit fragten sich Wheeler und Fuller, ob ein Signal, das sich mit Lichtgeschwindigkeit fortbewegt, von einem anderen Signal überholt werden könnte, das eine viel kürzere Strecke durch ein »Wurmloch« und den Superraum zurücklegt. Würde eine solche zeitlose Reise die Gesetze der Allgemeinen Relativitätstheorie verletzen? Wheeler und Fuller kamen zum Schluß, daß nicht nur solche »Wurmlöcher« aufgrund der Einsteinschen Theorie möglich sind, sondern auch Reisen durch sie hindurch. Sicherlich dachte Wheeler hier an eine sehr wichtige, aber relativ unbekannte Arbeit von Albert Einstein und Nathan Rosen.

Im Sommer 1935 erwarb Einstein in Princeton ein Haus. Er hatte sich nun damit abgefunden, daß er wohl niemals mehr in seine europäische Heimat zurückkehren konnte. Das 120 Jahre alte, nach amerikanischen Begriffen sehr alte Haus lag in 112 Mercer Street, war hinten und vorn von Bäumen gesäumt und hatte einen tiefen Garten. Weiß, wie viele der anderen Häuser, war es durch eine niedere Hecke von der Straße abgeschirmt und barg hinter seinen grünen Läden ruhige Bequemlichkeit. Vor der Veranda mit ihren fünf Stufen war eine Rasenfläche. Im Inneren führte eine breite Treppe in das obere Stockwerk, wo Einstein sein Arbeitszimmer einrichtete. Hier und im Institut hielt er sich am liebsten auf. 112 Mercer Street war es bestimmt, eines der berühmtesten Häuser der Welt zu werden.

Professor Nathan Rosen, sein Mitarbeiter aus jener Zeit, sagte:

»Wenn ich auf unsere Arbeit zurückblicke, dann glaube ich, daß das, was mich am meisten beeindruckt hat, die Einfachheit seines Denkens war und sein Glaube an das menschliche Verstandesvermögen, die Abläufe der Natur zu begreifen. Während seines ganzen Lebens glaubte Einstein daran, daß der menschliche Verstand dazu fähig ist, Theorien zu entwickeln, die eine genaue Beschreibung der physikalischen Phänomene geben konnten. Wenn er seine Theorien aufstellte, so hatte sein Vorgehen etwas mit dem eines Künstlers gemeinsam, er strebte dabei nach Einfachheit und Schönheit (und Schönheit war für ihn schließlich im wesentlichen Einfachheit). Die entscheidende Frage, die er stellte, lautete: *Ist es vernünftig?* Gleichgültig, wie erfolgreich eine Theorie zu sein schien, wenn sie ihm nicht vernünftig vorkam..., war er davon überzeugt, daß die Theorie kein wirklich fundamentales Verständnis der Natur liefern konnte.«

Im gleichen Jahr, 1935, erschien im »Physical Review« die Gemeinschaftsarbeit von Einstein und Rosen unter dem Titel »The Particle Problem in the General Theory of Relativity« (Das Partikel-Problem in der Allgemeinen Relativitätstheorie). Hier vergleichen die Wissenschaftler separate Teile der Raum-Zeit mit Gummilaken, die durch zeitlose Passagen verbunden sind, und nennen sie Brücken. Diese zeitlosen Querverbindungen wurden in Fachkreisen unter dem Begriff Einstein-Rosen-Brücke bekannt.

Das Konzept der Einstein-Rosen-Brücke ist das Ergebnis der grundsätzlichen Einheit von Raum und Zeit, das ja mit den Kern der Einsteinschen Revolution darstellt und unsere moderne Anschauung über das Universum geprägt hat. In der Einsteinschen Arbeit kommen zwei gleichberechtigte Aspekte einer Einheit zum Ausdruck. Wie wir ja wissen, sind Masse und Energie gegenseitig verwandelbar, etwa wie ein Eiswürfel, der sich in Wasser oder umgekehrt wieder in Eis verwandeln kann. Auch Raum und Zeit sind zwei Aspekte einer Einheit – des Raum-Zeit-Kontinuums.

Unser Universum setzt sich demnach aus zwei grundsätzlichen Einheiten zusammen, von denen jede einzelne sozusagen »doppelgesichtig« ist – nämlich aus Masse-Energie und aus Raum-Zeit. Die Wechselwirkung zwischen beiden, durch die Schwerkraft, erklärt auch die verschiedensten Phänomene, wie z.B. die Expansion des Universums, die Krümmung eines Lichtstrahls durch ein massereiches Objekt wie einen Stern und die bizarren Eigenschaften Schwarzer Löcher, die Zeit zu verzerren, zu verschieben.

Kommen wir nun noch einmal auf unser Gummilaken-Beispiel zurück, das hier die Raum-Zeit-Struktur repräsentieren soll. Verschieden schwere, darauf plazierte Kugeln, die hier Sterne verkörpern, verursachen je nach Gewicht tiefere oder flachere Kuhlen. Nehmen wir nun aber einmal den Extremfall an, daß eine sehr schwere Bleikugel auf diesem elastischen Gummilaken immer tiefer einsinkt, bis sich eine Art Röhre, ein vertikaler »Tunnel« bildet. Alles, was sich diesem oben wie einem Trichter geformten Loch nähert, würde unweigerlich hineinfallen, käme aber aus diesem senkrechten Schacht nicht mehr heraus. Damit haben wir das vereinfachte Beispiel eines Schwarzen Lochs. Angenommen, dieser bodenlose Schacht, den das Gewicht der Bleikugel verursacht hat, würde in einer Biegung, einer Krümmung irgendwo zu einer anderen Stelle unseres Gummilakens führen, dann würde die Bleikugel sozusagen durch ein Weißes Loch wieder zum Vorschein kommen. Der Schacht – der Tunnel oder das »Wurmloch« – wäre die Einstein-Rosen-Brücke.

Damit wird klar, was geschehen ist: Die Bleikugel – bzw. die verdichtete Materie des Schwarzen Lochs – hat einen Teil des Universums verlassen, um in einem anderen wieder aufzutauchen. Anstatt sich auf »konventionelle« Weise auf dem »unendlichen« Gummilaken – also in unserer Raum-Zeit – fortzubewegen, hat sie eine direkte, zeitlose Abkürzung über die Einstein-Rosen-Brücke zu einer anderen kosmischen Region benützt. Wenn sich Masse über die Einstein-Rosen-Brücke fortbewegt und in etwa 500 000 Millionen oder gar Milliarden Lichtjahren Entfernung irgendwo wieder auftaucht, muß dieser Raumsprung durch einen Zeitsprung wieder ausgeglichen werden.

Um also noch einmal zusammenzufassen: Einstein und Rosen kamen zur Schlußfolgerung, daß zeitlose

Brücken verschiedene Raum-Zeit-Regionen miteinander verbinden.

Aus diesem Einstein-Rosen-Modell ergibt sich für einige Wissenschaftler, z. B. für Rees, Rufini und Wheeler, das Konzept, daß sich unser Universum in der Struktur mit einem Schweizer Käse vergleichen läßt. John Archibald Wheeler, der seine Geometrodynamik aus der Einstein-Rosen-Brücke und der Quantentheorie ableitet, kommt daher zum Schluß, daß unser Universum von »Wurmlöchern« durchzogen ist, die zu einem zeitlosen Superraum führen.

Einige bedeutende Wissenschaftler, wie Laplace, Schwarzschild, Oppenheimer und unter anderen natürlich auch wieder Wheeler, kamen zur Erkenntnis, daß Schwarze Löcher existieren müssen. Inzwischen konnten sie durch »Detektiv-Satelliten« auch indirekt nachgewiesen werden.

Hawking, Penrose, Hoyle gehen wie andere führende Wissenschaftler von der Annahme aus, daß die in Schwarzen Löchern verschwundene Materie unter bestimmten Umständen durch Weiße Löcher wieder zum Vorschein kommt und Weiße Löcher im Zusammenhang mit Quasaren stehen.

Aufgrund der ersten Berechnungen Schwarzer Löcher durch Schwarzschild glaubte man aber, daß Materie, die in einem Schwarzen Loch verschwindet, zur Singularität zerquetscht wird. Wenn beispielsweise ein hypothetisches Raumschiff mit seiner Besatzung zufällig oder absichtlich in ein Schwarzes Loch eintauchen würde, müßte es *danach* zur Nichtexistenz komprimiert werden.

Aber diese Annahme sollte später durch eine andere wissenschaftliche Abhandlung überzeugend widerlegt werden. Denn der 1963 an der Universität Texas in Austin tätige neuseeländische Astronom Roy P. Kerr wies in seiner Arbeit vom 1. September 1963 eindeutig nach, daß Schwarze Löcher rotieren – und zwar sehr schnell rotieren. Als Konsequenz daraus würden in Schwarzen Löchern Öffnungen entstehen, wie in einem Wasserstrudel – sozusagen ein Loch im Loch.

Soweit nun bekannt ist, dreht sich jeder Stern um die eigene Achse. Beim Zusammensturz eines Sterns verringert sich natürlich der Abstand der Masse von der Achse, und damit erhöht sich die Rotationsgeschwindigkeit. Je weiter der Kollaps fortschreitet, um so größer wird die Umdrehungsgeschwindigkeit. So kann sich z. B. ein Pulsar drei-, viermal oder noch öfter in der Sekunde um die eigene Achse drehen. Da Schwarze Löcher aber wesentlich massiver sind als Pulsare, muß ihre Rotationsgeschwindigkeit auch entsprechend größer sein. Also verfügt jedes Schwarze Loch über Masse und Drehimpuls. Aus Berechnungen geht hervor, daß ein Schwarzes Loch von zehn Sonnenmassen sich etwa 1000mal pro Sekunde um die eigene Achse dreht. Es hätte dabei einen Durchmesser von etwa 60 Kilometern und die durch die Zentrifugalkraft entstehende Öffnung wäre etwa 600 Meter im Durchmesser. Dieses rund 600 Meter breite, passierbare »Loch« würde sozusagen das Eingangstor zur Einstein-Rosen-Brücke darstellen – zur augenblicklichen, zeitlosen Passage zu einer anderen Region unseres Universums (oder zu Paralleluniversen).

Danach kann nicht ausgeschlossen werden, daß rotierende Schwarze Löcher, mit ihrem inneren Ereignishorizont, theoretisch für eine hochentwickelte Raumfahrt-Technologie eine großartige Möglichkeit darstellen könnten, um ohne Zeitaufwand über die Einstein-Rosen-Brücke oder den Superraum interstellare oder gar intergalaktische Reisen durchzuführen.

Allerdings wäre es dazu wohl Voraussetzung, daß ein Raumschiff seine Geschwindigkeit, in einer Kreisbahn um den Schwarzschild-Radius, der Rotationsgeschwindigkeit des Schwarzen Lochs angleichen müßte, um unbeschadet – ohne vernichtet zu werden – in seine Öffnung eintauchen zu können. Bei einem rotierenden Schwarzen Loch von zehn Sonnenmassen müßte das Raumschiff auf etwas über 60 Prozent der Lichtgeschwindigkeit beschleunigen, also auf ca. 187 Kilometer pro Sekunde, um sich der Randgeschwindigkeit des Schwarzen Lochs anzugleichen. Über die Einstein-Rosen-Brücke oder durch den Wheelerschen Superraum würde es, sozusagen vorwärts im Raum und rückwärts in der Zeit, durch einen Raum-Zeitsprung aus einem Weißen Loch an einer anderen Stelle im Universum wieder auftauchen.

Dazu muß hier ganz deutlich gesagt werden, daß die angeführten Möglichkeiten nicht auf wilden Phantastereien, nicht auf abwegiger Science Fiction beruhen. Es geht hier vielmehr um ein Konzept, das durch die Arbeiten, die mathematischen Gleichungen hochqualifizierter Wissenschaftler entstanden ist. Und selbstverständlich stehen diese Möglichkeiten in vollem Einklang mit der Allgemeinen und Speziellen Relativitätstheorie und ergeben sich sogar als Konsequenz.

Das Navigationsproblem solcher Reisen durch Schwarze und Weiße Löcher ist allerdings noch völlig ungeklärt. Auch die Raum-Zeit-Diagramme von Roger Penrose und Brandon Carter oder die Kruskal-Diagramme von M. D. Kruskal, Universität Princeton, die die Möglichkeiten solcher Einstein-Rosen-Brücken-Reisen graphisch darstellten, lösen dieses Problem natürlich nicht. Denn eine Raumschiffbesatzung wüßte ja bei ihrem Eintauchen in ein Schwarzes Loch nicht, an welcher Stelle des Universums sie aus einem Weißen Loch wieder zum Vorschein käme. Aber möglicherweise wäre dieser unbekannte Faktor mit fortschreitender Erkenntnis zu klären.

Vielleicht besteht sogar ein Zusammenhang zwischen der Menge der im Schwarzen Loch kollabierten Masse, der Rotationsgeschwindigkeit und *der Stelle* im Universum, wo das dazugehörige Weiße Loch entstehen muß. Hier könnte eine statistische Wahrscheinlichkeit existieren, die aufzeigt, *wo* Weiße Löcher entstanden sind oder neu entstehen müssen.

Der englische Wissenschaftsautor Adrian Berry umgeht dieses Problem in seiner ›Eisernen Sonne‹, hat aber dafür eine andere, wenn auch sehr ehrgeizige Lösung: Man nehme eine Roboter-Raumflotte, die mit Hilfe eines Magnetfeldes genügend interstellaren Staub und Gas zusammenschiebt – nämlich zehn Sonnenmassen –, bastle daraus in der Nähe unseres Sonnensystems ein Schwarzes Loch und schicke die Roboter auf die Reise. Wenn sie nach dem Sofortunternehmen über die Einstein-Rosen-Brücke aus dem Weißen Loch wieder auftauchen, basteln sie umgehend in der Nähe des Weißen ein neues Schwarzes Loch. Damit wäre Linie 1 der Einstein-Rosen-Brücke für den Verkehr freigegeben!

Aber auch ohne den märchenhaften Kostenaufwand einer Roboterflotte, die sich mit dem Bau eines »synthetischen« Schwarzen Lochs abmüht – und dabei auch noch Gefahr läuft, während der Konstruktionsphase versehentlich mitverdichtet zu werden, gibt es wahrscheinlich genügend natürliche Schwarze Löcher in den Galaxien.

Heute wird vermutet, daß zehn Prozent der Materie, aus der sich neue Sterne in der Milchstraße bilden, auf Sterne mit etwa zehnfacher Sonnenmasse entfällt. Demzufolge gibt es wahrscheinlich eine Milliarde Schwarzer Löcher – Grabstätten vergangener Sterngenerationen allein in unserem Sternensystem. Einige Astronomen gehen sogar von der Voraussetzung aus, daß die Anzahl sehr massiver Sterne in einem früheren Stadium unserer

Milchstraße noch viel größer gewesen sein muß und dementsprechend auch die Zahl daraus verbliebener Schwarzer Löcher. Im Zusammenhang mit Schwarzen Löchern schreibt der Cambridge-Astrophysiker John Gribbin u. a. im Encounter:

»... Wenn wir ein Schwarzes Loch in der Nähe unseres Sonnensystems zur Hand hätten, könnten wir mit unserer derzeitigen Weltraumtechnologie in die Zukunft reisen. Nehmen wir einen couragierten Astronauten, verfrachten ihn in ein Raumschiff und lassen ihn das Schwarze Loch einmal nah umkreisen – natürlich weit genug entfernt, damit er nicht hineingesaugt wird. Während er die Region verzerrter Raum-Zeit durchquert, hätte er den Eindruck, als würde sich draußen im Universum alles beschleunigen. Im Raumschiff selbst wird er nichts Außergewöhnliches merken, vorausgesetzt, er hält sich von den gefährlichen Gezeiteneffekten des Schwarzen Loches fern; aber wenn er aus der Raum-Zeit-Verzerrung wieder herauskommt, wird er merken, daß die Zeit außerhalb schneller verflogen ist als für ihn. Mit einem ausreichend großen Schwarzen Loch und einer entsprechend starken Verzerrung der Raum-Zeit würde das eine Hinfahrkarte in jede zukünftige Zeitspanne bedeuten – nächste Woche, nächstes Jahr, eine Million Jahre in der Zukunft oder nachdem unsere Sonne längst erloschen ist. Das einzige Problem für unseren unerschrockenen Reisenden wäre, wenn er feststellt, daß es ihm nicht gefällt, gibt es für ihn keine Möglichkeit mehr zur Rückkehr.«

Es ist vorläufig natürlich noch eitel Zukunftsmusik Schwarze Löcher oder ihre Raum-Zeit-Verzerrung als eine Möglichkeit für Raum-Zeit-Reisen zu nutzen. Wenn sich auch sicherlich früher oder später ein rotierendes Schwarzes Loch in nicht allzu großer Entfernung von unserem Sonnensystem finden wird, in dessen Öffnung wir Einstein-Rosen-Brücken-Sonden hineinmanipulieren, um sie ihren Weg selbst finden zu lassen. Wenn sie dann je wieder aus einem Weißen Loch auftauchen sollten, könnten sie ihre »Erfahrungen« vielleicht mit Hilfe der *noch* hypothetischen, überlichtschnellen Tachyonen zur alten Erde zurückfunken.

Tachyonen wären Partikelchen, die *nur* mit Überlichtgeschwindigkeit entstehen und die Lichtgeschwindigkeit *nie* unterschreiten. Damit widersprächen sie auch nicht den Grundsätzen der Relativitätstheorie, nach der etwas, das Masse hat, nicht auf Lichtgeschwindigkeit oder gar darüber hinaus beschleunigt werden kann. Denn, wie gesagt, bewegen sie sich ja nur mit Überlichtgeschwindigkeit. Trotzdem sind die hypothetischen Tachyonen problematisch, da bei einer überlichtschnellen Bewegung die Zeit rückwärts läuft. Unsere Auffassung von Ursache und Wirkung müßte unter solchen Umständen natürlich grundlegend revidiert werden, denn die Wirkung liefe hier der Ursache voraus. In anderen Worten, die Sonden würden uns ihre Erkenntnisse über die Einstein-Rosen-Brücke durch Tachyonen zur Erde funken, bevor sie diese zeitlose Passage überhaupt angetreten hätten. Es ist also eine Beruhigung, daß Tachyonen vorläufig nur rein hypothetisch – das heißt, aufgrund mathematischer Berechnungen – existieren. Dem gegenüber sind Schwarze Löcher doch wesentlich »faßbarer«.

»Ich glaube nicht, daß es nur ein einziges Universum gibt. Wenn die Quantenmechanik auf das gesamte Universum angewendet wird, kommt es zu begrifflichen Schwierigkeiten darüber, was mit Messungen gemeint ist. Die sogenannte Everett-Wheeler-Interpretation wäre da ein möglicher Standpunkt. Nach der Quantenmechanik können bei Messungen mehrere Resultate erzielt werden, von denen jedes eine andere Wahrscheinlichkeit hat. Die Everett-Wheeler-Darstellung geht von verschiedenen Teiluniversen aus, wo jeder Teil mit einem anderen, möglichen Ergebnis übereinstimmt – Paralleluniversen.

Die Bezeichnung Schwarzes Loch war ein Meisterstück von Wheeler, denn es stellt eine Verbindung her oder beschwört eine Menge menschlicher Neurosen herauf. Zum Namen Schwarzes Loch entsteht eine psychologische Verbindung – nicht zur mathematischen oder physikalischen Idee, sondern zur Popularisierung. Sie heißen Schwarze Löcher, weil sie mit menschlichen Ängsten, vernichtet oder verschlungen zu werden, in Verbindung gebracht werden. In meiner Karriere haben sie eine große Rolle gespielt, aber sie haben für mich nicht den geringsten psychologischen Zusammenhang. Ich habe keine Angst hineinzufallen, verschluckt zu werden. In gewissem Sinn halte ich mich für ihren Meister«, sagt der Schwarze-Loch-Experte Hawking in einem »Omni«-Interview.

Interstellare oder intergalaktische Reisen durch Schwarze Löcher über Einstein-Rosen-Brücken wären aber sicherlich nur dann sinnvoll, wenn die Aussicht bestünde, außerirdische Zivilisationen zu besuchen, Kontakt mit anderen intelligenten Wesen im All aufzunehmen. Oder sind wir etwa die einzigen, die »Krone der Schöpfung« – sind wir allein?

# Dunkle Begleiter

Die Erde ist einer von neun Planeten, die einen gewöhnlichen Stern umkreisen – unsere Sonne. Diese ist wiederum einer von ca. 150 Milliarden Sternen, die zur Milchstraße gehören, und mit ihren neun Planeten ist sie gewissermaßen in einem Vorort ihres Sternensystems beheimatet. Im Grunde genommen wäre das alles ziemlich belanglos, gäbe es nicht einen gewissen Umstand, der für *uns* von großer Bedeutung ist: Wir können nämlich mit Sicherheit sagen, daß unsere Erde Leben gezeugt hat.

Hier stellt sich nun die Frage, ob Leben, wie wir es kennen, einzigartig ist, sich sozusagen als skurriler Einzelfall der Natur präsentiert, oder ob es nur selten ist, d. h. wenigstens hin und wieder auftaucht, oder ob es eine alltägliche, weitverbreitete Erscheinung ist. Hätten sich die erforderlichen Ursachen, die notwendigen Bedingungen, aus denen Leben auf der Erde entstanden ist, nur ein einziges Mal – sozusagen als Zufall oder Unfall – ergeben, könnten wir mit Recht behaupten, daß das Naturprodukt Mensch eine unvergleichbare Vorrangstellung im Universum einnimmt. Denn die Erde wäre dann der einzige Planet, der Leben produziert hat, und das in einem Universum von Aber-Milliarden Galaxien, deren jede ebenso viele Sterne hat, darunter unzählige, die dunkle Begleiter – Planeten – haben. Es wäre zwar unglaublich, aber nicht einmal ganz ausgeschlossen.

Unter universal einheitlichen Bedingungen, bei gleichartigen Bausteinen des Lebens in einer vergleichbaren Umwelt und bei ähnlichen Entwicklungsstadien wie auf der Erde müßte aber die Wahrscheinlichkeit der Bildung gleichartiger Lebensformen weit größer sein als eine abweichende Entwicklung. Es müssen auf allen Planeten, die einen der Erde ähnlichen Entwicklungsprozeß durchgemacht haben, die Voraussetzungen gegeben sein, ähnliche Lebensformen zu entwickeln.

Wenn wir von der Annahme ausgehen, daß lebende Substanz stets und universal die gleichen Merkmale aufweist wie auf der Erde, läßt sich der Begriff Lebewesen ebenso allgemein festlegen wie die Unterscheidung zwischen lebender und unbelebter Substanz.

Die besten Voraussetzungen zur Definition lebender Substanz, wenigstens nach wissenschaftlichen Kriterien, hätte wohl jemand, der Biologe, Chemiker und Physiker in einer Person ist. Genau das trifft auf Dr. Irene Sänger-Bredt zu. Ihrer Beschreibung nach kennzeichnet sich lebende Substanz sowohl durch innere Systeme des Energie-Stoffwechsels als auch des Informationsaustausches, wobei folgende, grundsätzliche Prozesse ermöglicht werden:

> Form- und Farbwechsel sowie selbständige Bewegung.

a) »Identische Reduplikation« bzw. Selbstverdopplung der Zelle als Grundeinheit lebender Substanz. In vielzelligen Organismen äußert sich dieser Elementarvorgang als Wachstum und Vermehrung.
b) »Modifikation« – also Veränderung von Eigenschaften lebender Individuen, um sich an wechselnde Umweltbedingungen anzupassen.

c) »Mutationen« – das heißt, sprunghafte Veränderungen der Erbmasse, die meist als Folge veränderter Umwelteinflüsse auftreten. Sie können sich nicht nur auf einzelne Gene auswirken, sondern auch ganze Chromosomen, die Anzahl der Chromosomen oder das Protoplasma betreffen, und sind zudem die Voraussetzung für jede »biologische Evolution«.

In der durch die bekannten physikalischen Gesetze bestimmten Natur ist »Leben« diesen Merkmalen zufolge eine Ausnahmeerscheinung, die sich durch eine bestimmte Ordnung – Negentropie – kennzeichnet, und besteht aus einer Folge von instabilen, nicht umkehrbaren Zuständen.

Hier vollzieht sich ein Prozeß, in dessen Verlauf innerhalb eines zeitlich und räumlich begrenzten Systems ein Zustand erhöhter Ordnung – verminderter Entropie – aufrechterhalten wird; und zwar durch laufende Energieaufnahme aus der Umgebung. Das Ausmaß dieser Ordnung – das sogenannte biologische Potential – scheint sich, wenigstens auf der Erde, im Verlauf der Biogenese durch wachsende Differenzierung in den biologischen Individuen laufend erhöht zu haben, bis schließlich die Lebewesen der höchsten Entwicklungsstufe eine Fähigkeit entfalteten, die den Namen Bewußtsein erhielt. Ihre Träger wurden dadurch in die Lage versetzt, vorausplanend zu denken und willkürlich zu handeln – die Abläufe natürlichen Geschehens zu beeinflussen.

Aber ganz davon abgesehen ist die Existenz lebender Substanzen, zumindest unter Verhältnissen wie auf der Erde, an das Vorhandensein ganz bestimmter, komplizierter chemischer Verbindungen gebunden, deren Funktion im Lauf der Evolution unverändert erhalten blieb. Auf der Erde sind Leben und seine Entwicklung von Nukleinsäuren und Proteinen abhängig, die in der Zelle vorhanden sein müssen. Bisher erfolgte das Zusammenspiel dieser beiden Schlüsselsubstanzen nach feststehenden, unveränderlich gebliebenen Regeln. Denn auf alle irdischen Lebewesen trifft der sogenannte genetische Code zu: ein Mechanismus, den chemische Strukturen und Valenzen ermöglichen und der als Informationsträger bei der Fortpflanzung ihre jeweiligen Erbanlagen und genetische Verwandtschaft untereinander bestimmt – ihren »Phänotyp« festlegt.

Nach heutigem Erkenntnisstand entwickelte sich lebende Substanz auf der Erde durch Polymerisation (Vereinigung von Molekülen zu Molekularverbänden) aus organischen Molekülen, die ihrerseits aus anorganischen Molekülen entstanden sind. Diese setzen sich wiederum aus Atomen einer begrenzten Anzahl chemischer Elemente zusammen, wie Wasserstoff, Sauerstoff, Kohlenstoff, Stickstoff, Phosphor, Schwefel, Chlor, Eisen und einigen Leichtmetallen. Im Prinzip konnte die Schwelle zwischen lebloser Materie und lebender Substanz immer dann überschritten werden, wenn zur Proteinsynthese befähigte Nukleinsäuren mit den zur Synthese benötigten Aminosäuren als Bausteinen zufällig zusammentreffen. Vermutlich wurde ein solches Zusammentreffen innerhalb winziger, mit hochpolymeren Molekülen angereicherter Tröpfchen begünstigt, sogenannten Koazervaten, die sich im strahlengeschützten Bereich von Flüssigkeitstümpeln, wahrscheinlich Wasser, bilden konnten. Nachdem sich die ersten Protobionten in den Koazervaten gebildet hatten, entwickelte sich das Leben auf der Grundlage von »trial and error« (Versuch und Irrtum) weiter. Durch ständig wieder auftauchende winzige Ungenauigkeiten in der genetischen Informationsübertragung wurde es zur Bildung immer neuer Varianten angeregt, die entweder lebenstüchtiger waren oder untergingen. So blieben nach dieser natürlichen »Auslese« nur die anpassungsfähigsten Lebensformen übrig.

Da es Leben auf der Erde gibt, müssen die Bedingungen für seine Existenz ja wohl auch geeignet sein. Denn trotz seiner leichten Zerstörbarkeit hat es einen vielseitigen, zähen Selbsterhaltungstrieb. Gibt es doch keinen Schlupfwinkel, den es sich nicht zunutze machen würde; seien es nun die vereisten Gletscher der Pole, wo Milben der Kälte trotzen, oder hitzeflimmernde Wüsten, in denen die mannigfaltigsten Lebensformen ihr Dasein fristen. Ob es nun heiße Quellen sind, in denen Bakterien noch bei 89° C überleben oder unergründliche Meerestiefen, die noch zehn Kilometer unter der Oberfläche Leben aufweisen. Unbeeinflußt von Druckunterschieden treibt es in der höheren Atmosphäre dahin und ist von einer Wandlungsfähigkeit der Formen, die jede Lebensmöglichkeit im weitesten Sinne einbeschließt. Es hat sich mit Antennen, Beinen, Flügeln, Flossen, Fühlern und Köpfen ausgestattet, einfach mit allem, was seinen Fortbestand sichert, und stellt sich seiner feindlichen Umwelt mit unbegreiflicher Zähigkeit. Je »einfacher« die Lebensform, wie z. B. Viren oder Bakterien, umso intensiver ist anscheinend der Überlebensdrang.

Zur Entstehung von Leben bedurfte es einiger fundamentaler »Zutaten«. Voraussetzung war vor allem ein geeigneter Stern mit einem lebensfördernden Planeten, eine Anhäufung schwerer Elemente und viel Zeit.

Heute sind Wissenschaftler der Ansicht, daß sich unsere Sonne aus einer kosmischen Staub- und Gaswolke gebildet hat und die dazugehörigen Planeten aus Materie entstanden sind, die von der Sonne in ihrem Frühstadium abgeworfen wurde. Diese Gas- und Staubwolke, aus der unser Sonnensystem entstanden ist, stammte höchstwahrscheinlich von explodierten Riesensternen, die ihre wertvollen Verschmelzungsprodukte durch diese Explosion als Gas- und Staubwolke in den interstellaren Raum geschleudert haben.

Grund genug zur Annahme, daß auch andere Planetensysteme auf diese Weise entstanden sind und immer noch entstehen. Selbstverständlich besitzt nicht jeder Stern die notwendigen Eigenschaften, um Planeten mit den geeigneten Voraussetzungen zur Entstehung von Leben zu produzieren. Dafür kommen wohl auch nur stabile Sterne der Hauptreihe in Frage, da nur sie über einen ausreichend langen Zeitraum eine gleichmäßige Energieabgabe sichern. Unsere Sonne strahlt zum Beispiel schon seit fast fünf Milliarden Jahren Energie ab und hat noch etwa die gleiche Zeit als stabiler Stern vor sich.

Im Sonnenzentrum, wo die Kernverschmelzung stattfindet, liegt die Temperatur bei etwa 15 Millionen Grad. An ihrer Oberfläche beträgt sie dagegen »nur« ca. 6000 Grad. Heiße Gasblasen steigen ständig von innen an ihre Oberfläche, kühlen ab und versinken nach wenigen Minuten wieder. Dieser Konvektions-Störungsbereich erstreckt sich bis zu 70 000 Kilometer tief in die Sonne.

Wenn sich ein Stern dem Ende seiner Lebensspanne nähert, wird er immer heißer. Ein zu ihm gehöriger Planet, der ursprünglich Leben erhalten konnte, wird damit früher oder später immer unwirtlicher und lebensfeindlicher.

Bei nur einigen Zehnteln mehr Masse hätte sich die Entwicklung der Sonne so schnell vollzogen, daß Leben auf der Erde nicht über das Stadium der Mikro-Organismen hinausgekommen, sondern vorher schon wieder verschwunden wäre.

Ein Stern mit einigen Zehnteln weniger Masse als die Sonne hat zwar eine weit größere Lebensspanne, dafür aber auch eine kältere Oberfläche. In diesem Fall müßte ein Planet seinen Stern in einer engeren Umlaufbahn umkreisen, um in den Genuß der gleichen Energiemenge zu gelangen, wie sie die Erde von der Sonne erhält. Aber nun liefe dieser Planet Gefahr, daß sich seine Rotation durch den Gezeiteneffekt stark verlangsamt. Sein Tag wäre so lang wie ein Teil seines Jahres oder sogar länger als das Jahr selbst. Damit wären dann aber katastrophale klimatische Konsequenzen für den Planeten verbunden. Folglich kann sich ein Stern, der lebensfördernde Planeten (aus irdischer Sicht) im Gefolge hat, nicht allzusehr von unserer Sonne unterscheiden.

Ein lebensgünstiger Planet sollte eine beinah kreisförmige Umlaufbahn um seinen Stern einhalten, damit seine Ökosphäre, seine lebensfreundliche Zone, keinen zu großen Temperaturschwankungen ausgesetzt wird. Eine stabile Planetenbahn wäre also Voraussetzung zur Entwicklung von Leben. Doch die Lebensbildung ist nicht allein vom Orbit eines Planeten abhängig, sondern auch von seiner Größe. Denn kleine Planeten können ihre Atmosphäre durch die geringe Schwerkraft wahrscheinlich nicht lange genug halten, um eine Lebensentwicklung zu gestatten. Von sehr großen Planeten wird dagegen angenommen, daß sie ihre vorwiegend aus Kohlendioxid und Wasserstoff bestehende Uratmosphäre beibehalten. Die Ursache dafür ist in ihrer starken Gravitation zu suchen. Für höhere Lebensformen nach unserer Vorstellung wäre diese Atomsphäre wohl kaum geeignet. Für uns ist Leben von Wasser abhängig, und viele Lebensformen sind außerhalb des Wassers überhaupt nicht denkbar. Darüber hinaus trägt die riesige Wärmespeicherungskapazität der Meere dazu bei, die Erde vor extremen Temperaturschwankungen zu schützen.

Studien frühzeitlichen Felsgesteins haben Wissenschaftler in ihrem Verdacht bestärkt, daß die Uratmosphäre der Erde gegenüber der heutigen sehr unterschiedlich gewesen sein muß. Es wird vermutet, daß diese frühe Atmosphäre keinen freien Sauerstoff enthielt und sich aus Methan, Ammoniak, Wasserstoff, Wasserdampf und vielleicht noch einigen anderen Gasen zusammengesetzt haben dürfte.

1953 simulierten Stanley Miller und sein Lehrer, der Nobelpreisträger Harold Urey, die irdische Uratmosphäre mit ihren Bestandteilen, wie sie vor etwa 4 Milliarden Jahren gewesen sein dürfte. Zu diesem Zweck verwendeten sie ein System geschlossener Glaskolben und Röhren, das von einem kochenden Wasserbehälter zusätzlich laufend mit Dampf versorgt wurde. Diese simulierte Uratmosphäre wurde in einem anderen Teil der Anlage eine Woche lang einem 60 000-Volt-Hochfrequenzfunken – in Nachahmung von Blitzen – ausgesetzt. Nach Beendigung des Experiments stellten Miller und Urey zu ihrer Überraschung fest, daß sich bereits im Verlauf dieser Woche zahlreiche Bausteine der komplexen organischen Moleküle gebildet hatten.

Auch auf der Urerde gab es sicherlich genügend Energieeinflüsse durch Gewitterblitze, Wärmeausstrahlung von Vulkanen, Radioaktivität, ultraviolettes Sonnenlicht, kosmische Strahlung und Schockwellen von Erdbeben und Meteoriteneinschlägen.

Wenn wir überlegen, daß die Miller-Urey-Versuche schon nach so wenigen Tagen Erfolg hatten, während die organisch-chemischen »Laborversuche« der Erde in ihrem Anfangsstadium wahrscheinlich viele hunderte Millionen Jahre dauerten, bevor sich die ersten lebenden Organismen bildeten, haben die Wissenschaftler erstaunlich gut abgeschnitten.

Einfache organische Verbindungen, die Bausteine des Lebens, stellen im Universum anscheinend nichts Außergewöhnliches dar. Denn in den interstellaren Gas- und Staubwolken wurden einige Dutzend organischer Verbindungen durch das Radioteleskop entdeckt. Allerdings ist bisher immer noch ungeklärt, wie sich solche Verbindungen im interstellaren Raum bilden konnten.

Die Entstehung organischer Verbindungen ist zwar eine Sache, aber der Schritt zur Lebensbildung, zur reduplikationsfähigen Substanz, zum genetischen Code der Nukleinsäure – Fortbestand, Vermehrung und Differenzierung – eine ganz andere. Dieser Schritt liegt immer noch im dunkeln. Die Hypothese, biologische Bausteine könnten wie Buchstaben in der Ursuppe herumgeschwommen und dann durch Energiezufuhr »umgerührt« worden sein, bis sich zufällig »Worte« und schließlich »Instruktionen« geformt hätten, ist nicht überzeugend. Zumal ja wohl auch die Zeit nicht ausgereicht hätte, da sich die ersten Lebensformen relativ kurz nach der Entstehung der Erde gebildet haben.

Die ältesten Spuren biologischer Substanz wurden bisher in 3,8 Milliarden Jahre altem präkambrischen Sedimentgestein aus Grönland nachgewiesen. Es ist eben die Frage, wie lange ein Affe braucht, um *rein zufällig* das fünfte Klavierkonzert von Beethoven zu spielen, wenn wir ihm ein Klavier in seinen Zookäfig stellen, auf dem er herumzuklimpern beginnt. Der reine Zufall dürfte für die Entstehung von Leben wohl kaum ausreichen. Selbst wenn wir Präferenzen, also die Bevorzugung von bestimmten Atomen oder Molekülen zueinander, in Erwägung ziehen, gibt es immer noch keine lückenlose Erklärung.

In den vergangenen Jahren wurde der Versuch unternommen, die Lebensentwicklung durch das sogenannte anthropische Prinzip von einem anderen Blickwinkel aus anzugehen. In diesem Zusammenhang sagt der brillante englische Astrophysiker Paul Davies:

»Manche Wissenschaftler sind von der Idee fasziniert, daß unsere eigene Existenz *kein* zufälliges Ereignis sein könnte, sondern von der Präsenz ganz spezieller Umstände abhängig ist. Damit wird unterstellt, daß einige Eigenschaften des Universums, die wir beobachtet haben, sich nicht von der Tatsache trennen lassen, daß wir zu ihrer Beobachtung leben, daß Leben ein sehr heikler Balanceakt auf der Skala des Zufalls ist. Die Wesenheit des Universums wird durch unser Dasein stark eingeschränkt, da es anscheinend zu einer ganz speziellen Klasse gehört. Nämlich zu einer Klasse von Universen, in denen unser Überleben denkbar ist.«

Und der bekannte Münchner Astrophysiker Reinhard Breuer sagt in seinem Buch das »Anthropische Prinzip«:

»Es ist das Weltall, das – weil es so und nicht anders ist – stabile Himmelskörper hervorbringen konnte, stabile Atome, stabile Moleküle. Es ist das Weltall, das – weil es so und nicht anders ist – dem Leben die Milliarden Jahre Entwicklungszeitraum gab, die es zu seiner Evolution unbedingt braucht. Es ist das Weltall, das – weil es so und nicht anders ist – das Leben auf der Erde schützt und zugleich einen ›Entwicklungsfahrplan‹ aufstellt, der außergewöhnliche Ereignisse, die Evolution kräftig vorangetrieben hat.«

Die Amerikaner Robert Shapiro, Chemieprofessor an der Universität New York, und Gerald Feinberg, Physikprofessor an der Columbia-Universität, sind nicht nur anderer Ansicht, sondern halten das anthropische Prinzip in vieler Hinsicht für schlichtweg falsch. In »Life Beyond Earth« stellen sie dem entgegen:

»Wir glauben, daß anthropische Argumente in vieler Hinsicht bedenkliche Fehler aufweisen. Zum Beispiel gehen diese von der Voraussetzung aus, daß nur irdisches Leben existiert und Intelligenz hervorgebracht hat

– eine Ansicht, die sich auf keinerlei reales Beweismaterial stützen kann. Unsere Argumentation ist dagegen: Wenn im Universum viele andere Lebensformen existieren, müßte eine physikalische Veränderung, durch die Leben auf der Erde unmöglich würde, nicht unbedingt alle intelligenten Lebensformen im Universum ausmerzen. Eine derartige Veränderung könnte in der Tat dazu beitragen, einige neue intelligente Lebensformen entstehen zu lassen, die in unserem gegenwärtigen Universum nicht existieren können. In dieser Hinsicht leiden die Verfechter des anthropischen Prinzips unter ernsthaftem Mangel an Vorstellungskraft, um die Konsequenzen alternativer physikalischer Gesetze auszuarbeiten. Einen noch schwerwiegenderen Fehler stellt die dem anthropischen Prinzip zugrunde liegende Logik dar. Danach hängt nicht nur die Existenz intelligenten irdischen Lebens von den Naturgesetzen, so wie sie sind, ab, sondern auch alles andere im Universum. Wir können ebenso mit einer anderen Tatsache beginnen, zum Beispiel mit der Existenz einer Kupfererz-Ader, die in Grönland 300 Meter unter der Erdoberfläche liegt und benutzen das ›Kupferprinzip‹, um daraus abzuleiten, daß die Gesetze des Universums dazu entworfen sind, das Dasein eben dieser Erzader sicherzustellen...«

Den genauen Vorgang der Entstehung irdischen Lebens haben wir aber trotz aller Thesen, sogar vom rein materialistischen Standpunkt, immer noch nicht erkannt. Und doch hat sich Leben auf der Erde entwickelt, sonst würden wir nicht existieren. Wir haben ja bereits festgestellt, daß sich lebende und unbelebte Systeme durch den Grad ihrer Ordnung bzw. Unordnung unterscheiden. Vielleicht ist auch deshalb die These, daß Leben das Ergebnis eines stufenweisen Evolutionsprozesses ist, noch am überzeugendsten. Die essentiellen »Zutaten« des Lebens setzen sich aus einem Fluß von Energie in Wechselwirkung mit einer Gruppierung bestimmter Materie zusammen, um auf diese Weise eine höhere Ordnung zu erreichen; dazu ist jedoch genügend Zeit notwendig zum Aufbau noch komplexerer Strukturen, die schließlich zu einer Ordnung führen, die wir Leben nennen.

Die ersten identischen Reduplikationssysteme entstanden also nicht aus einer Mischung von Molekülen durch ein *zufälliges* Ereignis, sondern als Endprodukt einer Folge von Etappen mit zunehmend komplexerer Anordnung.

Unter den Umweltbedingungen der frühen Erde fanden Reaktionen statt, die neue Verbindungen verursachten und damit die Konzentration von Molekülen in der »Ursuppe« verstärkten. Andere synthetische Verbindungen hatten entgegengesetzte Auswirkungen. Daher würden diese primitiven Katalysatoren und ihre Bestandteile auch eher dazu tendieren, sich in größerem Ausmaß zu bilden, als wenn sie nur durch Zufallsprozesse entstünden. Unter diesen Umständen würde die Bildung von Makromolekülen, die aus wenigen einfachen Einheiten bestehen, leichter zustandekommen. So gelangen dann auch Feinberg und Shapiro zur Überzeugung, daß wir den Gedanken prä-darwinscher chemischer Evolution eine wichtige Voraussetzung entnehmen können: daß die irdische Biosphäre schon *vor* individuellem Leben existierte. Wenn aber die irdische Biosphäre schon *vor* individuellem Leben bestand, sollten wir in Erwägung ziehen, daß die gleichen Möglichkeiten der Lebensentstehung auch anderswo im Universum vorhanden sein müssen.

Halten wir die Bedingungen zur Lebensbildung in den wahrscheinlich zahllosen Planetensystemen unserer Milchstraße und in anderen Galaxien zumindest für möglich, taucht damit gleichzeitig die Frage auf, ob sich auch außerirdische *intelligente* Lebensformen bilden könnten bzw. gebildet haben – oder ob Intelligenz einzigartig und allein auf der Erde durch einen unglaublichen Zufall entstanden ist.

Der Mensch ist nicht das einzige intelligente Lebewesen auf der Erde. Er hat nur einen höheren Intelligenzgrad als z. B. seine Verwandten, die Schimpansen, Gorillas und Orang-Utans. Auch Delphine, Wale, Kraken oder Elefanten und Raben sind sicherlich intelligent.

Wenn lebende Substanz eine höhere Ordnung verkörpert als unbelebte, dann stellt das menschliche Großhirn in seiner komplexen Struktur bestimmt ein besonders hohes Maß an Ordnung dar. In anderen Worten, Intelligenz bedeutet ein höheres Maß der Negentropie als Nichtintelligenz. Trotzdem ist es fraglich, ob höhere Intelligenz gegenüber geringerer vom rein evolutionären Standpunkt aus vorteilhaft ist. Wenn wir Intelligenz mit höheren Überlebenschancen gleichsetzen, zeigt sich, daß z. B. Gorillas und Schimpansen vom Aussterben bedroht sind, Ratten dagegen nicht. Sie sind als Spezis erfolgreicher. Elefanten haben weniger Zukunftsaussichten als Insekten. Natürlich trifft hier das Argument zu, daß nicht zuletzt der Mensch an dieser Entwicklung schuld ist. Aber trotzdem muß festgestellt werden, daß das wohl intelligenteste Lebewesen auf Erden – der Mensch – weniger rosige Zukunftsaussichten hat als z. B. Insekten oder Ratten. Mit der ständig wachsenden Gefahr, daß sich das »intelligenteste« Lebewesen auf unserem Planeten früher oder später selbst ausrottet, ist doch sicher auch die Frage erlaubt, wie groß die Vorteile der Intelligenz in Wahrheit sind. Könnte sie gar in eine evolutionäre Sackgasse führen? Oder – um mit Arthur Koestler zu fragen – ist der Mensch ein Irrläufer der Natur?

Der kritische Punkt, den die Menschheit heute bedauerlicherweise erreicht hat, könnte auf der anderen Seite eine Weiterentwicklung zu einer noch höheren Ordnung einleiten – wenn der Mensch in dieser Übergangsphase nicht untergeht. Meistert er seine selbst geschaffene, *globale* Krisensituation, könnte es den Aufstieg vom Homo sapiens zum Homo superior bedeuten. Katastrophen und plötzliche Umweltveränderungen sollen ja nach Ansicht einiger Wissenschaftler auch zur Entwicklung des Lebens, der Bewußtseinsbildung und Intelligenz beigetragen haben. In anderen Worten, die Herausforderung durch neue Umwelteinflüsse führte schließlich in den höheren Lebensformen zu größerer Flexibilität, durch psychische und physische Veränderungen – Mutationen – der Steuerungsmechanismen.

Besonders in der frühen Geschichte des Lebens häuften sich bedrohliche Situationen. Nach einer Studie, die Michael Hart vom N.A.S.A. Raumfahrtzentrum in Goddart, Maryland, 1978 mit Hilfe von leistungsfähigen IBM-Computern erstellt hat, ergibt sich, daß alles hätte drastisch danebengehen können. Diese Studie ist die bisher ausführlichste ihrer Art, und wenn Hart recht hat, ist die Erde zwei verheerenden Katastrophen nur mit knapper Not entgangen: zuerst einem außer Kontrolle geratenen Treibhauseffekt, in dessen Verlauf die Erdatmosphäre die Sonnenenergie so effizient festgehalten hätte, daß die Temperatur unkontrollierbar angestiegen wäre; dann einer anhaltenden Vereisung, die eine permanente Eiszeit der Erde zur Folge gehabt hätte.

Hart behauptet, die aus dem Innern der neu geformten Erde »ausgeschwitzte« Uratmosphäre habe zu 84,4 Prozent aus Wasserdampf, zu 14,3 Prozent aus Kohlendioxyd, zu 1,1 Prozent aus Methan, zu 0,2 Prozent aus Stickstoff sowie aus kleineren Mengen von Ammoniak und Argon bestanden. Viele Wissenschaftler dürften diese Behauptung als Herausforderung betrachten, da die Zusammensetzung der frühen Atmosphäre immer noch stark umstritten ist. Aber Hart konnte in seiner Studie schließlich erst dann ähnliche Bedingungen, wie sie heute auf der Erde vorherrschen, erreichen, als der Ausgangspunkt der irdischen Uratmosphäre seiner festgestellten Mischung von Gasen entsprach.

Seiner Simulation zufolge war die gesamte Erde nach nur 150 Millionen Jahren von einer geschlossenen Wolkendecke eingehüllt, die für etwa ein Drittel ihrer Geschichte unverändert blieb. Mit den ständig in die Atmosphäre aufsteigenden Gasen wurde der Druck allmählich stark genug, daß sich der meiste Wasserdampf auf der Erdoberfläche kondensieren und in gewaltigen Niederungen zu Ozeanen sammeln konnte. Kohlendioxydgas begann sich in den Urmeeren aufzulösen und wurde von Gestein aufgenommen. Das Ergebnis war eine fast völlige Veränderung der irdischen Gashülle zu Methan und anderen Kohlenwasserstoffen, die in atmosphärisch-chemischen Reaktionen erzeugt wurden.

Schon sehr früh in der Erdgeschichte tauchten die ersten lebenden Organismen in den Urmeeren auf. Aber gerade zu diesem Zeitpunkt steuerte die Erde einer Katastrophe entgegen, die das kaum erwachte »Leben« wieder auszulöschen drohte. Die Kohlenwasserstoff-Atmosphäre ließ Sonnenenergie zwar eindringen, erschwerte es der Erde aber durch die dichte Wolkenhülle, diese wieder in den Weltraum zurückzustrahlen. Mit der ständigen Energiespeicherung in der Atmosphäre stieg natürlich auch die Oberflächentemperatur in zunehmendem Maß. Damit wäre der Erde normalerweise ein ähnliches Schicksal beschieden gewesen, wie ihrem Schwesterplaneten Venus – lebensfeindliche, sehr heiße Oberflächentemperaturen und eine vorwiegend aus Kohlendioxyd bestehende Atmosphäre. Heute wären in der höheren irdischen Atmosphäre Wolken aus Schwefelsäure und auf der Erdoberfläche hätte der atmosphärische Druck die hundertfache Stärke.

Vor etwa 3,7 Milliarden Jahren lag die Oberflächentemperatur bei 317° Kelvin. Dann hörte sie plötzlich auf, weiter zu steigen. Nach Hart entwickelten sich zu dieser Zeit Organismen, die der Photosynthese fähig waren. Ein Prozeß, bei dem Organismen die Energie des absorbierten Lichts der Sonne neutralisieren und so aus organischen Substanzen Kohlenhydrate als Nahrung produzieren. Dabei wird Sauerstoff freigegeben. Sobald dieser Sauerstoff erst einmal in die Atmosphäre gelangt war, begann die Oberflächentemperatur sehr schnell zu sinken.

Als dann vor etwa 2,8 Milliarden Jahren die Wolkenhülle verschwand und damit die Temperatur sehr abrupt und drastisch herunterging, kam es zur Bildung enormer Eisflächen. Wenn sie mit Schnee bedeckt sind, reflektieren sie besonders stark. Während sie die Erde langsam überzogen, kam es zu einem weiteren Abkühlungsprozeß, da mehr und mehr Sonnenenergie in den Weltraum zurückgestrahlt wurde. Theoretisch hätte diese Vereisung in einem Maß fortschreiten können, daß die Erde einer irreversiblen Auskühlung erlegen wäre. Aber vor 2 Milliarden Jahren änderte sich die Atmosphäre in eine oxidierende.

Hier wird die Hartsche Studie sogar durch geologisches Beweismaterial untermauert. Denn erst vor 420 Millionen Jahren enthielt die Atmosphäre der Erde genug Sauerstoff, um eine ausreichende Ozonschicht zum Schutz der Erde vor den gefährlichen ultravioletten Strahlen der Sonne zu bilden. Jetzt erst konnte sich Leben aus den Meeren über die Kontinente erstrecken.

Mit fortschreitender Evolution des irdischen Lebens wurde neben der Bildung des Gehirns auch ein körpereigener Thermostat in den Warmblütern von ausschlaggebender Bedeutung. Denn nunmehr erhielten die biochemischen Prozesse im Organismus durch einen ständigen reibungslosen Temperaturausgleich eine Unterstützung, die seine Höchstleistung gewährleistete.

Für vielzellige Organismen bedeutete die Bildung des Gehirns eine entscheidende Stufe auf der Leiter zur höheren Fortentwicklung. Mit der Entstehung eines Kontroll- und Koordinationssystems erhielten sie die Fähigkeit, lebenswichtige Informationen im Organismus zu übermitteln und entgegenzunehmen. Diese Befehls- oder Steuerzentrale in Form von Nervenballungen überträgt Nervenimpulse über Nervenleitungen an die Zellverbände. Mit diesen Nervenzellen wurde gleichzeitig die Grundlage des menschlichen Gehirns, des Hirnstamms, geschaffen. Von diesem anatomisch untersten und auch ältesten Teil des Gehirns werden sowohl die lebenswichtigen Stoffwechselfunktionen gesteuert, als auch die Aktivitäts- und Ruhephasen des Organismus reguliert. Das Potential des Gehirns, seine Möglichkeiten steigern sich mit der Struktur, Form, Größe und dem Gewicht.

Vor etwa einer Milliarde Jahren hatte sich dann in den höheren Tierarten die Entwicklung des Zwischenhirns vollzogen. Hier wurde von nun an instinktive Verhaltensweise gespeichert. Und damit sind im menschlichen Zwischenhirn jahrmillionenalte vererbte Verhaltensmuster »eingraviert«, die unsere Denk- und Handlungsweise unbewußt beeinflussen. Hier werden auch ständig neu hinzukommende Verhaltensdaten gespeichert und verarbeitet.

Mit der Bildung des Großhirns vor rund 500 Millionen Jahren hat die Evolution ihren bis dahin wohl bedeutendsten Schritt vollzogen. Die etwa drei Millimeter dicke Großhirnrinde mit ihren über zehn Milliarden Nervenzellen ist das Fundament von Vernunft, Unvernunft und persönlicher Identität. In großen Partien der Großhirnrinde fehlt bisher die Programmierung von Verhaltensmustern – sie sind ungenutzt, leer. Damit stellen sie eine wichtige Reserve dar für die Konfrontation mit neuen Umwelteinflüssen und zukünftigen Erfahrungswerten. Sicherlich haben sich maßgebliche Veränderungen des Gehirns nicht zuletzt durch Erfahrungsreize ergeben, da einschneidende, drastische Erlebnisse im Gehirn biochemische Reaktionen auslösen, durch die im Lauf der Zeit neue Nervenverbindungen – Synapsen – entstehen.

Der englische Anatomieprofessor J. Z. Young von der Universität London sagt in »An Introduction to the Study of Man«:

»Die Entwicklung des Gehirns ist selbstverständlich ein hervorstechendes Merkmal von Primaten und kann sehr wohl die Folge der Erfordernisse für das Leben in den Bäumen gewesen sein und ermöglichte dann die Entwicklung der Kommunikation. Bei dem Versuch, solche Sequenzen von Ursache und Wirkung in der Evolution aufzuspüren, isolieren wir in Wirklichkeit die Populationen von den Bedingungen, unter denen sie leben. Das Primatenhirn wurde größer und besser; denn da es bereits gut war, lieferte es Material, das durch Mutation und Selektion weiter verbessert werden konnte und das Leben in den Bäumen begünstigte.«

Heute wird vermutet, daß sich vor etwa acht bis zehn Millionen Jahren eine wichtige Weggabelung in der Entwicklung des Lebens auftat. Die eine Strecke sollte zu den Menschenaffen führen, die andere über den Australopithecus afarensis – einen etwa 1,20 m großen, zierlichen Zweibeiner –, zum Homo habilis, der bereits Werkzeuge benutzte. Ihm folgten der Homo erectus, dann der Cro-Magnon-Mensch mit seinen erstaunlichen prähistorischen Höhlenmalereien, bis der heutige Mensch, der

Homo sapiens, als vorläufig letztes Glied in dieser Reihe erschien.

»Dürfen wir glauben«, sagt Young, »daß eine allmähliche Evolution seiner Kooperationsgewohnheiten stattgefunden hat, seiner Sprache, seines Selbstbewußtseins, seines Gewissens, seiner Religion, seiner Kunst und seiner Erzeugnisse? In dem einen Fall, wo es Beweise gibt, muß die Antwort *ja* lauten – nämlich bei den Erzeugnissen. Hier gibt es eine ununterbrochene Reihenfolge vom ersten afrikanischen Steinwerkzeug vor etwa zwei Millionen Jahren oder länger, bis zu den Flugmaschinen und Raketen unserer Tage. Die Entwicklung der Sprache steht sicher mit der von Werkzeugen in Verbindung, aber wie eng, wissen wir nicht, besonders in den Frühstadien ... Wir nennen die Folge von Veränderungen, die eintraten, als sich Populationen ihrer veränderten Umwelt anpaßten, Evolution. Auch die Menschheit ist eine dieser Populationen, die sich aus diesem Prozeß entwickelt hat.«

Wenn wir also intelligente Lebensformen auf der Erde als Resultat eines evolutionären Prozesses betrachten, müßten wir eigentlich auf jedem dafür geeigneten Planeten unter bestimmten Umständen intelligentes Leben voraussetzen. Zeitgemäßen Theorien zufolge werden Planeten nicht als etwas Außergewöhnliches angesehen, da sie durch physikalische Prozesse im Zusammenhang mit der Entstehung der meisten Sterne erzeugt werden. Eine wahrscheinliche Ausnahme bilden hier nahe beieinanderliegende Doppelsterne, da die Formierung von Planeten durch die Gegenwart eines massiven Objekts in der Nähe möglicherweise beeinträchtigt würde. Auf Doppelsterne, die weit auseinanderliegen, träfe das wahrscheinlich nicht zu.

Es gibt bereits einige Beweise dafür, daß ein paar Sterne in unserer Nachbarschaft dunkle Begleiter mit sich führen. Aber mit dem gegenwärtig zur Verfügung stehenden technischen Instrumentarium ist es nicht möglich, die Planeten anderer Sterne direkt zu beobachten. In den letzten Jahrzehnten analysierten vor allem der amerikanische Astronom Peter van de Kamp und auch sowjetrussische Astronomen des Pulkovo-Observatoriums bei Leningrad die Bahnunregelmäßigkeiten und Helligkeitsschwankungen einiger Nachbarsterne. Dabei stellten sie fest, daß die Abweichungen dieser Sterne nur auf dunkle Begleiter – höchstwahrscheinlich Planeten – zurückzuführen sind.

Zur jüngsten Entwicklung auf diesem Gebiet kam es aber erst im Herbst 1980. Astronomen des Sproul-Observatoriums und des Naval-Observatoriums in Flagstaff, Arizona, gaben gleichermaßen bekannt, daß es ihnen gelungen sei, fünf entfernte Sterne mit jeweiligen Planeten zu identifizieren.

Die Ermittlung der Häufigkeit lebensfreundlicher Planeten in Planetensystemen stützt sich vorläufig auf Schätzungen nach bestimmten physikalischen Voraussetzungen. Dabei müßte allerdings berücksichtigt werden, daß sich nur Sterne eines bestimmten Spektraltyps, aus unserer Sicht, für lebensfördernde Planeten eignen. Die Masse, Leuchtkraft und Lebensdauer dieser Sterne dürfte sich demnach nicht zu gravierend von der unserer Sonne unterscheiden. Es kämen also Sterne mit einer Oberflächentemperatur zwischen 4000° bis 7000° Kelvin in Frage, deren Lebensdauer zwischen vier und 30 Milliarden Jahren liegt, das heißt, alle Sterne der Hauptreihe des Hertzsprung-Russell-Diagramms von F5 über G und K bis zu M1. Unsere Sonne gehört übrigens der G-Klasse an.

Zusammenfassend: Planeten müssen bestimmte Voraussetzungen erfüllen, um ähnliches Leben wie auf der Erde aufweisen zu können. Die Masse des Planeten darf dabei weder zu klein noch zu groß sein, außerdem muß seine Atmosphäre biologischen Stoffwechsel ermöglichen und das Verhältnis zwischen Fliehkraft und Schwerkraft so ausgeglichen sein, daß diese Atmosphäre aufrechterhalten bleibt. Zusätzlich wären ausgedehnte Flüssigkeitsbereiche – also eine Hydrosphäre – auf der Planetenoberfläche notwendig und Temperaturen, die weder zu extrem noch zu großen Schwankungen unterworfen sind. Weitere Voraussetzung wäre ein ausreichend starkes Magnetfeld, um harte kosmische Strahlung abzufangen. Und selbstverständlich müßte die Ökosphäre des Planeten über eine hinreichend lange Lebensdauer verfügen.

Bei sehr zurückhaltender Schätzung und unter Ausschluß von Doppel- und Dreifach-Sternensystemen müßten wenigstens zehn Prozent aller Sterne in unserer Milchstraße lebentragende Planeten mit sich führen. Das gleiche trifft sicherlich auch auf andere Galaxien zu.

Wenn wir also in der Milchstraße, ganz konservativ geschätzt, 150 Milliarden Sterne voraussetzen (wahrscheinlich liegt die Zahl eher bei 250 Milliarden) kommen wir bei zehn Prozent auf 15 Milliarden Sterne, die innerhalb ihrer Ökosphäre von wenigstens einem Planeten begleitet werden. Gehen wir nun von der Voraussetzung aus, daß von diesen 15 Milliarden Planeten lediglich ein Drittel Leben produziert hat, gäbe es immer noch 5 Milliarden Planeten mit außerirdischen Lebensformen. Wenn sich nun auch nur ein winziger Bruchteil dieser Lebensformen zu intelligenten und vielleicht auch technologischen Zivilisationen entwickelt hätte, würde das immer noch eine stattliche Anzahl technologischer Zivilisationen bedeuten. Der bekannte Schriftsteller und Wissenschaftler Isaak Asimov kommt zum Beispiel auf die stolze Zahl von 530 000 technologischen

Zivilstationen in der Milchstraße. Selbst wenn das vielleicht etwas hochgegriffen sein sollte, wären bei einer Halbierung dieser Zahl 265 000 technische Zivilisationen immer noch recht beachtlich.

Wir haben hier gewissermaßen chauvinistisch immer nur von Lebensformen gesprochen, die den irdischen ähnlich sein müssen. Aber es gibt keinerlei Anhaltspunkte, die auch nur vermuten ließen, daß irdisches Leben universal die einzige Möglichkeit der Anordnung von Materie durch Energie zu komplexen Strukturen repräsentiert. Es wäre doch durchaus denkbar, daß eine wesentlich höhere Ordnung von Materie und Energie durch völlig andere Umwelteinflüsse erreicht werden könnte. In anderen Worten, auch wenn Welten, unserer Ansicht nach, zur Lebensbildung ungeeignet sind, könnten sie trotzdem höhere Lebensformen entwickelt haben, als die uns auf der Erde vertrauten. So wäre z.B. Leben auf einer Silizium- anstatt einer Kohlenstoffbasis durchaus möglich – oder Leben, das sich allein durch bestimmte Muster in Energiefeldern äußert...

Der amerikanische Astronom und Exobiologe Carl Sagan schreibt in »Broca's Brain« (Brocas Hirn):

»Ich glaube, wir sind unwiderruflich auf dem Weg zu den Sternen – es sei denn, wir zerstören uns vorher selbst durch eine monströse Kapitulation vor der Dummheit und Raffgier. Draußen im Weltall werden wir früher oder später auf intelligente Lebewesen stoßen. Einigen werden wir überlegen sein, aber andere, vielleicht sogar die meisten, werden fortgeschrittener sein als wir... Die uns überlegenen Lebewesen haben sicherlich Fähigkeiten, die weit über unser Verständnis hinausgehen. In mancher Hinsicht würden sie in uns wohl den Eindruck von Göttern erwecken.

Die noch in den Kinderschuhen steckende menschliche Rasse wird sich sehr anstrengen müssen, um erwachsen zu werden. Vielleicht schauen unsere Nachfahren in ferner Zukunft einmal auf uns zurück, auf die Wanderschaft der Menschheit, die sie von einem nur noch vage in der Erinnerung lebenden Ursprung auf der weit entfernten Erde unternommen haben. Vielleicht rufen sie sich unsere persönliche und gemeinsame Geschichte ins Gedächtnis zurück – unsere Romanze mit Wissenschaft und Religion und erinnern sich daran klar mit Verständnis und Liebe.«

## Intergalaktische Reisen

Es gibt vorläufig nicht den geringsten Beweis für außerirdische technologische Zivilisationen bzw. für außerirdisches Leben überhaupt. Alles vorhandene Zahlenmaterial beruht auf reinen Wahrscheinlichkeitsberechnungen. Doch die Existenz außerirdischer Zivilisationen dürfte unter Berücksichtigung aller Fakten sehr hoch sein. Müßten nicht viele technologische Zivilisationen, wie wir, den Kosmos z. B. mit Satelliten-, Radio-, Fernseh- oder Radarübertragungen überfluten? Selbst wenn solche Ausstrahlungen nur für interne Zwecke gedacht sind, so würde eine außerirdische Zivilisation damit doch ihre Existenz durch ihre blühende Technologie preisgeben. Es ist richtig, daß unser eigener Radioverkehr wahrscheinlich größtenteils zu schwach ist, um von Zivilisationen anderer Planetensysteme entdeckt zu werden. Dagegen haben die Radarsignale der irdischen Raketenabwehrsysteme eine berechtigte Chance, aufgespürt zu werden. Es wäre auch möglich, daß außerirdische Zivilisationen bewußt versuchen, durch bestimmte Signale auf sich aufmerksam zu machen.

Diese Überlegung veranlaßte wohl auch den damaligen Mitarbeiter der CERN (Europäische Organisation für Kernforschung), den Physiker Professor G. Cocconi, bereits im Juni 1959 an den Direktor des englischen Jodrell-Bank-Radioteleskops folgendes zu schreiben:

»Im Verlauf einer Diskussion über die Synchrotronstrahlung astronomischer Objekte kam mir der Gedanke, daß das Jodrell-Bank-Radioteleskop für ein Programm verwendet werden könnte, das Sie zwar im ersten Augenblick wie ein Science Fiction anmuten könnte, aber dennoch einer ernsthaften Erwägung wert wäre. Vielleicht führe ich meine Argumente hierzu besser im einzelnen auf.

1. Leben auf Planeten scheint kein seltenes Phänomen zu sein. Von den neun Solarplaneten trägt einer Leben, und auch Mars könnte Leben haben. [Diese Vermutung Cocconis kann inzwischen durch Untersuchungen im Verlauf des Viking-Projekts mit ziemlicher Sicherheit ausgeschlossen werden.] Das Sonnensystem ist nichts Besonderes. Von anderen Sternen mit ähnlichen Charakteristiken kann eine ähnliche Anzahl von Planeten erwartet werden. Es besteht also eine reelle Chance, daß unter den 100 der Sonne am nächsten gelegenen Sternen einige ihrer Planeten hochentwickelte Lebensformen beherbergen.

2. Es gibt gute Chancen dafür, daß auf einigen dieser Planeten viel höher entwickelte Wesen als der Mensch existieren. Wenn eine Zivilisation nur einige Jahrhunderte fortgeschrittener wäre als die unsrige, hätte sie viel bessere technische Möglichkeiten als wir.

3. Wenn wir also annehmen, daß auf einigen dieser Planeten eine hochentwickelte Zivilisation existieren würde – d.h. innerhalb einiger zehn Lichtjahre von uns entfernt – ergäbe sich das Problem, wie eine Verbindung zustande kommen könnte. Soweit wir wissen, sind dazu anscheinend nur elektromagnetische Wellen geeignet, die den mit magnetisierten Plasmen erfüllten interstellaren Raum ohne Ablenkung durchqueren können.

Ich setze daher voraus, daß Lebewesen solcher Planeten bereits auf vernünftige Art modulierte (d. h. in der Reihe der Primzahlen) Signale elektromagnetischer Wellen zu den ihnen am nächsten gelegenen Sternen aussenden, in der Hoffnung, ein Lebenszeichen zu erhalten.
4. Planeten, die von einem anderen Stern gesehen werden, befinden sich alle innerhalb einer Bogensekunde ihrer Sonne und können daher nur schwer ermittelt werden. Damit die Strahlung eines Planeten aufgespürt werden kann, muß sie größer sein als die ihrer Sonne. Die nutzbare Strahlungsenergie wird somit auf Radiowellen und Ultra-Gamma-Strahlen begrenzt. In bezug auf Ausstrahlung und auch Empfang ist hier das erstere vielversprechender.«

Cocconi belegte durch mathematische Gleichungen, daß sowohl Stärke als auch Größe des Jodrell-Bank-Teleskops nicht ausreichend seien, um als Sender auf einem z. B. zehn Lichtjahre entfernten Planeten benutzt werden zu können. Er ging jedoch von der Voraussetzung aus, daß *dort* fortgeschrittenere technologische Intelligenzen bereits über größere Teleskope und Sender verfügten, die den Empfang von Signalen zulassen würden. Zum Schluß meinte er:

7. »Zur Suche nach Signalen fremder Lebewesen schlage ich daher eine systematische Überprüfung *der* Sterne vor, die der Sonne spektroskopisch gleichen.
Aber wie bereits gesagt, ist das alles Phantasie, es wäre jedoch höchst interessant, wenn es nicht so sein würde. Die Durchführbarkeit einer solchen Untersuchung muß ich Ihrem Urteil anheimstellen.«

gez. Cocconi

Sir Bernhard Lovell lehnte damals mit der Begründung ab, daß die Benutzung des Jodrell-Bank-Teleskops für rein spekulative Untersuchungen dieser Art nicht zu verantworten sei.

Cocconi und der amerikanische Physiker Philip Morrison schlugen eine Suche nach Signalen außerirdischer Intelligenz auf der 21-cm-Wellenlänge vor, da sie vielleicht erfolgreich sein könnte. Die 21-cm-Radiostrahlung ist durch die unzähligen Wasserstoffatome – im Durchschnitt ein Teilchen pro Kubikzentimeter – am häufigsten in der Milchstraße vertreten. Sie entsteht, wenn der Elektronenkreisel um den Kern kippt und dabei die Richtung seines »Spins« ändert. Das Elektron des Wasserstoffatoms stößt dann Energiequanten von 21-cm-Wellenlänge aus.

Es wäre also durchaus denkbar, daß außerirdische Zivilisationen die 21-cm-Welle zur Kontaktaufnahme benutzen. Aber welchen Stern müßten wir anpeilen, um solche Signale zu empfangen? Von 11 000 Sternen im Umkreis bis zu 100 Lichtjahren entsprechen 3000 den bereits ermittelten Kriterien für Sterne mit eventuellen Planetensystemen und wenigstens einem Planeten in einer Ökosphäre. Diese Anzahl reduziert sich bei 12 Lichtjahren Entfernung auf insgesamt 19 Sterne, von denen zwei die erforderlichen Bedingungen erfüllen. Einmal der 10,8 Lichtjahre entfernte K2-Stern Epsilon Eridani; zum anderen der in 11,3 Lichtjahren Entfernung befindliche K5-Stern Epsilon Indi.

Als einer der ersten setzte Dr. Frank Drake die Herausforderung Cocconis und Morrisons mit seinem Projekt Ozma in die Tat um. Den Namen für sein Unternehmen entlehnte er der Märchenwelt des amerikanischen Schriftstellers L. F. Baum, »The Wizard of Oz« (Der Zauberer von Oz). Wie es in Märchen öfter üblich ist, regierte im unerreichbar fernen Land Oz die bezaubernde

Königin Ozma über ihre geheimnisvollen Untertanen. Einer von ihnen war von der Natur mit überaus langen, meterlangen Ohren bedacht worden, die es ihm erlaubten, über Tausende von Kilometern jeden Laut aufzufangen. Allerdings war damit die kleine Unannehmlichkeit verbunden, sie auf den Boden pressen zu müssen.

Nun, dieses Märchen animierte Drake, seinem Projekt den ebenso romantischen wie passenden Namen Ozma zu geben. Am 8. April 1960, um vier Uhr in der Früh, richteten Drake und seine Kollegen ihre »langen Ohren« in Form eines Radioteleskops gen Himmel. In die Bergwälder des Appalachen-Gebirges von Westvirginia eingebettet, ist das dort installierte 28-m-Radioteleskop des Green-Bank-Observatoriums gegen alle irdischen Geräusche abgeschirmt. Drake und seine Kollegen hatten sich vorgenommen, zuerst den 12,2 Lichtjahre entfernten Stern Tau Ceti und später den 10,8 Lichtjahre = 104 Billionen Kilometer entfernten Stern Epsilon Eridani anzupeilen. Sie hofften, über die 21-cm-Welle außerirdische Signale aufzufangen.

Schon vor Inangriffnahme des Projekts Ozma waren sich die Wissenschaftler darüber einig, daß ihm kaum Erfolg beschieden sein würde. Denn Drake hatte errechnet, daß nur Signale aufgefangen werden konnten, die über einen 200-m-Spiegel mit einer 1-Million-Watt Sendeleistung ausgestrahlt wurden und nicht über rund elf Lichtjahre hinaus entfernt waren. Nach 150 ununterbrochenen Lauschstunden wurde das Unternehmen tatsächlich erfolglos abgebrochen. Zum einen wurde die unzureichende Empfindlichkeit des Green-Bank-Radioteleskop dafür verantwortlich gemacht, zum anderen dürften nicht zuletzt finanzielle Erwägungen eine große Rolle gespielt haben.

Die wesentlichen Faktoren für eine erfolgreiche Kontaktaufnahme mit außerirdischer Intelligenz haben

Drake und seine Kollegen in acht Punkten, der sogenannten Green-Bank-Gleichung, zusammengefaßt:

1. Die Geschwindigkeit, mit der sich Sterne in der gleichen Periode formten wie unser Sonnensystem in der Milchstraße.
2. Der prozentuale Anteil von Sternen mit Planetensystemen.
3. Die Anzahl der Planeten mit einer lebensfreundlichen Umwelt pro Planetensystem.
4. Der Anteil lebensfreundlicher Planeten, auf denen tatsächlich Leben vorkommt.
5. Das Zahlenverhältnis zwischen Planeten mit Lebensformen beliebiger Entwicklungsstufen und solchen mit intelligentem Leben.
6. Das Zahlenverhältnis intelligenter Gesellschaften, die sowohl an einer Kontaktaufnahme mit anderen Zivilisationen im All interessiert sind, als auch die Voraussetzung dazu mitbringen.
7. Die Anzahl der Zivilisationen in der Milchstraße, die gegenwärtig zu einer Kontaktaufnahme fähig wäre.
8. Die Lebensdauer jeder technologischen Zivilisation, die eine Kontaktaufnahme durchführen könnte.

Bei der Green-Bank-Gleichung gingen Drake und seine Kollegen von der Überlegung aus, daß sich Intelligenz und Technologie auf der Erde innerhalb eines verhältnismäßig kurzen Zeitraums entwickelt haben, nämlich in den mittleren Jahren ihrer Sonne. Auf der Erde vergingen nur 100 Jahre von völliger Unkenntnis auf dem Gebiet elektromagnetischer Kommunikation bis zu einem vergleichsweise hohem Standard. Das ist eine lange Zeit, verglichen mit der durchschnittlichen Lebensspanne eines Menschen, aber in der kosmischen Zeitskala bedeutet es nur $10^{-8}$ der Lebensdauer einer Galaxie. Drake ist von den selektiven Vorteilen für Intelligenz und Technologie überzeugt, wenigstens bis zum jetzigen Entwicklungsstadium, wo auch inzwischen durch die Technik und Industrialisierung ökologische Katastrophen drohen, wie z. B. Ressourcenverzehr, also die Erschöpfung natürlicher Rohstoffquellen, Umweltverschmutzung und Atomkrieg.

Der deutsche Astronom Sebastian von Hoerner berechnete die kritische Lebensdauer einer Zivilisation mit 4500 Jahren. Falls sie diese Zeitspanne überlebt, bestehen berechtigte Chancen für ein sehr hohes Alter. In anderen Worten, entweder bringen sich intelligente Zivilisationen relativ schnell selber um oder sie können mit einer sehr hohen Lebenserwartung rechnen, die Tausende oder sogar Millionen Jahre überdauern kann. Aber längst nicht jede Zivilisation käme in den Genuß ihrer Hochblüte, sondern würde lange vorher zugrunde gehen, wenn wir irdische Verhältnisse übertragen. Doch ganz abgesehen davon, dürften die Entwicklungsstufen zu Intelligenz und Technologie so komplex sein, daß die statistische Wahrscheinlichkeit sehr gering wäre.

Wie bereits gesagt, haben technologische Zivilisationen unserer Entwicklungsstufe anscheinend die Tendenz, sich selbst zu zerstören. Wenn jedoch – nach Drake – 100 Milliarden lebensfreundlicher Planeten existieren sollten und somit die Entstehung des Lebens wahrscheinlich ist, wenn Milliarden Entwicklungsjahre vorausgesetzt werden und darunter sogar ein kleiner Teil höher entwickelter Zivilisationen die Frühstadien technologischer »Flegeljahre« überstehen, dann könnte die Zahl technologischer Zivilisationen in unserer Milchstraße heute trotzdem sehr hoch sein. Schätzungen darüber stehen natürlich auf recht unsicherem Fundament und die Meinungen gehen hier auch stark auseinander.

Drake nimmt an, daß in unserer Milchstraße etwa eine Million Zivilisationen existieren, die entweder unser Entwicklungsstadium erreicht oder dieses bereits überschritten haben. Wenn sie wahllos über die Milchstraße verstreut wären, müßte die mittlere Entfernung zur nächstgelegenen Zivilisation etwa 300 Lichtjahre betragen. Folglich würde jede Einweginformation – also ein Monolog – 300 Jahre unterwegs sein. Ein Zwiegespräch – »Hallo, wir sind hier, wo seid Ihr? Empfangen Euch auf dem dritten Planeten des Sonnensystems« – würde also 600 Jahre dauern!

Elektromagnetische Strahlung ist die schnellste, uns bekannte Methode zur Kontaktaufnahme und bei weitem auch die billigste, und von den elektromagnetischen Wellen sind Radiowellen die effizienteste und ökonomischste Methode der Verbindungsaufnahme. Interstellare Raumfahrt kann zwar nicht a priori ausgeschlossen werden, wäre aber für diesen Zweck langsamer, schwieriger und auch kostspieliger.

Kontaktaufnahme mit außerirdischer Intelligenz käme wohl nur zustande, wenn eine fremde Welt bereits über unser Entwicklungsstadium hinaus ist. Denn zum Empfang unserer Sendungen sowie der Ausstrahlung ihrer eigenen Signale würde sie einen überaus hochentwickelten Sender und Empfänger benötigen. Außerdem müßte sie eine sehr lange Lebensspanne und äußerst viel Geduld haben. Unter Berücksichtigung all dieser Faktoren – von denen wahrscheinlich auch andere Zivilisationen in der Milchstraße ausgehen würden – könnten möglicherweise ständig Radiobotschaften von Planeten anderer Sterne ausgestrahlt werden. Aber um solche Signale empfangen zu können, müßten wir die Sendefrequenz, die Bandbreite, die Art der Modulation und das Planetensystem erraten, von dem die Botschaft ausgestrahlt wird.

»Aber es gibt auch noch eine andere Hypothese. Da sie die wohl ökonomischste ist, dürfte sie wahrscheinlich auch die wünschenswerteste sein. Danach besteht die Möglichkeit, daß andere Zivilisationen es vorziehen, mit sehr leistungsfähigen Radioteleskopen nach fremden Signalen zu horchen, anstatt selber welche auszustrahlen. Und zwar mit Radioteleskopen eines derartigen Leistungsvermögens, daß sie sogar in der Lage wären, die ersten Versuche des Radioverkehrs einer anderen Zivilisation aufzufangen, die das Radio als neueste Errungenschaft entdeckt hat. Sobald eine Zivilisation die Bewohner einer anderen Welt gefunden hat, wäre ja wohl zu erwarten, daß das jeweilige Super-Radioteleskop zu Erkennungssignalen dorthin benutzt würde. Wahrscheinlich wäre die 1420 MHz-Frequenz, also die 21-cm-Wellenlänge, immer noch am geeignetsten zur Suche«, glaubt Drake.

Aber eine solche Suchaktion wäre aus zeitlichen Gründen dennoch nicht sehr befriedigend. Denn falls die nächstgelegene Zivilisation beispielsweise auch nur 50 Lichtjahre entfernt wäre, müßten wir trotzdem bis zum Jahr 2030 warten, bis eine Reaktion auf unsere ersten Radio-Übertragungen im Jahr 1930 bei uns einträfe. Diese Hypothese geht natürlich Hand in Hand mit dem deprimierenden Problem, daß sich all diese »vernünftigen« Zivilisationen nach der Drakeschen Schlußfolgerung verhalten und sich mit ihren Super-Radioteleskopen nur aufs Lauschen beschränken würden. Eine Situation, die nicht einer gewissen Komik entbehrt, wenn wir uns bildlich vorstellen, wie alle eventuellen, hochentwickelten Zivilisationen in der Milchstraße den Wellensalat mit »langen Ohren« gespannt verfolgen, ohne sich zu melden, weil sie erwarten, daß sich die anderen melden.

Im September 1971 fand im sowjetarmenischen Byurakan eine wissenschaftliche Konferenz über außerirdisches Leben statt, deren Schirmherrschaft die Sowjet-Akademie der Wissenschaften und die Nationale Akademie der Wissenschaften der USA zu gleichen Teilen übernommen hatte.

Bei dieser C.E.T.I.-Konferenz, gleichbedeutend mit Communication with Extraterrestrial Intelligence (Kommunikation mit außerirdischer Intelligenz), diskutierten namhafte Wissenschaftler aus aller Herren Länder über die Aussichten einer Kontaktaufnahme mit außerirdischer Intelligenz. Die Beteiligten repräsentierten Angehörige der Disziplinen Anthropologie, Archäologie, Astronomie, Biologie, Chemie, Computerwissenschaft, Elektronik, Historik, Kryptographie, Mathematik und Physik.

Das Gesamtprotokoll dieser Konferenz wurde 1973 von Carl Sagan in der M.I.T. Press (Massachusetts Institute of Technology) unter dem Titel »Extraterrestrial Intelligence« veröffentlicht. Die wichtigsten Schlußfolgerungen daraus sind hier zusammengefaßt:

- Durch überraschende Entdeckungen der letzten Jahre, die Astronomie, Biologie, Computerwissenschaft und Radiophysik betreffen, könnten einige der Probleme im Zusammenhang mit außerirdischen Zivilisationen und ihrer Entdeckung vom Bereich der Spekulation auf einen neuen Bereich übertragen werden, den des Experiments und der Beobachtung. Zum ersten Mal in der Geschichte der Menschheit ist es möglich, ernsthafte und detaillierte Untersuchungen dieses fundamentalen und wichtigen Problems durchzuführen.
- Dieser Komplex könnte für die Zukunftsentwicklung der Menschheit maßgebende Bedeutung erlangen. Wenn außerirdische Zivilisationen entdeckt werden,

wäre damit ein ungeheurer Einfluß auf die wissenschaftlichen und technischen Fähigkeiten des Menschen und seine Zukunft verbunden. Die praktischen und philosophischen Auswirkungen einer Kontaktaufnahme mit außerirdischer Intelligenz wären so folgenschwer, daß sie die Kosten umfangreicher Suchaktionen rechtfertigen würden. Denn die Konsequenzen einer solchen Entdeckung könnten den gesamten Erkenntnisstand in hohem Maße bereichern.
- Die technischen und wissenschaftlichen Möglichkeiten auf der Erde sind inzwischen für die Suche nach außerirdischer Intelligenz ausreichend. Im allgemeinen sollten derartige Studien wichtige wissenschaftliche Resultate liefern, selbst unter der Voraussetzung, daß die spezielle Suche nach außerirdischem Leben erfolglos bliebe.
- Es wäre notwendig, die Bemühungen der Wissenschaft auf internationaler Ebene zu koordinieren, damit das Ziel der Suche und Kommunikation nach und mit außerirdischer Intelligenz erreicht werden kann.
- Die Konferenzteilnehmer waren sich darüber einig, daß derzeitige und zukünftige Möglichkeiten unbemannter und bemannter Raumfahrzeuge in diese Suchaktion mit einbezogen werden müssen.
- Sie empfahlen verstärkten Einsatz auf Gebieten wie der präbiologisch-organischen Chemie, der Suche nach Planetensystemen anderer Sterne durch die Radioastronomie und der evolutionären Biologie, die dieses Problem ganz besonders betrifft.
- Abschließend schlugen die Konferenzteilnehmer vor, neue Methoden zur Suche nach außerirdischen Signalen anzuwenden.

Seit dem Projekt Ozma wurden in Kanada, der Sowjetunion und in den USA ähnliche Programme, wenn auch in bescheidenerem Maß, durchgeführt. Vom Arecibo-Radioteleskop der Cornell-Universität, dessen Direktor Prof. Frank Drake ist, der Initiator des Ozma-Projekts, wurden 1975 über die 21-cm-Wellenlänge und 1610 MHz Radiobotschaften an den etwa 300 000 Sterne umfassenden Kugelhaufen »Messier 13« im Sternbild Herkules ausgestrahlt. Die dazu benutzte Sendeleistung von 450 Kilowatt ist stärker als andere Radioquellen. Falls in Messier 13 intelligente Lebewesen existieren, würden sie unsere in Code abgefaßte Botschaft über die chemische Zusammensetzung des Lebens auf der Erde aber *frühestens* in 13 000 Jahren erreichen. Eine eventuelle Antwort über Radiowellen käme dann auf unserem Planeten nicht vor 26 000 Jahren an!

In der Sowjetunion beschäftigt sich eine staatliche Kommission mit der Organisation von Suchaktionen nach außerirdischem Leben. Daran ist auch das vor einigen Jahren fertiggestellte RATAN-600-Radioteleskop im Kaukasus beteiligt. Außerdem haben die Sowjets Weltraum-Radioteleskop-Systeme entwickelt, die etwaige Funksignale außerirdischer Zivilisationen aufspüren sollen.

Auch von einem N.A.S.A.-Komitee, dem u. a. Philip Morrison vom Massachusetts Institute of Technology angehörte, wurde eine umfassende Untersuchung von Ortungsmöglichkeiten durchgeführt. Hier erörterten die Beteiligten ein breites Spektrum wissenschaftlicher und technischer Hilfsmittel, einschließlich neuer auf der Erde und im Weltraum zu installierender Radioteleskope. Gleichzeitig wies das Komitee darauf hin, daß auch mit bescheidenem Kostenaufwand maßgebliche Schritte durch die Entwicklung empfindlicherer Empfänger und raffinierter Computer-Datenverarbeitungssysteme erzielt werden könnten.

Das US-Ames-Forschungszentrum ist bereits mit der

Planung von Projekt Cyclops beschäftigt. Hier soll auf einer Grundfläche von einigen 10 000 Quadratkilometern eine gewaltige, bewegliche Anlage aus etwa 1000 miteinander gekoppelten Radioteleskopen errichtet werden, deren Signale und Daten ein zentraler Computer auswerten wird.

In Verbindung mit all diesen gegenwärtigen und zukünftigen Projekten muß gesagt werden, daß sie mit ernsten Handikaps verbunden sind. Allein aus der Tatsache, daß sich elektromagnetische Wellen nicht schneller als mit rund 300 000 Kilometer pro Sekunde fortbewegen, also mit Lichtgeschwindigkeit, ergibt sich das größte Hindernis.

Denn leider muß angenommen werden, daß Einstein mit der Lichtgeschwindigkeit als maximaler Grenzgeschwindigkeit in unserer Raum-Zeit nun einmal recht hatte. Es wäre also hoffnungslos frustrierend, Kontakt mit einer weit entfernten, außerirdischen Zivilisation auf elektromagnetischem Weg aufzunehmen, da darüber eine unendlich lange Zeitspanne vergehen würde.

Zudem haben wir nicht die geringste Ahnung, welche Kommunikationsmethoden eine wesentlich fortgeschrittenere Zivilisation als wir anwenden könnte. So wäre es z. B. durchaus möglich, daß bei uns ständig Nachrichten eintreffen, die wir aber nicht erkennen oder mit unseren derzeitigen Apparaturen nicht empfangen. Wer weiß – vielleicht benutzen sie ja auch beispielsweise Pulsare oder Quasare zur Kontaktaufnahme? Und selbst, wenn Radiowellen benützt würden, wären unsere Empfänger u. U. auf falsche Wellenlängen eingestellt. Doch davon ganz abgesehen, warum sollten fortgeschrittene Intelligenzen überhaupt daran interessiert sein, mit uns Verbindung aufzunehmen? Vielleicht ziehen sie es sogar vor, die streitsüchtige, aggressive Menschheit lieber passiv aus der Ferne zu beobachten.

Zu all dem kommt noch, daß unser eigenes technisches Zeitalter – gemessen an der Evolutionsdauer des Homo sapiens – gerade erst eingesetzt hat. Unterteilen wir z. B. 50 000 Jahre menschlicher Existenz in Generationen von durchschnittlich 62 Lebensjahren, haben bisher rund 800 Generationen gelebt. Allein 650 davon waren Höhlenbewohner. Erst während der letzten 70 Generationen kam es durch überlieferte Niederschriften zu einer wirksamen Verständigung von einer Generation zur anderen. Aber der überwiegende Teil der Menschheit konnte sich erst in den vergangenen sechs Generationen mit dem geschriebenen oder gedruckten Wort vertraut machen. 44 Prozent der Weltbevölkerung sind heute noch Analphabeten. Präzise Zeitmessungen sind sogar erst vier Generationen alt, und der Elektromotor steht kaum länger als zwei Generationen zur Verfügung. Doch die meisten technischen Errungenschaften, die unser tägliches Leben heute erleichtern, stammen auch von heute – von der 800sten Generation. Der technische Fortschritt des Menschen kann durch den sogenannten Geschwindigkeitsexponenten errechnet werden, durch eine Meßziffer, die von der Maximalgeschwindigkeit des schnellsten Fortbewegungsmittels eines Zeitalters abgeleitet wird. So war vor etwa 6000 Jahren das Reit- und Lasttier Kamel mit einer Durchschnittsgeschwindigkeit von ca. 13 Kilometern pro Stunde in dieser Epoche das schnellste Beförderungsmittel. Es wurde vom Pferd abgelöst, das im Galopp schon auf über 30 Stundenkilometer kam und als raschestes Transportmittel für Jahrtausende seinen Stellenwert behielt. Bereits in der ersten Hälfte des 3. Jahrtausends v. Chr. wurde im Orient der mit Pferden bespannte Streitwagen benutzt. Zu voller Bedeutung gelangte er allerdings erst 1600 v. Chr. als zweirädriger Kampf- und Jagdwagen und eroberte sich nun Ägypten, Kleinasien und Griechenland.

3400 Jahre später, um die Mitte des 17. Jahrhunderts, wurde das Tempo mit der Einführung der ersten regulären Postkutschen praktisch wieder um die Hälfte reduziert. Denn eine Postkutsche fuhr in der Stunde etwa 16 Kilometer. 1769 erschienen die ersten Vorläufer des Automobils auf dem Plan, deren Spitzengeschwindigkeit ganze drei Kilometer pro Stunde betrug. Als dann 1813 die erste brauchbare Lokomotive entwickelt wurde, war damit der Grundstein zum technischen »Massentransportmittel« gelegt. 1825 pufftte die Lokomotive schon mit 21 Stundenkilometern durch die Landschaft und hatte gegenüber Segelschiffen, die kaum halb soviel zurücklegten, eine beachtliche Geschwindigkeit. Die große Wende trat dann 1880 ein, als die Weiterentwicklung der Dampflok mit 160 Stundenkilometern nicht nur alle Rekorde brach, sondern mit diesem unvorstellbaren Tempo die Welt auch gewissermaßen »aus den Angeln hob«. Beinahe zur gleichen Zeit, 1890, lief der von Gottlieb Daimler entwickelte Kraftwagen schon 72 Kilometer in der Stunde.

Nun ging es mit Riesenschritten voran. 1903 starteten Orville und Wilbur Wright auf den Sanddünen in der Nähe von Kitty Hawk, im US-Staat North Carolina, das erste motorisierte Flugzeug der Welt – einen Doppeldecker. Trotz der Windböen startete Orville die Maschine mit 30 Stundenkilometern, blieb zwölf Sekunden in der Luft und schaffte einen 36,5-Meter-Flug. Beim letzten Flug dieses Tages blieb Wilbur sogar 59 Sekunden in der Luft und flog 260 Meter weit.

Die Herausgeber der Tageszeitungen weigerten sich allerdings, diese »erlogene spinnige Geschichte« ihren Lesern vorzusetzen. Aber die Zukunft sollte sie eines Besseren belehren. Denn 1938 konnte eine Flugmaschine bereits 640 Stundenkilometer zurücklegen, und knapp 25 Jahre später, Anfang der sechziger Jahre, gehörte dieses Tempo schon wieder der Vergangenheit an. Hochfliegende amerikanische X-15-Raketenflugzeuge stellten in einer Höhe von 33 Kilometern die bis dahin unvorstellbare Rekordgeschwindigkeit von 7250 Kilometern pro Stunde auf.

Sogenannte Expertengutachten hatten der kommerziellen Fliegerei lange Zeit jede Chance abgesprochen. Sie wurde als absolute Utopie verteufelt und für finanziell undurchführbar hingestellt. Bis nach genau 50 Jahren diese Expertenbehauptung durch den ersten Flug einer DC-6 mit 86 Fluggästen an Bord ad absurdum geführt wurde.

Wieder verschaffte sich die Kritik lautstark Gehör, u. a. in Form wissenschaftlicher Gutachten, durch die einige Professoren in komplizierten Gleichungen nachwiesen, daß die Geschwindigkeit von maximal 1000 Kilometern pro Stunde nicht überschritten werden könnte. Es war zugegebenermaßen recht unfair von US-Air-Force-Captain »Chuck« Yeager, sich mir nichts dir nichts darüber hinwegzusetzen und mit seinem Raketenflugzeug »Glamorous Glennis« völlig unwissenschaftlich und schnöde die Schallmauer zu durchbrechen.

Reaktionäre Kritik scheint Teil des Fortschritts zu sein. Als nämlich der prominente Physiker und Raketenpionier Robert H. Goddard 1920 zu behaupten wagte, daß Raketen im luftleeren Raum funktionieren müßten, wußte er kaum, wie ihm geschah. Denn der Leitartikler der »New York Times« zerriß ihn sozusagen »im luftleeren Raum« mit seiner arroganten Schreibe: ». . . Er scheint keine Ahnung davon zu haben, was Schwerkraft ist, wenn auch jeder Gymnasiast darüber Bescheid weiß . . .«

Nun, die »New York Times« entschuldigte sich für ihren Kritikaster – wenn auch leider erst nach 49 Jahren, zu spät für den längst verstorbenen Goddard. Diese Entschuldigung wurde am gleichen Morgen veröffentlicht, als Neil Armstrong in einer Rakete zum Mond unterwegs war und Goddard rehabilitierte.

Erreichbare Geschwindigkeiten unserer derzeitigen Raumfahrttechnologie liegen bei etwa 50 000 Kilometern pro Stunde.

Die bemannte interplanetarische Raumfahrt – also Reisen zu den Planeten unseres Sonnensystems – gehört heute nicht mehr ins Reich der Utopie, sondern wäre, wenn auch problematisch, durchaus im Bereich unserer Möglichkeiten. Unbemannt findet sie ja auch schon statt. Leider mußten ja viele interessante Projekte aus finanziellen Gründen vorerst einmal zurückgestellt werden. Das nicht nur für viele Fachleute enttäuschend gebliebene Projekt Viking, mit dem der Nachweis von Leben auf Mars nicht erbracht werden konnte, hat auch dazu beigetragen. Zudem sind weder politische und finanzielle Krisen noch der wahnsinnige Rüstungswettlauf dazu angetan, günstige Voraussetzungen für die friedliche Erforschung des Alls zu schaffen. So sind bei den Weltraumprojekten der beiden Großmächte heute geophysikalisch-mineralische Untersuchungen neben militärischen Aspekten in den Vordergrund getreten. Auch die Raumfähre »Space Shuttle« muß in diese Kategorie eingereiht werden.

Interstellare bemannte Raumfahrt ist derzeit aus verschiedenen Gründen für uns noch nicht durchführbar. Dabei spielt erstens die noch viel zu kurze menschliche Lebensspanne eine Rolle. Zweitens sind die Entfernungen sogar zu den nächstliegenden Nachbarsternen viel zu groß. Und drittens sind die mit unseren gegenwärtigen technologischen Fähigkeiten zu erreichenden maximalen Geschwindigkeiten von Raumschiffen einfach indiskutabel. Relativistische Geschwindigkeiten, die sich der des Lichts annähern, sind für uns vorläufig einfach nicht machbar. Wie immer in solchen Fällen, bezweifelt eine Reihe von Wissenschaftlern sogar, daß sie jemals von uns erreicht werden können. Falls uns aber zukünftig dennoch völlig neue Materialien und Antriebsmethoden beschert sein sollten, könnten sich die Aussichten wesentlich verbessern.

Zur Ausführung interstellarer Raumfahrt müßten folgende Energiebedingungen erfüllt werden: Eine ausreichende Beschleunigungsenergie, um die Gravitationsfelder von Erde und Sonne zu überwinden. Eine entsprechend hohe Antriebsenergie, um die Entfernungen zu anderen Planetensystemen in annehmbarer Zeit zurücklegen zu können. Genügend Bremsenergie, um einerseits dem Schwerefeld des fremden Sterns entgegenzuarbeiten und andererseits auf seinem Planeten sicher landen zu können. Für den Rückflug wären die gleichen Voraussetzungen erforderlich.

Heute sind uns durch die benötigten, vorläufig nicht beschaffbaren Treibstoffmengen Grenzen gesetzt. Vom Treibstoffbedarf sind wiederum Raketengröße und Antriebskraft abhängig. Um nämlich nach dem Raketenprinzip größere Schubkraft zu erreichen, muß der Treibstoff – das Gas – in der Brennkammer zur Erzeugung größeren Drucks entsprechend erhitzt werden. Aber Brennkammer und Düsenmaterial setzen eben wieder die Grenze für Hitze und Druck des Treibstoffs – und damit für die Antriebsenergie. Wir wollen einmal annehmen, daß all diese Hindernisse in absehbarer Zeit aus dem Weg geräumt werden könnten. Machen wir also einen kleinen Zeitsprung in die Zukunft. Stellen wir uns vor, daß sich auf der Erde inzwischen vieles geändert hat:

Politische, religiöse und ökonomische Krisen sind auf internationaler Ebene völlig überwunden. Die Konsequenz totaler, nuklearer Vernichtung eines großen Teils des irdischen Lebens durch die Konfrontation der Supermächte mit ihren Satellitenstaaten konnte wie durch ein Wunder noch in letzter Sekunde abgewendet werden. Der Rüstungswettlauf ist zum Stillstand gekommen, ja sogar abgebaut. Die so frei gewordenen Gelder – Abermilliarden – konnten zur Linderung der Not in der Dritten Welt eingesetzt werden, zur Reparatur der stark mitgenommenen Umwelt, zur Erschließung neuer, sauberer Energieformen und auch für ein internationales Gemeinschaftsprojekt zur friedlichen Erforschung des Weltraums, verbunden mit der Suche nach außerirdischem Leben.

Der interstellaren Raumfahrt steht durch die Entdeckung und Produktion völlig neuer Materialien und Antriebsmethoden nichts mehr im Wege. Den Triebwerken durch Kernfusion folgen solche wie der Photonenantrieb; Materie und Antimaterie-Zerstrahlungstriebwerke, bis schließlich der revolutionäre Twistorenantrieb und das Graviton-Antigraviton-Raumschiff entwickelt werden konnte.

Der erste Start zu einem anderen Planetensystem erfolgte mit einem durch Kernfusion angetriebenen Raumschiff, dem noch sehr rückständigen Ramjet, im Jahr 1995.

Größtenteils wurde interstellarer Wasserstoff als Treibstoff verwendet. Das heißt, Wasserstoffatome werden während des Flugs im interstellaren Raum durch ein riesiges Magnetfeld, das durch supraleitende Magnetspulen erzeugt wird, gesammelt. Dieses magnetisch angezogene, ionisierte Gas wird zum Reaktionsbereich des Ramjets geleitet. Durch Wasserstoff-Kernfusion entsteht dann die Antriebsenergie. Nicht umgewandeltes Gas wird durch die freigesetzte Energie nach rückwärts beschleunigt und erzeugt auf

diese Weise Rückstoß. An Treibstoff mangelt es nicht, da im interstellaren Raum genügend Wasserstoffatome vorhanden sind. Das Magnetfeld des Ramjet ist bei relativistischen Geschwindigkeiten gleichzeitig ein Schutz gegen interstellare Staubpartikel, Wasserstoffatome und kosmische Strahlung, die das Raumschiff sonst beim Aufprall vernichten würden.
Ziel der Reise im Jahr 1995 war der 10,8 Lichtjahre entfernte Stern Epsilon Eridani bzw. sein Planetensystem. Denn ein irdisches Weltraum-Radioteleskop hatte zufällig wiederholte Signale aus dieser Richtung aufgefangen, die nur intelligenten Ursprungs sein konnten.
Einige Logbuchauszüge über diese erste Reise zum zweiten Planeten – Achele – des Epsilon Eridani-Systems sind hier vielleicht von Interesse.
*1995, 20. April 16$^{00}$*
Planmäßiger Start ohne Zwischenfälle. Alle Systeme o.k. Besatzungsmitglieder des Ramjet sind durchschnittlich 40 Jahre alt und geben durch die vergangenen Trainingsmonate ein gutes Team ab.
Die rund elf Lichtjahre oder ca. 104 Billionen Kilometer Entfernung erfordert bei planmäßigem Verlauf einen zweijährigen Flug nach der Bordzeit. Ein Jahr ist zur Erkundung des Planeten Achele vorgesehen. Zwei weitere Jahre Bordzeit für den Rückflug zur Erde.
*1995, 27.April*
Magnetfeld stabil, Fusionstriebwerk konstant und störungsfrei.
Bei stetiger Beschleunigung hat der brave Ramjet schon nach einer Woche Bordzeit 20 Millionen Stundenkilometer erreicht und bereits fünf Milliarden Kilometer zurückgelegt.
*1995, 18. July*
Alle Systeme o.k.

Besatzung wohlauf und mit der laufenden technischen Überwachung des Raumschiffs ausgelastet. Koordinaten und Navigationscomputer laufend überprüft.
Freizeitgestaltung durch Gymnastik, holographische Kassetten und Computerspiele.
*1995, 15. Dezember*
Reisezeit an Bord nun fast acht Monate. Reisegeschwindigkeit hat zwei Drittel der Lichtgeschwindigkeit erreicht – also 200 000 Kilometer pro Sekunde.
An Bord herrschte vorübergehend Verwirrung. Den Koordinaten der Navigationsinstrumente zufolge war nach nur acht Monaten bereits ein Viertel der rund elf Lichtjahre langen Wegstrecke bewältigt. Epsilon Eridani wäre danach scheinbar nur 8,25 Lichtjahre entfernt – obwohl die irdischen Messungen knapp elf Lichtjahre ausweisen.
Wie läßt sich diese Diskrepanz erklären?
Wiederholte Computerüberprüfungen brachten immer die gleichen Ergebnisse.
Haben anschließend die Entfernung von uns zur Erde überprüft. Mußten paradoxerweise feststellen, daß die Erde im Moment nicht 2¾ Lichtjahre von uns entfernt ist, sondern nur ein Viertel der Strecke, die wir in acht Monaten zurückgelegt haben müßten. Wir sind unserem guten blauen Heimatplaneten viel näher, als wir dachten. Erneute Computerbefragung erbrachte folgende Reaktion:
IDIOTEN, HABT IHR RELATIVITÄTSTHEORIE VERGESSEN?
RAUMSCHIFF BEWEGT SICH MIT RELATIVISTISCHER GESCHWINDIGKEIT. RAMJET HAT NACH ACHT MONATEN ZWEIDRITTEL DER LICHTGESCHWINDIGKEIT ERREICHT. DURCH ZEITDILATATION, FITZGERALD-LO-

RENTZ-KONTRAKTION UND RAUMKON-
TRAKTION HABEN SICH EINSCHNEIDENDE
VERÄNDERUNGEN ERGEBEN. ZEIT AN BORD
LÄUFT LANGSAMER AB. ALLE PHYSIKALI-
SCHEN PROZESSE VERLANGSAMEN SICH.
RAUMSCHIFF IST MASSIVER UND KÜRZER
GEWORDEN. ALLE INSTRUMENTE LAUFEN
LANGSAMER. ALTERUNGSPROZESS DER BE-
SATZUNG – HERZSCHLAG, STOFFWECHSEL,
ZERFALLZEIT DER ATOME IST VERZÖGERT.
ENTFERNUNG ZWISCHEN ERDE UND ERI-
DANI HAT SICH FÜR RAMJET VERKÜRZT ...
Natürlich! Wie konnten wir nur unseren guten, alten
Einstein vergessen.
Relativistische Geschwindigkeiten bedeuten eine
Reise in die Zukunft, da ja die Raumschiffzeit langsa-
mer abläuft als die auf der Erde.

*1996, 20. April*
Fliegen mit 99 Prozent der Lichtgeschwindigkeit, so
um die 297 000 Kilometer pro Sekunde.
Die Differenz zwischen unserer Bordzeit und der Erdzeit ist jetzt gewaltig. Bei 96 Prozent der Lichtgeschwindigkeit betrug eine Erdstunde bei uns nur noch
17 Minuten; bei 97 Prozent noch 15 Minuten; bei 98
Prozent zwölf Minuten und jetzt, bei 99 Prozent nur
noch sechs Minuten.
Die Raumkontraktion hat sich derartig ausgewirkt,
daß wir das Epsilon Eridani-System bereits erreicht
hätten, müßten wir zur Landung nicht abbremsen.
Bremsmanöver sind eingeleitet und werden sich über
ein Jahr Bordzeit hinziehen. Rechnen mit der Landung auf Achele im April 1997.

Auch wenn der hier beschriebene Ramjet mit seinem
Logbuch rein hypothetisch ist und zur Illustration die-

nen soll, sind die relativistischen Auswirkungen durchaus real – Tatsache.

Allerdings müssen wir es der jeweiligen Phantasie des Lesers überlassen, ob die hypothetische Ramjet-Mannschaft auf dem ebenso hypothetischen Planeten Achele intelligentes Leben vorfindet oder nicht.

Von Bedeutung ist hier, daß die Entfernungen bei Annäherung an die Lichtgeschwindigkeit sich für ein Raumschiff derart verkürzen, daß sogar intergalaktische Reisen für Raumfahrer in relativ kurzer Zeit bewältigt werden könnten. Sie müßten dafür allerdings einen recht hohen Preis zahlen – einen Zeitpreis. Denn wenn z. B. der Ramjet nach zwei weiteren Jahren Rückreisezeit wieder auf der Erde einträfe, wäre zwar die Mannschaft des Raumschiffs nun durchschnittlich 45 Jahre alt, aber die Zeit auf der Erde wäre gegenüber ihrer Bordzeit viel schneller abgelaufen. Ihre Frauen hätten wahrscheinlich schon das Zeitliche gesegnet und ihre Kinder wären nicht jünger als sie selbst.

Dieser durch die Zeitdilatation entstandene Zeitunterschied kann ungeheuer drastische Folgen haben. Denn im Prinzip könnte ein Raumschiff bei Annäherung an die Lichtgeschwindigkeit in wenigen Jahren zum Zentrum der Milchstraße und wieder zurück reisen. In einem solchen Fall wären auf der Erde bei ihrer Rückkehr etwa 60 000 Jahre vergangen. Bei diesen relativistischen Auswirkungen geht es nicht um Science Fiction, sondern um die reale Konsequenz der inzwischen so oft durch Experimente nachgewiesenen Einsteinschen Relativitätstheorie. Der Nachteil solcher Reisen ist, daß sie sozusagen »Einbahn-Reisen« in die Zukunft bedeuten.

Ob nun Astronauten jemals gewillt wären, eine bekannte Gegenwart auf diese Weise für eine unbekannte Zukunft bei ihrer Rückkehr zu opfern? Und würde eine

Weltraumbehörde die Mittel zur Verfügung stellen für ein Projekt, mit dessen Gelingen u. U. erst viele Generationen später gerechnet werden könnte?

Aber vielleicht lassen sich diese fatalen Auswirkungen mit ihren gleichzeitig günstigen und problematischen Aspekten ja eines Tages durch Methoden neutralisieren, die wir uns ebensowenig vorstellen können, wie einst wohl der Neandertaler den Jumbo-Jet.

Auch der noch gar nicht entwickelte, aber hier bereits »rückständige« Ramjet ist vorläufig noch Zukunftsmusik. Es könnte sich aber erweisen, daß die beste Methode interstellarer oder gar intergalaktischer Raum-Zeit-Reisen durch Schwarze Löcher über die Einstein-Rosen-Brücke führt.

Was aber käme damit auf uns zu?

# Unterwegs zu
# außerirdischer Intelligenz

Wenn der Mensch seine Chancen, den Weltraum zukünftig in größerem Rahmen zu erforschen, überhaupt wahrnehmen will, müssen zuvor einige unumgängliche Bedingungen erfüllt werden. Allererste Voraussetzung ist selbstverständlich, daß sich die Menschheit nicht selbst auslöscht. Aber anscheinend sind wir gerade hier mit einer schier unlösbaren Aufgabe konfrontiert. Denn die Menschheit vollzieht einen Drahtseilakt, bei dem sie mehr und mehr aus der Balance zu geraten scheint. Die Hauptschwierigkeit liegt wahrscheinlich in der Ursache, daß der Mensch selbstgeschaffenen Problemen gegenübersteht, für die ihm die entsprechende Synthese fehlt, leben wir doch in einer Welt der Gegensätze, durch die sich die meisten Menschen verunsichert fühlen müssen.

Die biologische Umwelt ist durch die Industrie mit ihrer wissenschaftlich-technologischen Entwicklung in weiten Bereichen der Bedrohung katastrophaler Zerstörung ausgesetzt. Ideologien, Politik, krasser Materialismus, Angst, Machthunger und Aggressionen mit ihren furchtbaren Auswirkungen stellen sich dem normalerweise natürlichen Friedensbedürfnis des Individuums entgegen; seinem Wunsch nach Liebe und Sicherheit, seinem Glauben und seiner Sehnsucht nach einer lebenswerten, intakten Welt.

Aber Resignation oder masochistisches Herbeireden

des Weltuntergangs dürften kaum passende Reaktionen darauf sein, ebensowenig wie die nostalgische Flucht vor dem Jetzt in das vermeintlich intakte Gestern, in die Vergangenheit der »Postkutschenzeit«, eine Lösung darstellt. Denn auch vergangene Epochen haben sich ja nicht nur durch rosige Zeiten ausgezeichnet, sondern dem Menschen im gleichen Maß auch viele bittere Erfahrungen beschert. Genauso hält die Zukunft nicht nur negative Aussichten bereit, sondern sicherlich auch viel Positives.

Wenn Fortschritt allerdings *nur* mit Enthumanisierung Hand in Hand ginge, dürften wir zu Recht sagen: »Nein, danke.« Aber eine solch bittere Konsequenz ist ja durchaus nicht nötig. Denn Fortschritt muß sich unter allen Umständen *für* den Menschen – *für* und nicht gegen das Leben auswirken! Grundbedingung dafür ist selbstverständlich eine kritische, ausgewogene Einstellung zum wissenschaftlich-technologischen Fortschritt, ohne Verteufelung einerseits oder bedingungslose Wissenschaftsgläubigkeit andererseits. Um nicht außer Kontrolle zu geraten, müßte die wissenschaftlich-technologische Entwicklung global gesteuert werden. Prioritäten und Zielsetzungen zugunsten des Menschen sollten international koordiniert und festgesetzt werden.

Da es nicht im Interesse der Menschheit sein kann, durch Overkill-Arsenale in Ost und West vernichtet zu werden, sollten sich alle Menschen, jeder einzelne in West und Ost, um den Frieden bemühen. Wenn sich der Friedenswille *überall* stark genug ausdrücken würde, müßten sich schließlich die Auswirkungen in der Politik der Politiker niederschlagen. Denn die Verantwortung für unsere Zukunft – die Zukunft der Menschheit überhaupt – liegt ja in den Händen von Minderheiten: von Politikern, Militärs, Wissenschaftlern, der Finanzwelt und Meinungsmachern – den Medien. *Sie* sind es, die über Wohl und Wehe unseres Planeten entscheiden.

In der Vergangenheit waren die Zeitspannen der Anpassungsphasen für den Menschen an die Veränderungen in seiner Welt länger, wie überhaupt ausreichend lange Anpassungsperioden an eine sich verändernde Umwelt in der Evolution des Lebens Voraussetzung waren. Aber im 20. Jahrhundert haben sich diese Zeitspannen der Anpassung zunehmend verkürzt. Und inzwischen sind wir an einem Punkt angelangt, wo der Mensch selbst seine Umwelt so schnell verändert, daß die entsprechende Zeit zur Anpassung fehlt. Paradoxerweise ist der Mensch jetzt sogar schon gezwungen, sich auf zukünftige Veränderungen einzustellen, obwohl die Zukunft ja noch Zukunft ist.

Da viele Menschen mit den rapiden Veränderungen nicht mehr Schritt halten können, schlägt sich diese Situation in breiten Bevölkerungsschichten als Verunsicherung nieder. Alles in allem kann also gesagt werden, daß die Menschheit aus dem Äquilibrium geraten ist. Und um weiterexistieren zu können, um zu überleben, muß sie zum Gleichgewicht zurückfinden.

Es wäre traurig – bedauerlich, wenn der Mensch nun einfach zugrunde ginge, nachdem er doch auch so viel Gutes und Großartiges geleistet hat. Dennoch bleibt uns trotz allem die Hoffnung auf eine Zukunft – eine positive Zukunft für die gesamte Menschheit. »Im Augenblick sind die Kräfte des Absurden nicht zu zählen, und die Psychose der individuellen und kollektiven Kapitulation mag unwiderstehlich erscheinen«, sagt Samuel Pisar in »Das Blut der Hoffnung«.

»Es ist das erste Mal, daß die näherrückende Katastrophe den ganzen Planeten erfassen kann, aber es ist nicht das erste Mal, daß die Menschheit aufgerufen ist, sich gegen Brutalität und Verblendung zur Wehr zu setzen. Wenn der Mensch bis heute überlebt hat, so nur durch Vernunft, Erfindungskraft, Mut.

Die Ideologien, der Haß und die Illusionen unseres Jahrhunderts, die eine Vielzahl von Katastrophen herbeigeführt und die Leidenschaft derer, die an sie glaubten, verschwendet haben, werden das dritte Jahrtausend nicht mehr erleben – sie haben verspielt.

Aber die Geschichte der Menschen ist nun in der Schwebe. Schwerer als das Blut der Menschen wiegt die unendliche Möglichkeit ihres Geschicks... stetig und stark wie das Pochen des Herzens.«

Ein lebenswertes Überleben müßte in dieser kritischen Phase Hauptziel der Menschheit sein – dazu die Vermeidung von Konflikten, eine ausgewogene Beziehung zu unserer Biosphäre und eine gezielte Weiterentwicklung.

Außerdem würden sich unsere Überlebenschancen zweifellos durch die friedliche Erforschung und Nutzung des Weltraums vergrößern. Denn durch die Erkundung und Erschließung neuen Lebensraums mit Hilfe der zukünftigen Raumfahrt würde das evolutionäre Potential des Menschen emotional und intellektuell verbessert.

Durch die ausweglose Bevölkerungsexplosion ist der nächste Evolutionsschritt des Menschen mit dem Vorstoß ins All ohnehin schon vorgezeichnet. Denn entweder muß sich die Menschheit selbst neuen Lebensraum schaffen oder sich auf die Suche nach geeigneten Ausweichwelten begeben.

Für Weltraumsiedlungen in riesigen, geschlossenen Zylindern von wenigen Kilometern Durchmesser existieren z. B. schon Pläne und Konstruktionszeichnungen. So hat Prof. Gerard K. O'Neill von der amerikanischen Princeton Universität bereits Modelle für Weltraumsiedlungen entwickelt und physikalisch sowie technisch durchgespielt. Bei einem Symposium im N.A.S.A.-Ames-Forschungslaboratorium wurde im Sommer 1975 von Ingenieuren, Natur- und Sozialwissenschaftlern, unter maßgeblicher Beteiligung von O'Neill, das Projekt Weltraumsiedlungen wochenlang analysiert, diskutiert und schließlich einstimmig als durchführbar akzeptiert.

Für den Anfang sind Mondsiedlungen geplant. Von dort aus sollen dann viele Millionen Tonnen Mondrohmaterial verarbeitet und anschließend in einer Erdumlaufbahn, unter den erleichterten Bedingungen der Schwerelosigkeit, riesige Zylinder mit einer Gesamtsiedlungsfläche von 800 Quadratkilometern pro Zylinder konstruiert werden. Innerhalb dieser geschlossenen Zylinder sind Berge, Täler und Flüsse vorgesehen, die eine erdähnliche Umwelt ersetzen sollen. Die Sonnenstrahlung wird durch automatisch gesteuerte Außenspiegel ins Innere dieser »Containerwelt« reflektiert, um so künstlich für einen normalen »Erdentag« zu sorgen. Die langsam um ihre Längsachsen rotierenden Raumsiedlungen simulieren Schwerkraftverhältnisse, die denen auf der Erde entsprechen.

O'Neill ist der Ansicht, daß seine »Island three«-Selbstversorger-Weltraumsiedlungen – jeweils mehrere Millionen irdischer Auswanderer aufnehmen könnten; und daß mit fortschreitender Technologie auch noch wesentlich größere Siedlungszylinder möglich wären. Energielieferant dieser Zylinderwelten wäre die Sonne. Wer diesen »Containersiedlungen« in einer Erdumlaufbahn keinen Geschmack abgewinnen kann, hätte eventuell die Möglichkeit, zur Venus oder zum Mars auszuwandern. Denn auch in diesem Zusammenhang existieren bereits feste Vorstellungen und Pläne, wie die Atmosphären und Umweltbedingungen dieser Planeten durch gezielte biologische Eingriffe, z. B. mit Hilfe von Blaualgen, in lebensfreundliche Biosphären umgewandelt werden könnten. Die Wechselbeziehung von menschlichen Gemeinschaften unterschiedlicher Lebensräume und der Austausch ihrer gegenseitigen Erfahrungen könnte zu einer ungemeinen Bereicherung der menschlichen Kultur führen.

Die Entwicklung und Erprobung neuer Technologien für die Raumfahrt wäre auch auf weite Anwendungsbereiche auf der Erde übertragbar und von großem Gewinn. So hat sich beispielsweise der Einfluß der Miniaturisierung von Mikroprozessoren in Kommunikations- und Datenverarbeitungssystemen in dieser Beziehung bereits ebensostark ausgewirkt wie die Anwendung neuer Materialien, die für das Apollo-Programm und die Raumfähre – Space Shuttle – entwickelt wurden.

In der interplanetarischen oder gar interstellaren Raumfahrt und den dazu benötigten Kommunikationstechniken sind allerdings wesentliche technologische Neuerungen erforderlich. Auch hier gäbe es »Abfallprodukte«, die für die Zukunft der Erdbevölkerung von ausschlaggebender Bedeutung sein dürften und unter Umständen sogar ihr Überleben garantieren könnten.

Zur Motivation für umfangreichere Raumfahrtprojekte wären Langzeitziele notwendig. Vorläufig liegen allerdings genügend Gründe vor, um wenigstens interplanetarische Forschungsprogramme voranzutreiben, z. B. zur Suche nach neuen Rohstoffquellen auf unseren Nachbarplaneten. Denn der Ressourcenverzehr auf der Erde hat bereits so überhand genommen, daß der Zeitpunkt totaler Ausplünderung unseres Planeten vorgezeichnet sein dürfte.

Bemannte Raumfahrt zu unseren Nachbarplaneten müßte allerdings schon innerhalb der nächsten Dekaden möglich sein. Das Interesse daran würde in absehbarer Zeit erlahmen und der (immer noch vorhandene) Pioniergeist des Menschen über den Mond und die Planeten unseres Sonnensystems hinaus, nach neuen Welten Ausschau halten. Letztlich muß sich der Homo sapiens die interstellare Raumfahrt zum Ziel setzen, die, im Gegensatz zum interplanetarischen Verkehr, unbegrenzt ist. Und damit wäre der Weg des Menschen zu den Sternen tatsächlich frei.

Als logisches Zwischenstadium zur Weiterentwicklung neuer Technologien, Methoden und der Infrastruktur interstellarer Raumfahrt wären interplanetarische Flüge eine absolute Notwendigkeit. Auf dem Weg zu den Sternen aber wäre das primäre Ziel sicherlich die Suche nach außerirdischen Zivilisationen und eine Kontaktaufnahme mit ihnen. Höchstwahrscheinlich käme diese früher oder später wohl auch zustande – vielleicht durch neuartige Kommunikationsmittel oder eine Begegnung mit ihren Raumschiffen; vielleicht aber auch durch Erzeugnisse, die auf anderen Welten auf ihre Existenz hinweisen könnten. Zweifellos würde ein Erfahrungsaustausch mit außerirdischer Intelligenz eine unvorstellbare Bereicherung unserer eigenen Kultur und Wissenschaften bedeuten.

Interstellare Raumfahrt ist ein Großprojekt, dessen Durchführbarkeit nur durch die gemeinschaftlichen Anstrengungen aller Nationen zu bewältigen wäre. Erstes Gebot dazu ist Verständigungsbereitschaft und friedliche Zusammenarbeit. Vielleicht könnte ein solch gigantisches Gemeinschaftsprojekt auch dazu beitragen, internationale Spannungen langsam aus der Welt zu schaffen und ein Gefühl globaler Zusammengehörigkeit und Toleranz zu erwecken.

Wenn dann eines Tages das erste interstellare Raumschiff seine Reise ins All antreten wird, hat sich nicht nur für die am Projekt beteiligten Teams ein Traum verwirklicht, sondern für die gesamte Menschheit.

Dieses Raumschiff müßte mit einer heute noch unvorstellbaren Antriebsmethode ausgestattet sein. Warum sollte es sich z. B. nicht des »Stoffs« bedienen, aus dem Raum-Zeit selbst besteht? Es könnte sich ja vielleicht durch einen »Antrieb« fortbewegen, der durch Twistoren reagiert, durch Raum-Zeit-Knoten, denn diese Raum-Zeit-Spiralen scheinen den Anforderungen eines interstellaren »Triebwerks« auf logische Weise zu entsprechen. Das Twistoren-Raumschiff würde auf diese Weise nämlich nicht in der – oder gegen die Raum-Zeit angetrieben, sondern durch die Raum-Zeit selbst. Das Auf- und Entrollen der Twistoren würde geradezu phantastische Energiemengen freisetzen.

Nehmen wir also rein hypothetisch einmal an, daß der wissenschaftlich-technologische Fortschritt der Menschheit zur Konstruktion eines Twistoren-Raumschiffs geführt hätte. Treibstoffprobleme gäbe es ja nicht, da die Twistoren allgegenwärtig sind. Dieses Raumschiff mit seinem Twistoren-Reaktionstriebwerk wäre auf dem Weg zu einem fremden Planetensystem, um außerirdische Intelligenzen aufzusuchen.

Das Instrumentarium dieses Raumschiffs wäre selbstverständlich in der Lage, Schwarze Löcher auszumachen, zu analysieren und ihre passierbaren Öffnungen genauestens durch Computer zu berechnen. Um diese Kalkulation vornehmen zu können, registrieren Sensoren und Instrumente den Durchmesser des Schwarzschild-Radius und multiplizieren diesen mit der ursprünglichen Masse des zum Schwarzen Loch kollabierten Sterns. Anschließend wird die Rotationsgeschwindigkeit des Schwarzen Lochs festgestellt. Wenn es z. B. acht Sonnenmassen hätte, wäre sein Durchmesser knapp 50 Kilometer und seine passierbare Öffnung zur Einstein-Rosen-Brücke knapp 500 Meter im Durchmesser.

Unser Twistoren-Raumschiff wird nun auf die Rotationsgeschwindigkeit des Schwarzen Lochs beschleunigt. Damit befinden sich beide – Raumschiff und Schwarzes Loch – in einem stationären Zustand zueinander. Nun ist der Zeitpunkt für das Twistoren-Raumschiff gekommen, unbeschadet in die Öffnung des Schwarzen Lochs einzutauchen. In Gedankenschnelle legt es eine Strecke von zehn – hundert – tausend oder wie viele Lichtjahre auch immer – zurück und taucht im Nu wieder aus einem Weißen Loch auf. Wenn die Besatzung Glück hat, wartet eventuell sogar ein Empfangskomitee in der Nähe des Weißen Lochs auf sie.

Ist dieses Twistoren-Raumschiff reine Utopie? Das wird die Zukunft erweisen!

In der Evolutionsgeschichte des Menschen würde die Entwicklung eines Raumschiffs, das unter Nutzung der Einstein-Rosen-Brücke interstellare Entfernungen bewältigen könnte, einen riesigen Sprung vorwärts bedeuten. Denn durch diese Herausforderung und die damit verbundenen Probleme könnte der Mensch auch einen emotionellen und intellektuellen Reifeprozeß durchmachen – bis er schließlich zu einem kosmischen Bewußtsein gelangt.

»Ich glaube an die Brüderschaft der Menschen und an die Einzigartigkeit des Individuums«, sagte Albert Einstein einmal. »Aber wenn Sie mir sagen, ich soll beweisen, was ich glaube, kann ich es nicht... Der Geist kann nur zu dem fortschreiten, was er weiß und was er beweisen kann. Dann kommt ein Punkt, wo der Geist auf eine höhere Bewußtseinsstufe gelangt, aber nicht beweisen kann, wie er dorthin gelangt ist... Die Neugierde hat ihre eigene Existenzberechtigung. Man kann wirklich nur von Ehrfurcht erfüllt sein, wenn man die Geheimnisse der Ewigkeit, des Lebens und die herrliche Struktur der Wirklichkeit betrachtet. Es ist genug, jeden

Tag zu versuchen, bloß ein wenig von diesem Geheimnis zu begreifen.«

Auch das Ereignis im Schlafenden Land ist für uns immer noch ein Geheimnis. Wenn auch der russische Wissenschaftler Prof. Aleksei Zolotow durch eingehende Untersuchungen im Tunguska-Gebiet heute davon überzeugt ist, diesem nunmehr über 70 Jahre alten Rätsel auf die Spur gekommen zu sein. Seiner festen Überzeugung nach handelt es sich bei dem im Jahr 1908 in Sibirien explodierten Objekt wahrscheinlich um ein außerirdisches Raumschiff.

Wie er sagt, »kommt man nicht umhin, aus der Beschreibung zu schließen, daß es sich nicht um einen Meteoriten gehandelt haben kann, sondern um ein gigantisches Raumschiff. Die von den Bewohnern dieser Gegend beobachtete und beschriebene Explosion entspricht dem genauen Ebenbild einer Atomexplosion... Alles deutet auf nuklearen Ursprung hin. Für mich besteht kein Zweifel darüber, daß es sich um ein Raumschiff gehandelt hat, das eine außerirdische Zivilisation aussandte, um auf sich aufmerksam zu machen.«

Die von Zolotow und einigen anderen Fachleuten vertretene Theorie einer Explosion atomaren Ursprungs basiert auf registrierten Strahlungsspuren in der Nähe des Einschlagorts und auf der Tatsache, daß Biologen dort auf Pflanzenmutationen und außergewöhnliches Pflanzenwachstum gestoßen sind – genau, wie sie als Folge von Wasserstoffatombomben-Versuchen festgestellt worden sind.

Als weiteres Indiz für diese Theorie wird die mysteriöse, leuchtende Wolke angeführt, die sich tagelang nach der Explosion über ganz Nordeuropa hielt. Zudem schließen einige Wissenschaftler aus der eigenartigen Form des Katastrophenortes, daß sich die Explosion innerhalb des besonders widerstandsfähigen Rumpfes eines Raumschiffes abgespielt haben muß und sich von innen nach außen entlud.

Augenzeugenberichten zufolge soll ein zylinderförmiges Objekt in dieser Gegend gesehen worden sein, das mehrmals die Himmelsrichtung änderte, bis es dann, kurz vor der Explosion, Kurs auf ein unbesiedeltes Gebiet nahm.

Ob nun Komet, Schwarzes Loch oder Raumschiff – was immer der Kleinbauer Semonow an jenem 30. Juni 1908 auf seiner Veranda gesehen haben mag –, vielleicht hat sich in jenem Ereignis auch gleichzeitig die Zukunft der Menschheit angedeutet.

# Anhang

*Absolute Helligkeit:* Die von einem astronomischen Körper pro Zeiteinheit ausgestrahlte Gesamtenergie.

*Allgemeine Relativitätstheorie:* Die von Albert Einstein entwickelte Gravitationstheorie. Nach dem Grundgedanken dieser Theorie ist die Gravitation eine Folge der Krümmung des Raum-Zeit-Kontinuums.

*Andromeda-Nebel:* Der Spiralnebel M 31 – das uns am nächsten gelegene große Sternensystem.

*Antimaterie:* Der Begriff Antimaterie beschreibt das physikalische, auf der Erde nicht vorhandene Gegenstück der normalen Materie. So bestehen z. B. Antilithiumkerne aus 3 negativ geladenen Antiprotonen und 3 bis 5 Antineutronen. Für jedes Teilchen gibt es ein entsprechendes Antiteilchen. Gewisse vollkommen neutrale Teilchen, wie das Photon und das Meson, die ihre eigenen Antiteilchen verkörpern, bilden hier eine Ausnahme. Antimaterie setzt sich aus Antiprotonen, Antineutronen und Antielektronen – also Positronen – zusammen. Bei Wechselwirkung mit gewöhnlicher Materie zerstrahlt Antimaterie.

*Äquivalenz:* Die Gleichwertigkeit der verschiedenen Energieformen. Die Äquivalenz von Energie und Masse ist ein wichtiges Resultat der Speziellen Relativitätstheorie; und die Äquivalenz der Wirkung von Schwerkraft und Beschleunigung ein maßgebliches Prinzip der Allgemeinen Relativitätstheorie, das sich auf die experimentell gefundene Gleichheit von Trägheit und schwerer Masse stützt.

*Asteroiden:* Kleinplaneten mit einem Durchmesser, der meistens unter 500 Kilometern liegt. In unserem Sonnensystem wird ihre Anzahl auf fünfzig- bis hunderttausend geschätzt.

*Astrophysik:* Modernes Teilgebiet der Astronomie, das die physikalische und chemische Eigenschaft kosmischer Objekte erforscht.

*Ausschließungsprinzip:* oder das Paulische Prinzip. Danach können in einem Atom niemals zwei Elektronen in allen vier Quantenzahlen übereinstimmen. Das bedeutet, in einem System von gleichen Teilchen mit halbzahligem Spin können niemals zwei Teilchen im gleichen Zustand existieren.

*Bandbreite:* Unterschied zwischen der kleinsten und größten Frequenz des von einem elektrischen oder akustischen Filter durchgelassenen Frequenzbereichs.

*Baryonen:* Schwere Elementarteilchen, zu denen die Protonen, die Neutronen, deren Antiteilchen und die Hyperonen mit ihren Antiteilchen gehören.

*Beschleuniger:* Ein Teilchenbeschleuniger ist eine kernphysikalische Apparatur, die elektrisch geladene Elementarteilchen, Ionen, mit Hilfe hochfrequenter elektrischer und magnetischer Felder auf hohe Geschwindigkeiten beschleunigt, bis sie auf den zu bestrahlenden Stoff aufprallen und damit Reaktionen auslösen.

*Biosphäre:* Hüllenförmiger Gesamtlebensraum der Erde, zu dem Abschnitte von Gewässern, des Bodens und der bodennahen Lufthülle gerechnet werden.

*Bosonen:* Atomare Teilchen, die der Bose-Einstein-Statistik gehorchen; d. h. atomare Teilchen, die einen ganzzahligen Spin besitzen.

*Braunsche Bewegung:* Eine ständig ungeordnete Zitterbewegung von suspendierten Teilchen oder auch leichten Instrumententeilchen, die durch Stöße einzelner Moleküle verursacht wird. Die Braunsche Bewegung ist die Ursache der Begrenzung der mechanischen Meßgenauigkeit und der Diffusion.

*Cepheiden:* sind eine Klasse heller, veränderlicher Sterne, die zur Entfernungsbestimmung nahegelegener Galaxien dienen.

*Cerenkow-Strahlung:* Elektromagnetische Strahlung, die zum Teil im optischen Spektralbereich liegt und auftritt, wenn sich geladene Teilchen in einem Medium mit Überlichtgeschwindigkeit fortbewegen.

*Deuterium:* Schwerer Wasserstoff; ein natürlich vorkommendes Wasserstoffisotop mit dem doppelten Atomgewicht des normalen Wasserstoffs.

*Dichte:* Die Masse eines Stoffes pro Volumeneinheit. Energiedichte ist die Dichte pro Volumeneinheit. Dichte wird gewöhnlich in Gramm pro Kubikzentimeter angegeben.

*Dimension:* Art und Zusammensetzung einer physikalischen Größe aus Faktoren von Grundgrößen und deren Potenzen zu einem Produkt.

*Differentialrotation:* Eigenschaft eines Systems – etwa eines Sternensystems oder eines Schwarzen Lochs – wo die äußeren Regionen eine andere Rotationsgeschwindigkeit haben als die inneren.

*Diracsche Theorie:* Eine atomphysikalische Theorie, in der die theoretische Methode der Quantenmechanik mit den Lehren der Speziellen Relativitätstheorie verbunden wird.

*Doppler-Effekt:* Die Frequenzveränderung einer Welle, zum Beispiel des Lichts oder des Schalls, die durch eine relative Bewegung der Quelle und des Empfängers verursacht wird.

*Druck:* Das Verhältnis zwischen der senkrecht auf eine Fläche wirkenden Kraft und der Größe der Fläche.

*Dualismus Welle-Korpuskel:* Die Tatsache, daß Wellen auch Korpuskeleigenschaften zeigen und umgekehrt.

*Eichfeld-Theorien:* Hier geht es um eine Klasse von Feldtheorien, durch die möglicherweise die elektromagnetische und die Starke Wechselwirkung erklärt werden können. Unter einer Symmetrietransformation, die im Raum-Zeit-Kontinuum von Punkt zu Punkt abweichende Resultate ergibt, sind solche Theorien invariant. Die Bezeichnung »Eichtheorie« (gauge theory) geht auf das Wort »gauge« für Maß zurück und wird hauptsächlich aus historischen Gründen benutzt (Steven Weinberg).

*Einstein-Rosen-Brücke:* Die unmittelbare Passage von einem Teil des Universums zu einem anderen: also die Verbindung zwischen einem Schwarzen Loch zu seinem zugehörigen Weißen Loch. Einstein und sein Kollege Rosen erwähnten diese Art Brücken erstmals 1935. Inzwischen wurden sie durch andere Theoretiker bestätigt.

*21-cm-Welle:* identisch mit der Spektrallinie des neutralen Wasserstoffatoms bei 21-cm-Wellenlänge, die durch Richtungsänderung des Kernspins in bezug auf den Elektronenspin hervorgerufen wird. Sie gibt wichtige Aufschlüsse über die Struktur unserer Milchstraße.

*Elektron:* Das Elementarteilchen mit der geringsten Masse. Sämtliche chemischen Eigenschaften von Atomen und Molekülen beruhen auf den elektrischen Wechselwirkungen von Elektronen miteinander und mit den Atomkernen. Elektronen sind Elementarteilchen mit negativ elektrischer Ladung. Ort und Geschwindigkeit eines Elektrons ist niemals genau meßbar. Nach der Heisenbergschen Unschärferelation sind unsere Erkenntnisfähigkeiten hier Grenzen unterworfen. Der französische Physiker Jean Charon betrachtet das Elektron sogar als denkende Einheit, als Elementarteilchen mit Geist. Für Charon bildet das Elektron eine Art von Mikrokosmos, in dessen Innerem eine Unzahl masseloser Photonen gewissermaßen einen Gedächtnisspeicher verkörpern. Durch den Photonenspin wird das Elektron zum Lernen und Nachrichtenaustausch befähigt. Und nach Charon können je zwei Photonen im Elektron ihren Drehsinn ändern und so zum Datenspeicher werden. Elektronen können sich gegenseitig durch den Austausch von Photonen Informationen – Erfahrungen zuleiten. Durch die Wanderung der Photonen von einem Elektron zum anderen erfolgt eine Vermittlung ihres Spinzustands – also ihrer »Nachricht« – zum Empfängerelektron. So ziemlich alles um uns herum ist von Elektronen abhängig, auch das Leben wäre ohne sie nicht entstanden.

*Elementarteilchen:* Sammelbezeichnung für die kleinsten als Materiebausteine erkannten Teilchen.

*Entropie:* Eine mit dem Grad der Unordnung eines physikalischen Systems zusammenhängende, fundamentale Größe der statistischen Mechanik. Die Entropie bleibt in jedem Prozeß bestehen, in dem das thermische Gleichgewicht ständig aufrechterhalten wird. Nach dem zweiten Hauptsatz der Thermodynamik gibt es keine Reaktion, die den Gesamtbetrag der Entropie verringert.

*Entweichgeschwindigkeit:* Die von einem Objekt benötigte Geschwindigkeit (Fluchtgeschwindigkeit), um die Schwerkraft eines Planeten oder Sterns zu überwinden und aus ihrem Einflußbereich in den Raum zu gelangen.

*Farbe:* Die drei Farben – blau, rot und grün – im Zusammenhang mit den Quarks.

*Feld:* Hier handelt es sich um einen grundlegenden Begriff zur Beschreibung von Zuständen und Wirkungen im Raum.

*Feldtheorie, einheitliche:* In Erweiterung der Allgemeinen Relativitätstheorie versuchte Albert Einstein, die elektrischen, magnetischen und Gravitationsfelder von einem einheitlichen Standpunkt aus zu deuten.

*Fission:* Kernspaltung.

*Flavor:* Die »Geschmacksrichtungen« der Quarks. Es gibt deren mindestens fünf – auf, ab, seltsam, Charme, Grund oder Schönheit. Wahrscheinlich aber existiert noch eine sechste.

*Frequenz:* Anzahl der Schwingungen pro Zeiteinheit.

*Friedmann-Modell:* Hier handelt es sich um ein mathematisches Modell der Raum-Zeit-Struktur des Universums, das auf der Allgemeinen Relativitätstheorie und dem kosmologischen Prinzip beruht.

*Fusion:* Kernverschmelzung.

*Fusionsantrieb:* Ein bisher noch nicht realisierter Antrieb, der mit Hilfe eines Kernreaktors durch Kernverschmelzung Antriebsenergie liefert.

*Galaxie:* Ein großer Sternhaufen, also ein Sternensystem, das durch Gravitation zusammengehalten wird.

*galaktische Kerne:* Die Aufklärung und theoretische Ausdeutung der aktiven Kerngebiete der Sternensysteme gehört zu den noch ungelösten Rätseln. Aus diesen Zonen werden unvorstellbare Energie- und Materiemengen ausgeworfen. Zwischen galaktischen Kernen und Quasaren scheint ein bisher ungeklärter Zusammenhang zu bestehen.

*Gammastrahlung:* ist die Photonenstrahlung, die von angeregten Atomkernen ausgesandt wird, wenn sie in einen Zustand geringerer Energie übergehen, oder die bei Prozessen von Elementarteilchen entsteht. Die Gesamtstrahlung unterscheidet sich von der Röntgenstrahlung danach nicht durch die Photonenenergie, sondern durch die Art ihrer Entstehung.

*Geometrodynamik:* Durch die Verbindung der Quantentheorie und der Allgemeinen Relativitätstheorie entwickelte Wheeler die Geometrie der gekrümmten Raum-Zeit – seine sogenannte Geometrodynamik.

*Geonen:* Aus der Geometrodynamik von J. A. Wheeler ergeben sich Raumquanten, die er Geonen nennt.

*Gezeiteneffekt:* Hier handelt es sich um Auswirkungen, die sich durch die Schwerkraft eines Himmelskörpers auf einen anderen Körper ergeben.

*Gluonen:* Ähnlich wie Photonen das elektromagnetische Feld vermitteln, wird das Verhalten der Quarks durch die Starke Wechselwirkung bestimmt, welche durch die sogenannten Gluonen übertragen wird. Die Gluonen sind auch in der Lage, die »Farbe« der Quarks zu verändern.

*Gravitation:* Eine Eigenschaft der Raum-Zeit-Struktur, die durch die Masse eines Objekts verursacht wird.

*Gravitationskonstante:* Die fundamentale Konstante in der Newtonschen und Einsteinschen Gravitationstheorie.

*Gravitationswellen:* Durch Störung des Gravitationsfeldes – z. B. durch Änderung des Orts oder Dichte der Masse – hervorgerufene Wellen, die sich ausbreiten. Gravitationswellen, die sich aus den Einsteinschen Feldgleichungen ergeben, wurden in den siebziger Jahren in den USA mit einiger Sicherheit durch Prof. J. Weber experimentell nachgewiesen.

*Graviton:* Das noch nicht nachgewiesene Quant des Gravitationsfeldes in der Allgemeinen Relativitätstheorie und der Quantentheorie der Wellenfelder.

*Hadronen:* Alle Teilchen, die an starken Wechselwirkungen beteiligt sind, werden zu den Hadronen gezählt. Ihre Unterteilung erfolgt in Baryonen – z. B. Neutronen und Protonen, die dem Paulischen Ausschließungsprinzip unterliegen, und Mesonen, die das nicht tun.

*Halbzeitwert:* Die Zeit, in der die Hälfte einer radioaktiven Substanz zerfallen ist.

*Hauptsätze der Thermodynamik:*

1. Hauptsatz: Wärme kann als eine Energieform nur verwandelt werden, aber nicht vernichtet oder geschaffen werden; es ist unmöglich, eine Maschine zu bauen, z. B. ein Perpetuum mobile, die aus nichts Energie liefert.
2. Hauptsatz: Es ist unmöglich, eine Wärmemenge restlos in mechanische Arbeit umzuwandeln.
3. Hauptsatz: Der absolute Nullpunkt kann prinzipiell nicht erreicht werden.

*Heisenbergsche Unschärferelation:* Die für die moderne Physik grundlegende Erkenntnis, daß Ort und Geschwindigkeit, genauer gesagt, der Impuls eines atomaren Teilchens, prinzipiell nicht gleichzeitig mit beliebiger Genauigkeit angegeben werden können, da ein Teilchen neben seiner korpuskularischen Natur auch Wellencharakter besitzt.

*Hubble-Effekt:* Die Radialgeschwindigkeit eines Sternensystems, die durch die Rotverschiebung im Spektrum festgestellt wird, hängt mit der Entfernung der Galaxie zusammen. Das entsprechende Verhältnis zwischen Geschwindigkeit und Entfernung wird Hubble-Konstante genannt.

*Impuls:* Die Bewegungsgröße – das Produkt aus Masse und Geschwindigkeit eines Körpers.

*Inertialsysteme:* Bezugssysteme, die im absoluten Raum ruhen oder relativ zu ihm geradlinig, gleichförmig bewegt sind; in denen also Trägheitskräfte ausschließlich proportional der Masse und Beschleunigung sind.

*Intergalaktischer Raum:* Der Raum zwischen den Galaxien bzw. Sternensystemen.

*Interplanetarischer Raum:* Der Raum zwischen den Planeten unseres oder eines anderen Sonnensystems.

*Interstellarer Raum:* Der Raum zwischen den Sternen.

*Interstellarer Staub:* Zwischen den Sternen ist der Weltraum nicht leer, sondern enthält extrem verdünnte Staubmassen und Gase.

*Ionisation:* Erzeugung von Ionen durch Abspaltung und Anlagerung von Elektronen.

*Isotropie:* Die dem Universum zugeschriebene Eigenschaft, daß es für einen typischen Beobachter nach allen Richtungen hin gleich aussieht.

*Kausalitätsprinzip* oder Kausalgesetz: Auf der Verknüpfung von Ursache und Wirkung beruhendes Gesetz. Über Raum- und Zeitgrößen sind in der Quantenmechanik nur statistische Aussagen möglich. Da in der Mikrophysik alles von der Beobachtungsart abhängt, werden Aussagen über die Kausalität prinzipiell unmöglich.

*Kepplersche Gesetze:*

1. Die Planeten bewegen sich auf Ellipsenbahnen, in deren einem Brennpunkt die Sonne steht.
2. Die Verbindungslinie Planet–Sonne bestreicht in gleichen Zeiten gleiche Flächen.
3. Die Quadrate der Umlaufzeiten zweier Planeten verhalten sich wie die Kuben ihrer großen Bahnachsen; d.h. die Durchschnittsentfernung der Planeten von der Sonne steht

in einem einfachen mathematischen Verhältnis zur benötigten Umlaufzeit.

*Kerr-Resultat:* 1963 bewies der neuseeländische Wissenschaftler Roy Kerr durch die Auflösung der Einsteinschen Gleichungen von 1916, daß Schwarze Löcher schnell rotierende Objekte sein müssen. Bis dahin wurde noch die Schwarzschild-Lösung vertreten, nach der Schwarze Löcher nicht um ihre eigene Achse rotieren. Kerrs Ergebnis ist inzwischen durch wichtige, theoretische Arbeiten bestätigt worden. Daraus ergibt sich, daß rotierende Schwarze Löcher durch die Auswirkungen der Zentrifugalkraft Öffnungen haben müssen, die zur Einstein-Rosen-Brücke führen.

*Kontraktion:* Die Zusammenziehung.

*Kosmologie:* Ein Zweig der Astronomie, der sich mit der Untersuchung der physikalischen und mathematischen Struktur des Universums als Ganzem befaßt.

*Kosmologisches Prinzip:* Eine Hypothese, nach der das Universum isotrop und homogen sein muß.

*Leptonen:* Eine nicht an den Starken Wechselwirkungen beteiligte Klasse von Teilchen, wie das Elektron, das Myon und das Neutrino.

*Lorentz-Kontraktion:* Eine zuerst von Lorentz zur Erklärung des Michelson-Versuchs angenommene Verkürzung – Kontraktion – bewegter Körper in Richtung ihrer Bewegung. Sie macht sich erst bei relativistischen Geschwindigkeiten bemerkbar.

*Lorentz-Transformation:* Ein System von Gleichungen zur Umrechnung von Orts- und Zeitkoordinaten eines Bezugssystems in diejenigen eines anderen, relativ zu ihm gleichförmig bewegten Bezugssystems. Die Spezielle Relativitätstheorie beruht auf der Lorentz-Transformation.

*Massenzunahme:* Die von der Relativitätstheorie geforderte und experimentell an Elementarteilchen nachgewiesene Zunahme der Masse eines sich sehr schnell fortbewegenden Objekts.

*Maxwellsche Theorie:* Fast alle Erscheinungen, bei denen Elektrizität und Magnetismus miteinander verknüpft sind, zusammen.

*Mesonen:* Instabile Elementarteilchen mittlerer Masse. Mesonen können heute künstlich in Teilchenbeschleunigern erzeugt werden.

*Myonen:* Leichte, instabile Elementarteilchen mit negativer Ladung.
*Neutrino:* Zunächst hypothetisch eingeführte, später experimentell nachgewiesenes Elementarteilchen zur Erklärung des Betazerfalls. Bisher wurde angenommen, daß ein Neutrino masselos ist. Aber neuesten Experimenten zufolge spricht vieles dafür, daß Neutrinos doch etwas Masse haben, wenn auch sehr wenig.
*Neutron:* Elektrisch neutrales, schweres Elementarteilchen. Das Neutron und das Proton sind die Bausteine des Atomkerns.
*Neutronenstern:* Ein Stern in einem solchen Verdichtungsstadium, daß er vorwiegend aus Neutronen besteht (s. Pulsar).
*Perpetuum mobile:* Utopische Maschine, die, ohne Energie zu verbrauchen, dauernd Bewegung erzeugt.
*Photon:* Lichtquant. Kleinste vorkommende Menge der elektromagnetischen Strahlung.
*Plancksches Wirkungsquantum:* Diese Plancksche Konstante mit dem Zeichen h ist eine fundamentale Naturkonstante von der Dimension einer Wirkung – Energie mal Zeit.
*Plasma:* Neben den drei üblichen Zuständen – fest, flüssig und gasförmig – existiert eine vierte Erscheinungsform eines Stoffs, das Plasma; also eine Materie, deren Atome keine Elektronen mehr besitzen. Jede Substanz, die auf über 22 000° C erhitzt wird, verändert sich in Plasma.
*Positron:* Anti-Elektron. Ein Elementarteilchen, das dem Elektron entspricht, jedoch elektrisch positiv geladen ist.
*Proton:* Ein positiv geladenes Teilchen, das neben dem Neutron in gewöhnlichen Atomkernen enthalten ist.
*Pulsar:* Ein Neutronenstern, der in regelmäßigen Intervallen Energie-Impulse ausstrahlt.
*Quanten:* Bezeichnung für die kleinsten Energie-Einheiten, die bei mikrophysikalischen Vorgängen als Ganzes, z. B. von Atomen, aufgenommen oder abgegeben werden.
*Quantenchromodynamik:* Die Farbenlehre der Quarks.
*Quantenmechanik:* Die Mechanik atomarer Teilchen, die sowohl die Teilchen- als auch die Wellennatur der Elektronen berücksichtigt. In den Bewegungsgleichungen der Quantenmechanik werden Energie, Impuls und Ortskoordinaten durch Matritzen bzw. durch Systeme von Differentialgleichungen ersetzt, aus deren Lösungen sich wiederum beob-

achtbare Größen, wie z. B. Ladungsdichte, ableiten lassen. Die Heisenbergsche Unschärferelation ist hier von fundamentaler Bedeutung.

*Quantenstatistik:* Behandlung sehr vieler Teilchen, die sich nach den Gesetzen der Quantentheorie bewegen.

*Quantentheorie:* Eine Theorie, nach der Energie nicht gleichmäßig, sondern sprunghaft in Portionen entsteht.

*Quantums-Prinzip:* Mengen-Prinzip, das auf der Elektrodynamik der Atomteilchen beruht und als neues Gesetz von dem amerikanischen Wissenschaftler Richard P. Feynman formuliert wurde. Das Quantums-Prinzip besagt, daß das Verhalten elektrisch aufgeladener, sich in einem leeren Raum und in unbestimmten Abstand zueinander befindlicher Atome nicht vorhersehbar ist. Feynmans Entdeckung ist eine der Voraussetzungen für die neue universelle Relativitätstheorie von Wheeler.

*Quarks:* Bisher noch hypothetische Fundamentalteilchen, aus denen alle Hadronen bestehen sollen.

*Quasare:* Rätselhafte, sternähnliche Objekte von enormer Leuchtkraft. Viele von ihnen sind starke Radiostrahlungsquellen und werden daher auch quasi stellare Radioquellen genannt. Ihre wirkliche Beschaffenheit ist noch unbekannt. Einige Physiker vermuten allerdings hinter Quasaren riesige Weiße Löcher.

*Raum-Zeit-Koordinaten:* Vierdimensionale Darstellungsform raumzeitlicher Vorgänge.

*Relativitätstheorie:* Von Albert Einstein 1905 und 1916 begründete Theorien über die Struktur von Raum und Zeit, die sich als relativ erweisen.

*Röntgenstrahlen:* Diese sogenannten X-Strahlen sind eine energiereiche, kurzwellig durchdringende, elektromagnetische Energieform.

*Rotation:* Drehbewegung eines Körpers um eine beliebige Achse.

*Rotverschiebung:* Eine Verschiebung von Spektrallinien nach dem langwelligen Ende des Spektrums hin. Mögliche Ursachen dafür sind erstens der Doppler-Effekt bei Entfernung von Lichtquelle und Beobachter; zweitens die Folge der Zeitdilatation; und drittens die Wirkung der Gravitation bei Quellen, deren Strahlung sich in einem Schwerefeld bewegt. Das Konzept der Expansion des Universums entstand durch die Ausdeutung der Rotverschiebung von Galaxien als Doppler-Effekt.

*Scheinbare Helligkeit:* Alle von einem astronomischen Körper pro Zeit- und Empfangseinheit erhaltene Energie.

*Schwache Wechselwirkung:* Eine der vier allgemeinen Klassen von Wechselwirkungen der Elementarteilchen. Dazu sagt Steven Weinberg: »Heute wird weithin angenommen, daß die Schwache, die elektromagnetische und vielleicht auch die Starke Wechselwirkung Manifestation einer einfachen, ihnen gemeinsam zugrunde liegenden Eichfeldtheorie sind.«

*Schwarzes Loch:* Ein bis zur unendlichen Dichte kollabiertes Himmelsobjekt, das mit großer Wahrscheinlichkeit aus unserem Universum verschwindet, aber einen rotierenden Schwerkraftstrudel hinterläßt. In dieser Region ist die Raum-Zeit-Struktur entartet. Mit großer Wahrscheinlichkeit taucht die in dem Schwarzen Loch verschwundene Materie in einem anderen Teil unseres Universums durch sein Pendant – ein Weißes Loch – wieder auf. Heute vermuten einige Wissenschaftler in Quasaren Weiße Löcher.

*Schwarzschild-Formel:* Die Berechnung des Durchmessers eines Schwarzen Lochs anhand der ursprünglichen Masse.

*Schwarzschild-Radius:* Ereignishorizont eines Schwarzen Lochs.

*Singularität:* Der mathematische Mittelpunkt eines Schwarzen Lochs, wo die Dichte praktisch unendlich ist.

*Spezielle Relativitätstheorie:* Das 1905 von Albert Einstein veröffentlichte, revolutionäre Konzept über Raum und Zeit. Daraus ergibt sich, daß die Geschwindigkeit des Lichts, unabhängig von der Bewegungsgeschwindigkeit seiner Quelle oder der eines Beobachters, unverändert bleibt und niemals die maximale Grenze von rd. 300 000 Kilometern pro Sekunde überschreitet.

Ein System, in dem sich Teilchen mit annähernd Lichtgeschwindigkeit fortbewegen, wird relativistisch genannt und muß nach den Regeln der Speziellen Relativitätstheorie behandelt werden, nicht nach denen der klassischen Mechanik.

*Spin:* Ein Drehimpuls, der die Eigenrotation eines Elementarteilchens kennzeichnet. Der Quantenmechanik zufolge kann der Spin nur bestimmte spezielle Werte annehmen, die ein ganzzahliges oder halbzahliges Vielfaches der Planckschen Konstante betragen.

*Starke Wechselwirkung:* Die stärkste der vier existierenden Klassen der Wechselwirkungen von Elementarteilchen. Sie ist nur für die Kernkräfte verantwortlich, die Neutronen und Protonen im Atomkern zusammenhalten.

*Supernova:* Die gewaltige Explosion eines Sterns, bei der, bis auf den inneren Kern, alles in den interstellaren Raum geschleudert wird.

*Superraum:* Ein von dem amerikanischen Astrophysiker Prof. John A. Wheeler postuliertes Universum, das Seite an Seite mit unserem Universum existiert, in dem aber gänzlich andere physikalische Gesetze gelten. Zeit und Raum im üblichen Sinn haben dort ihren Wert verloren.

*Synchrotron-Strahlung:* Eine erstmals im Synchrotron – also Beschleuniger – nachgewiesene Strahlung, die entsteht, wenn ein geladenes Teilchen mit nahezu Lichtgeschwindigkeit eine Zirkularbewegung durch ein Magnetfeld vollzieht. Es wird vermutet, daß die Energie-Impulse von Pulsaren auch auf diese Weise entstehen.

*Tachyonen:* Hypothetische Teilchen, die sich nur mit Überlichtgeschwindigkeit fortbewegen.

*Tritium:* Das unstabile, schwere Isotop $^3h$ des Wasserstoffs. Tritiumkerne bestehen aus einem Proton und zwei Neutronen.

*Twistors:* Der englische Mathematiker Roger Penrose glaubt, in Twistors die Urbausteine des Universums gefunden zu haben. Damit würden diese Twistoren sozusagen die Quanten der Raum-Zeit, in anderen Worten Raum-Zeit-»Knoten« darstellen.

*Twistoren-Triebwerk:* Ein hypothetischer Antrieb, der durch die Reaktion mit Twistoren ein Raumschiff fortbewegt.

*Uhrenparadoxon:* Aufgrund der Relativitätstheorie ergibt sich folgendes Paradoxon: Die sich mit nahezu Lichtgeschwindigkeit fortbewegende Mannschaft eines Raumschiffs würde nach ihrer Rückkehr auf die Erde jünger sein – also weniger Lebensjahre zählen – als z. B. zur gleichen Zeit geborene Menschen, die auf der Erde geblieben sind.

*Universelle Relativitätstheorie:* Eine von Wheeler in Weiterführung der Einsteinschen Relativitätstheorie entwickelte neue Theorie über das Universum. Sie besagt, daß das gesamte

Universum in schätzungsweise 50–80 Milliarden Jahren auf »Punktgröße« schrumpfen und in einem Schwarzen Loch verschwinden wird, um daraus als noch komplexeres Super-Universum mit einer Vielzahl von Dimensionen neu zu erstehen. Der Zusammensturz des Universums, dessen Vorbilder im kleinen die zu Schwarzen Löchern kollabierten Massen ehemaliger Sterne sind, wird aus der von Einstein dargestellten, vorhersehbaren und berechenbaren kritischen Phase des Alls abgeleitet. Im Nachhall dauert der ursprüngliche Impuls, der ein Sternensystem antreibt, ±30 Milliarden Jahre. Innerhalb dieses Zeitraums verbraucht sich aber die Energie, und die expansive Wirkung wird durch die Schwerkraft schließlich ins Gegenteil gekehrt. Durch den Ablauf dieses Prozesses verkleinert sich das Weltall nach der Planck-Wheelerschen Längeneinheit auf die winzige Dimension von $10^{-33}$ Zentimeter. Daraus entsteht dann später das Super-Universum mit vollkommen neuen Eigenschaften und einer Vielzahl von Dimensionen. Einsteins Relativitätstheorie hat für einen Zyklus Gültigkeit – für unseren gegenwärtigen. Während Wheelers neue Theorie diesen Zyklus in einen größeren Zusammenhang zu stellen sucht.

*Urknall-Theorie:* Nach dieser Theorie begann die Expansion des Universums vor einem endlichen Zeitraum mit einem Zustand von ungeheurer Dichte und ungeheurem Druck. (In diesem Zusammenhang ist das im Eugen Diederichs Verlag erschienene Buch von Paul Davies: »Am Ende ein neuer Anfang«, besonders zu empfehlen.)

*Valenz:* Die Wertigkeit.

*Virtuelle Teilchen:* Aus der Heisenbergschen Unschärferelation ergibt sich, daß überall, selbst im leeren Raum, Teilchen für einen unglaublich kurzen Zeitraum – für höchstens eine trilliardstel Sekunde – sozusagen aus dem »Nichts« (obwohl ein Nichts natürlich nicht existiert) entstehen und vergehen. Bei diesen Teilchen handelt es sich um sogenannte virtuelle Teilchen.

*Wasserstoff:* Das leichteste und häufigste chemische Element. Der Kern von gewöhnlichem Wasserstoff besteht aus einem einzelnen Proton.

*Weiße Löcher:* Sie sind das Pendant Schwarzer Löcher. Im Gegensatz zu den letzteren stoßen sie Materie und Energie aus, anstatt diese zu verschlucken. Damit stellen sie eine Art »kosmischer Geysire« dar. Schwarze und Weiße Löcher werden als Ein- und Ausgänge der Einstein-Rosen-Brücke betrachtet.

*Weiße Zwerge:* Sterne, deren Masse nicht mehr als das 1,4 fache der Sonnenmasse beträgt und die sich in ihrer Endphase zu einem Weißen Zwerg verdichten. Damit ist ein Weißer Zwerg der »ausgebrannte« Überrest eines solchen Sterns.

*Zeitdilatation:* Mit diesem Begriff ist die Zeitdehnung in der Speziellen Relativitätstheorie, entsprechend der Lorentz-Transformation, gemeint (s. Uhrenparadoxon).

## *Literaturverzeichnis und Quellennachweis*

*Alfven, H.:* Antimatter and Cosmology. In: Scientific American 216, April 1976, S. 106

*Andres, U.:* Archimedes' Principle and Electromagnetic Fields, Haifa o.J., Israel Institute of Technology

*Arp, H.:* The Quasar Controversy. In: Mercury 3, 1974

*Asimov, I.:* Die Schwarzen Löcher, Köln 1979

*Asimov, I.:* Extraterrestrial Civilizations, London 1981

*Bardeen, J. M. / Carter, B. / Hawking, S. W.:* The Four Laws of Black Hole Mechanics. In: Communications in Mathematical Physics 31, 1973, S. 161

*Baxter, J. / Atkins, Th.:* The Fire came by, London 1976

*Bergmann, P. G.:* The Riddle of Gravitation, London 1968

*Berry, A.:* Die Eiserne Sonne, Wien–Düsseldorf 1981

*Bethe, H. A.:* The Lives of the Stars. In: The Sciences, Cornell University, Oktober 1980

*Big Burst of Gamma Rays Traced to Neutron Star.* In: The New York Times, Mai 1980

*Bohr, N.:* Atomic Theory and the Description of Nature, Cambridge, 1934

*Bondi, H.:* Assumption and Myth in Modern Theories of Science, Cambridge, 1967.

*Borisov, O.:* Unravelling the Secret of the Tunguska Meteorite. Ad Astra, Vol. 2, Nr. 6

*Born, M.:* Die Relativitätstheorie Einsteins, Berlin 1962

*Bracewell, R. N.:* The Galactic Club, Stanford/Cal., 1974
*Brand, S.:* Elementarteilchen mit Charme. In: Die Naturwissenschaften, 64. Jahrgang, Heft 5, Mai 1977
*Breuer, R.:* Das Anthropische Prinzip, München 1981
*Bronowski, J.:* Der Aufstieg des Menschen, Berlin 1976
*Brouwer, D. / Clemence, G. M.:* Celestial Mechanics, New York & London 1961
*Burbidge, G.:* Was There Really a Big Bang? Nature 253, 1971, S. 36
*Buttlar, J. v.:* Schneller als das Licht, Düsseldorf–Wien 1972
*Buttlar, J. v.:* Reisen in die Ewigkeit, Düsseldorf–Wien 1973
*Buttlar, J. v.:* Zeitsprung, München 1977
*Buttlar, J. v.:* Das Ufo-Phänomen, München 1978
*Buttlar, J. v.:* Der Supermensch, Luzern 1979
*Calder, R.:* Man and the Cosmos, Harmondsworth 1970
*Carr, B. J.:* The Primordial Black Hole Mass Spectrum. Cal. Techn. Pasadena 1975
*Carr, B. J. / Hawking, S. W.:* Black Holes in the Early Universe. Monthly Notices of the Royal Astronomical Society, Nr. 168, 1974, S. 399
*Charon, J.:* Cosmology, London 1970
*Chen Ning Yang / Tsung Dao Lee:* The Question of Parity Conservation in Weak Interaction. In: Physical Review, Oktober 1956, S. 254–258
*Clark, R. W.:* Albert Einstein, Leben und Werk, Esslingen 1974
*Clerke, A. M.:* The Concise Knowledge of Astronomy, London 1898
*Cooper, H. S. F.:* A House in Space, New York 1976
*Cosmology and Gravitation. Spin, Torsion, Rotation, and Supergravity.* In: NATO Advanced Study Institutes, Series B. Vol 58, New York, Mai 1979
*D'Abro, A.:* The Evolution of Scientific Thought From Newton to Einstein, Dover 1950
*Dadieu, A. / Adam, R. / Schmidt, C. W.:* Raketentreibstoff, Wien–New York 1968
*Davies, P.:* Am Ende ein neuer Anfang, Düsseldorf–Köln 1979
*Davies, P.:* How special is the Universe? Nature 249, 1974, S. 208
*Davis, H.:* Proceedings. Princeton University, Conference on Space Manufactoring Facilities, Paper 1–6 AIAA, New York 1975

*De Chardin, T.:* The Phenomenon of Man, New York 1959
*De Sitter, W.:* From Newton to Einstein. Kosmos: A Course of Six Lectures on the Development of Our Insight into the Structure of the Universe, Cambridge-Harvard 1932
*De Solla Price, D. J.:* Science Since Babylon, New Haven 1961
*Dicke, R. H.:* Gravitation and the Universe. In: Science Journal Okt. 1966
*Dole, St.:* Habitable Planets for Man. The RAND Corp. St. Monica/Cal. 1964
*Drake, F. D.:* Projekt Ozma. In: Physics Today 14, 1961, S. 140
*Dubos, R.:* Der entfesselte Fortschritt, Bergisch-Gladbach 1970
*Eddington, Sir A.:* Stars and Atoms, Oxford 1926
*Eddington, Sir A.:* Space, Time and Gravitation, London 1920
*Ehricke, K. A.:* Space Stations – Tools of New Growth in an Open World. Intern. Astronautical Congress 1974
*Eibl-Eibesfeld, I.:* Krieg und Frieden, München 1975
*Einstein, A.:* The Principle of Relativity, London 1923
*Einstein, A.:* Über die Spezielle und Allgemeine Relativitätstheorie, Braunschweig 1956
*Einstein, A.:* Mein Weltbild, Berlin 1959
*Einstein, A.:* Grundzüge der Relativitätstheorie, Braunschweig 1960
*Einstein, A. / Podolsky, B. / Rosen, N.:* Can quantum-mechanical description of physical reality be considered complete? In: Physical Review, Ser. 2, 1935, Vol. 47, S. 777–780
*Einstein, A. / Rosen, N.:* The Particle Problem in the General Theory of Relativity. In: Physical Review, 48, July 1935, S. 73–77
*Einstein, A. / Schröddinger, E. / Planck, M. / Lorentz, H. A.:* Briefe zur Wellenmechanik, Hrsg. K. Przibram, Wien 1963
*Einstein, A.:* Wissenschaftliche Aufsätze: »Die von der molekularkinetischen Theorie der Wärme geforderte Bewegung von in ruhenden Flüssigkeiten suspendierten Teilchen.« Annalen der Physik, Reihe 4, Bd. 17, 1905, S. 549–560
–, »Zur Elektrodynamik bewegter Körper«, Annalen der Physik, Reihe 4, Bd. 17, 1905, S. 891–921
–, »Über einen die Erzeugung und Verwandlung des Lichts betreffenden heuristischen Gesichtspunkt.« Annalen der Physik, Reihe 4, Bd. 17, 1905, S. 132–148
–, »Ist die Trägheit eines Körpers von seinem Energieinhalt

abhängig?« Annalen der Physik, Reihe 4, Bd. 18, 1905, S. 639–641

–, »Die Grundlagen der Allgemeinen Relativitätstheorie«, Annalen der Physik, Reihe 4, 1916, Bd. 49, S. 769–822

*Feinberg, G.:* Projekt Prometheus, Olten–Freiburg 1970

*Feinberg, G. / Shapiro, R.:* Life beyond Earth, New York 1980

*Ferris, T.:* The Red Limit, Ealing 1979

*Field, G. B. / Arp, H. / Bahcall, I. N.:* The Redshift Controversy, New York 1973

*Fowler, W. A. / Hoyle, F.:* Nucleosynthesis in Massive Stars and Supernovae, Chicago–London 1964

*Fritzsch, H. / Decker, U.:* Was sind eigentlich Quarks? In: Bild der Wissenschaft Nr. 6, 1981

*Fritzsch, H.:* Quarks, Urstoff unserer Welt, München 1981

*Fuller, R. W. / Wheeler, I. A.:* Causality and Multiply Connected Space Time. In: Physical Review 128, 1962, S. 919

*Gabor, D.:* Inventing the Future, New York 1969

*Gamow, G.:* The Evolutionary Universe. In: Scientific American, San Francisco 1956

*Garandy, R.:* The Alternative Future, Harmondsworth 1976

*Gardner, I. W.:* Matter as Curved Space-Time. In: New Scientist, November 1969

*Gorenstien, P. / Tucker, W.:* Supernova Remnants. In: Scientific American Nr. 225, 1971 S. 74

*Green, C.:* The Decline and Fall of Science, London 1976

*Gribbin, J.:* Black Holes, White Holes and Wormholes. In: Astronomy Nr. 4, November 1976, S. 22–26

*Gribbin, J.:* White Holes, New York 1977

*Gribbin, J.:* Holes in Time, In: Encounter, Febr. 1980

*Gruhl, H.:* Ein Planet wird geplündert, Frankfurt 1978

*Gursky, H. / Ruffini, R. (Hrsg.):* Neutron Stars, Black Holes, and Binary X-ray Sources, Dordrecht 1975

*Hackett, Sir J.:* Der dritte Weltkrieg, München 1978

*Hart, M.:* Habitable Planets around Main Sequence Stars. In: Icarus, 37, 351, 1979

*Hawking, S. W. / Ellis, G. F. R.:* The Large Scale Structure of Space-Time. Cambridge 1973

*Hawking, S. W. / Sachs, R. K.:* Causally Continuous Space-Times. In: Communications in Mathematical Physics, 35, 1974, S. 287

*Heisenberg, W.:* Physik und Philosophie, Frankfurt 1959

*Heisenberg, W.:* Physikalische Prinzipien der Quantentheorie, Stuttgart 1958

*Heisenberg, W.:* Das Naturbild der heutigen Physik, Hamburg 1965

*Henbest, N.:* The Universe's Largest Objekt. In: New Scientist, April 1980

*Hennis, W.:* Ende der Politik? In: Merkur 6, 1979

*Hermann, A.:* Werner Heisenberg – Eine Würdigung. In: Bild der Wissenschaft, März 1976

*Higgins, R.:* Der siebente Feind, Wien–Hamburg 1979

*Hjellming, R. M.:* Black and White Holes. In: Nature Physical Science 231, 1971, S. 20

*Hoyle, F.:* Galaxies Nuclei and Quasars, London 1965

*Hoyle, F.:* Rethinking the Universe. In: New Scientist, März 1972

*Hoyle, F.:* Astronomy and Cosmology – A modern Course, San Francisco 1975

*Hoyle, F.:* Hoyle's Holes. In: Economist 276, Sept. 1980, S. 119/20

*Jackson, D. F.:* How Complex are Atomic Nuclei? In: New Scientist 43, 1976

*Jaspers, K.:* Vom Ursprung und Ziel der Geschichte, München 1963

*Kacser, C.:* Einführung in die Spezielle Relativitätstheorie, Stuttgart 1970

*Köhler, H. W.:* Neue Möglichkeiten der Weltraumfahrt. Der amerikanische Weltraumtransporter kritisch betrachtet. In: Universitas 35, Juli 1980, Heft 7

*Landsberg, P. T. / Park, D.:* Entropy in an Oscillating Universe. In: Proceedings of the Royal Society, A 346, 1975, S. 485

*Liebmann, H.:* Ein Planet wird unbewohnbar, München 1973

*Löbsack, T.:* Der Mensch: Fehlschlag der Natur, München 1974

*Loesch, H. v. / Nussbaum, H. v.:* Stehplatz für Milliarden. Das Überbevölkerungsproblem, Stuttgart 1974

*Lorentz, H. A. / Einstein, A. / Minkowski, H.:* Das Relativitätsprinzip, Darmstadt 1958

*Lovell, Sir B.:* The Exploration of Outer Space, London 1962

*Meadows, D. H. / Dennis, L.:* Das Globale Gleichgewicht, Stuttgart 1972

*Misner, C. W. / Thorne, K. S. / Wheeler, J. A.:* Gravitation, San Francisco 1973
*Moskowski, A.:* Conversations with Einstein, London 1973
*Murdin, P. / Allen, D. / Malin, D.:* Catalogue of the Universe, Cambridge 1979
*NASA-Ames Study:* Summer Study on Space Colonization, Stanford 1975
*Narlikar, I. V. / Apparao, K. M. V:* White Holes and High Energy Astrophysics. In: Astrophysics and Space Science, 35, 1975, S. 321
*Oberg, I.:* Tunguska – Siberian Nuclear Explosion. In: Omni 2, Nr. 1, Oktober 1979, S. 44
*O'Neill, K. G.:* Space Colonies and Energy Supply to Earth. In: Science, Dezember 1975
*O'Neill, K. G.:* The High Frontier, London 1976
*O'Neill, K. G.:* The Low (Profile) Road to Space Manufacturing. In: Astronauticis and Aeronautics, Sept. 1977
*Orgel, L:* The Origins of Life: Molecules and Natural Selection, New York 1973
*Peebles, P. J.-E.:* Physical Cosmology, Princeton 1971
*Penrose, B. R.:* Black Holes. In: Scientific American, Mai 1972, S. 38–46
*Pisar, S.:* Das Blut der Hoffnung, Reinbek 1979
*Planck, M.:* Vorträge und Erinnerungen, Darmstadt 1969
*Rebbi, C.:* Solitonen. In: Spektrum der Wissenschaft, Januar 1979
*»Rediscovering Einstein«*. In: Time, Februar 1979
*Rees, M. J. / Ruffini, R. / Wheeler, J. A.:* Black Holes, Gravitational Waves and Cosmology, London 1974
*Reines, F. (Hg.):* Cosmology, Fusion and other Matters. George Gamow Memorial Volume, Boulder 1972
*Reines, F.:* Neutrino Astronomy. In: Science Journal, Oktober 1966
*Ridpath, I.:* World Beyond, New York 1975
*Russell, B.:* History of Western Philosophy, London 1961
*Ryman, G.:* Einstein at Berne. In: Ad Astra, Issue 5
*Sagan, C.:* The Cosmic Connection, Dunton Green 1974
*Sagan, C. / Drake, F.:* The Search for Extraterrestrial Intelligence, Dunton Green 1975
*Sagan, C.:* Broca's Brain, Dunton Green 1979

*Sandage, A.:* The Hubble Atlas of Galaxies. Carnegie Institute of Washington 1961

*Schataman, E.:* The Origin and Evolution of the Universe, London 1966

*Schendel, I. R.:* Are Blazers Quasars? In: Astronomy (Univ. Pittsburgh), Februar 1980, S. 67–71

*Schmidbauer, W.:* Evolutionstheorie und Verhaltensforschung, Hamburg 1974

*Schmidt, M.:* Quasi-stellar Objects. In: Science Journal, Oktober 1966

*Sciama, D. W.:* Modern Cormology, London 1973

*Segal, I. E.:* Mathematical Cosmology and Extragalactic Astronomy, New York 1976

*Shipman, H. L.:* Black Holes, Quasars and the Universe, Boston 1976

*Shklovskii, I. / Sagan, C.:* Intelligent Life in the Universe, San Francisco 1966

*Sklar, L.:* Space, Time and Spacetime, San Francisco 1974

*Still, J. W.:* Needed A Global Scientific Nervous System. In: The Relevant Scientist, November 1971

*Sullivan, W.:* The Shuttle's Science Missions. In: New York Times, 7. April 1981

*Sullivan, W.:* New View of Universe. In: New York Times, 29. April 1980

*Sullivan, W.:* A Hole in the Sky. In: The New York Times Magazine, 14. Juli 1974

*Supergravity Workshop:* Supergravity, New York 1979

*Swenson, L. S. jr.:* Genesis of Relativity, New York 1979

*Taylor, E. F. / Wheeler, J. A.:* Spacetime Physics, Library of Congress, Card Number: 65-13566/USA

*Taylor, J. G.:* New Worlds in Physic, London 1974

*Taylor, J. G.:* The Shape of Minds to Come, St. Albans 1974

*Taylor, J. G.:* Gauge Theories of Weak Interactions, Cambridge 1976

*Taylor, J. G.:* Hunting the Quark. In: Science Journal 4, 1968, S. 561

*Taylor, J. G.:* Black Holes: The End of the Universe? London 1973

*Taylor, R.:* Exploding Galaxies. Ad Astra, Februar 1979

*Tunguska-Caused Ozone Depletion.* In: Science News, August 1980

*Varshni, V. P.:* Alternative Explanation for the Spectral Lines Observed in Quasars. Astrophysics and Space Science 37, 1975
*Weinberg, S.:* Die ersten drei Minuten, München 1978
*Weinberg, S.:* Principles and Applications of the General Theory of Relativity, New York 1972
*Weizsäcker, C. F. v.:* Der Garten des Menschlichen, München 1977
*Wheeler, J. A. (Hrsg.):* Geometrodynamics, New York 1962
*Wheeler, J. A. / Ruffini, R.:* Introducing the Black Hole. In: Physics Today, Januar 1971, S. 30
*Young, J. Z.:* An Introduction to the Study of Man, Oxford 1974
*Zwicky, F.:* Discovery, Invention, Research, Toronto 1969
*Zukav, G.:* Die tanzenden Wu Li Meister, Reinbek 1981


## *Personenregister*

Alpher, Ralph A. 132
Argelander, Friedrich W. A. 73
Aristarchos 21
Aristoteles 131
Armstrong, Neil 215
Arp, Halton 124, 126
Asimov, Isaak 196
Astapovich, J. S. 16

Baade, Walter 89–92, 105 ff.
Baum, L. F. 202
Bell, Jocelyn 107
Berkeley, George 39
Berry, Adrian 172
Bessel, Friedrich W. 103
Bethe, Hans 132
Bohr, Niels 95, 97 f., 161
Bondi, Hermann 132–135
Born, Max 109
Brahe, Tycho 22–24, 28, 105
Breuer, Reinhard 185
Brown, Robert 46 f.
Bruno, Giordano 25
Bunsen, Robert 72
Burke, Bernhard 140 f.

Carter, Brandon 169
Chadwick, James 99
Chandrasekhar, Subrahmanyan 104 f.
Charon, Jean 237
Clark, Ronald W. 46, 98
Clarke, Arthur C. 7
Cocconi, C. 199–202
Cunningham E. 58
Curtis, Heber 76 f.

Daimler, Gottlieb 213
Davies, Paul 184, 246
Demokrit 99, 143
Di Bolsano 41–44
Dicke, Robert 136 f., 140 f.
Dirac, Paul A. M. 94 f.
Doppler, Christian 84
Drake, Frank 202–207, 210
Dyson, Freeman 159

Eddington, Arthur 67, 82, 104, 128 ff., 148
Einstein, Albert 19, 40, 42–51, 53–58, 61–67, 70, 77, 81, 88, 95 f., 98, 101, 112, 117 f., 156, 161, 164,

166 ff., 171, 174, 211, 220, 222, 231, 244

Faraday, Michael 33
Feinberg, Gerald 185, 187
Ferris, Timothy 163
Feynman, Richard 243
Fitzgerald, George 35
Follin jr., James 132
Fraunhofer, Joseph 71
Friedmann, Alexander 83 f.
Friedrich II. dänischer König 22 f.
Fuller, Robert W. 162, 165

Galilei, Galileo 24 f., 27, 61, 69
Gamow, George 129, 136, 140, 142
Gell-Mann, Murray 146
Glashow, Sheldon 156
Goddard, Robert H. 214 f.
Gold, Thomas 132–135
Gott, Richard 157
Gribbin, John 173
Gunn, James 157

Hale, George 86
Halley, Edmond 30
Hart, Michael 189 ff.
Hawking, Stephen 112–115, 119, 169, 175
Hazard, Cyril 126
Heisenberg, Werner 95 ff., 99, 239
Herman, Robert 132
Herschel, Friedrich W. 69 ff.
Hertzsprung, Einar 75, 87 ff., 195
Hewish, A. 107
Hipparchus 23
Hoerner, Sebastian v. 205
Hopkins, John 132
Hoyle, Fred 126, 132–135, 169
Hubble, Edwin P. 77–80, 84 ff., 90, 92, 121, 128, 130, 240
Huggins, William 72

Infeld, Leopold 64

Jaakola, T. 125
Jackson, A. A. 116
Jansky, Karl G. 108
Johnson, Jack 78
Joyce, James 146

Kamp, Peter van de 195
Kant, Immanuel 70, 72
Kepler, Johannes 22 f., 27 f., 240
Kerr, Roy P. 169, 241
Kirchhoff, Gustav R. 71 f.
Koestler, Arthur 188
Kopernikus, Nikolaus 20 ff., 27
Kruskal, M. D. 171
Krylow, Iwan A. 129
Kulik, Leonid A. 12–15

Laplace, Pierre S. 31 f., 169
Le maître, Georges E. 84 f., 128–131
Leonardo da Vinci 19
Leukippos 143
Leverrier 66
Lightfood, John 85 f.
Lipershey, Hans 24
Locke, John 37
Lorentz, Hendrik A. 35 f., 241
Lovell, Bernhard 202

Mach, Ernst 38 ff.
Maestlin, M. 27
Maric, Mileva 44 f., 54
Maxwell, James C. 33, 241
Messier, Charles 69
Michelson, Albert 34 f.
Miller, Stanley 183
Minkowski, Hermann 57 f.
Morley, Edward 34 f.
Morrison, Philip 202, 210

Ne'eman, Yuval 126
Newton, Isaak 27–31, 33, 40, 55, 63 f., 66, 71, 85, 104
Nikolaus II., Zar 9
Novara, Domenico M. 20
Novikow, Igor 126

O'Neill, Gerard 226 f.
Oppenheimer, Jacob R. 109 f., 169
Orville 213

Pauli, Wolfgang 149
Peebles, P. J. E. 136, 141
Penrose, Roger 117 ff., 148, 169, 171
Penzias, Arnold 137–141

Pisar, Samuel 225
Planck, Max 53, 97, 242
Platon 21
Poincaré, Henri 36
Ptolemäus, Claudius 19f.

Rees 169
Reichenstein, David 45
Riemann, Bernhard 64f.
Roll, P. G. 136f., 141
Rosen, Nathan 166ff., 171, 174, 222
Rubbia, Carlo 149
Rudolf II., Kaiser 23, 28
Rufini 169
Russell, Henry N. 74f., 87ff., 195
Rutherford, Ernest 98
Ryan, M. P. 116

Sagan, Carl 197, 208
Salam, Abdus 156
Sandage, Allan R. 120
Sänger-Bredt, Irene 177
Schmidt, Marten 120
Schramm, N. 157
Schrödinger, Erwin 94f.
Schwarzschild, Karl 101, 169, 244
Scott, David 61
Seelig, Carl 45
Seyfert, Carl 124f.
Shapiro, Robert 185, 187
Shapley, Harlow 73–78, 89, 91ff.
Sitter, William de 82f.
Slipher, Vesto M. 83

Sudenbic, Jack 126

Terrell, James 123
Tinsley, Beatrice 157
Trumpler, Robert 89
Tullio, Graziella di 126
Turco, Robert P. 16

Urey, Harold 183
Ussher, James 85

Watzelrode, Lukas 21
Weber, J. 239
Weinberg, Steven 156, 159
Weizsäcker, Carl F. v. 162
Wheeler, John 81, 161 ff., 165, 169, 175
Whipple, F. J. W. 16
Wilhelm IV., Landgraf v. Hessen-Kassel 22
Wilkinson, D. T. 136f., 141
Wilson, Robert 137–141
Wollaston, William H. 71
Wright, Wilbur 213
–, Thomas 70

Yeager, Chuck 214
Young, J. Z. 193

Zigel, Felix 17
Zolotow, Aleksei 232
Zweig, George 146
Zwicky, Fritz 105f.